UTB 3914

Eine Arbeitsgemeinschaft der Verlage

Böhlau Verlag · Wien · Köln · Weimar
Verlag Barbara Budrich · Opladen · Toronto
facultas.wuv · Wien
Wilhelm Fink · Paderborn
A. Francke Verlag · Tübingen
Haupt Verlag · Bern
Verlag Julius Klinkhardt · Bad Heilbrunn
Mohr Siebeck · Tübingen
Nomos Verlagsgesellschaft · Baden-Baden
Ernst Reinhardt Verlag · München · Basel
Ferdinand Schöningh · Paderborn
Eugen Ulmer Verlag · Stuttgart
UVK Verlagsgesellschaft · Konstanz, mit UVK/Lucius · München
Vandenhoeck & Ruprecht · Göttingen · Bristol
vdf Hochschulverlag AG an der ETH Zürich

Jutta Arrenberg

Wirtschaftsstatistik für Bachelor

2., überarbeitete und erweiterte Auflage

UVK Verlagsgesellschaft mbH · Konstanz
mit UVK/Lucius · München

Prof. Dr. Jutta Arrenberg
ist Professorin für Wirtschafts- und Finanzmathematik
sowie Wirtschaftsstatistik an der Fachhochschule Köln.

Lob und Kritik
Wir freuen uns darüber, dass Sie sich für ein UTB-Lehrbuch entschieden haben.
Wir hoffen, dass Sie dieses Buch bei Ihrer Prüfungsvorbereitung sinnvoll
unterstützt. Für Lob und Kritik haben wir stets ein offenes Ohr: Schreiben Sie
uns einfach eine E-Mail an das Lektorat (wirtschaft@uvk.de).

Online-Angebote oder elektronische Ausgaben sind erhältlich unter
www.utb-shop.de.

Bibliografische Information der Deutschen Bibliothek
Die Deutsche Bibliothek verzeichnet diese Publikation in der Deutschen
Nationalbibliografie; detaillierte bibliografische Daten sind im Internet über
<http://dnb.ddb.de> abrufbar.

© UVK Verlagsgesellschaft mbH, Konstanz und München 2015

Lektorat: Rainer Berger
Einbandgestaltung: Atelier Reichert, Stuttgart
Einbandmotiv: Fotolia, © Nailia Schwarz
Druck und Bindung: fgb · freiburger graphische betriebe, Freiburg

UVK Verlagsgesellschaft mbH
Schützenstraße 24 · 78462 Konstanz
Tel. 07531-9053-0 · Fax 07531-9053-98
www.uvk.de

UTB-Nr. 3914
ISBN 978-3-8252-4353-1

Vorwort

Vorwort zur zweiten Auflage

Der in diesem Buch gewählte Zugang zur Wirtschaftsstatistik hat nach Bekunden vieler Studierender maßgeblich dazu beigetragen, dass sie das Fach Statistik verstanden und die Klausur bestanden haben. Gleichzeitig konnte das vorliegende Buch auch etliche Hochschullehrer (w,m) gewinnen. Die hohe Akzeptanz dieses Buches wiederum hat eine Neuauflage bewirkt.

Die Neuauflage wurde ergänzt durch ein Kapitel über statistische Testverfahren, da statistische Tests häufig auch in Abschlussarbeiten der Studierenden benötigt werden. Die Testentscheidung wird dabei immer anhand des p-Wertes getroffen, so wie es auch in statistischen Software-Paketen üblich ist.

Ich danke allen Studierenden und Kollegen (w,m) für ihre Hinweise und Anmerkungen.

Vorwort zur ersten Auflage

In der Wirtschaft sind statistische Kennzahlen sowie Wahrscheinlichkeiten wichtige Entscheidungsfaktoren. Deshalb hat das Fachgebiet Statistik längst seinen Einzug in die Wirtschaftswissenschaften gehalten. Statistik-Kenntnisse sind für ein erfolgreiches Studium unerlässlich.

Das vorliegende Buch behandelt die erforderlichen Statistik-Kenntnisse für ein wirtschaftswissenschaftliches Bachelor-Studium: Deskriptive (beschreibende) und induktive (schließende) Statistik. Das Buch gliedert sich in fünfzehn Kapitel. Die Reihenfolge der Themen in den ersten dreizehn Kapiteln beruht auf meiner langjährigen Lehr-Erfahrung: Da die deskriptive Statistik von Studierenden eher als nicht so spannend wie die induktive Statistik eingestuft wird, werden in diesem Buch die deskriptive und induktive Statistik abwechselnd vorgestellt. Diese Themen-Reihenfolge erhöht - wie auch in den Vorlesungen - die Aufmerksamkeit der Lernenden. Als Ausblick, was die Statistik kann, werden im vierzehnten Kapitel Verlustwahrscheinlichkeiten am Aktienmarkt berechnet.

Auf Beweise wurde im vorliegenden Buch verzichtet. Der Schwerpunkt der Bachelor-Wirtschaftsstatistik liegt in der Anwendung und nicht in der Theorie. Das Schwierige der Statistik sind nicht die vielen Formeln, sondern das Erkennen, welche Formel heran zu ziehen ist und wie ein Ergebnis sich interpretieren lässt. Zu Beginn eines jeden Kapitels werden Lernziele benannt. Damit der Leser (w,m) nicht in Versuchung gerät, statt zu verstehen, den Stoff auswendig zu lernen, habe ich viel Wert darauf gelegt, das Wieso, Weshalb, Warum darzulegen. Wissen, das nicht verstanden, sondern nur auswendig gelernt wurde, ist nicht dauerhaft/nachhaltig abrufbar.

Jedes Kapitel enthält Beispiele, um den Leser (w,m) an den Lernstoff heranzuführen. Am Ende eines jeden Kapitels stehen eine Zusammenfassung der üblichen Klausur-relevanten Themen sowie Prüfungstipps, die auf meinen Erkenntnissen aus der Korrektur von bisher 10 000 Klausuren beruhen.

Das fünfzehnte Kapitel stellt etliche Aufgaben (mit Lösungen) zum Üben bereit. Die begleitenden Übungsaufgaben sollen beim Lernenden Erfolgserlebnisse auslösen. Nichts gibt so viel Sicherheit vor einer Klausur wie das erfolgreiche Lösen von Aufgaben.

Um beim Lesen besser die Übersicht behalten zu können, befindet sich im Anhang ein Glossar. Eine Tabelle mit Normalverteilungswahrscheinlichkeiten steht ebenfalls im Anhang.

Neben mathematischen Grundkenntnissen (vgl. Arrenberg et al. [2013]) wird kein weiteres Fachwissen für das Verständnis dieses Buches vorausgesetzt. Ihr Taschenrechner sollte über die Fakultät-Taste $\boxed{x!}$ sowie über die Binomialkoeffizient-Taste $\boxed{nCr}$ verfügen. Hilfreich sind auch die Summen-Tasten $\boxed{\sum x_i}$ und $\boxed{\sum x_i^2}$. Die lineare Regression ist mittlerweile auf etlichen Taschenrechnern abrufbar, was für Kontrollrechnungen nützlich ist.

Ich danke allen Hörerinnen und Hörern meiner Vorlesung Wirtschaftsstatistik, die mit ihren Fragen maßgeblich dazu beigetragen haben, aus meinem Skript dieses Buch reifen zu lassen.

Den Leserinnen und Lesern dieses Buches wünsche ich viel Spaß und viel Erfolg!

Köln   Jutta Arrenberg

Inhaltsverzeichnis

1 Grundbegriffe

Lernziele

In diesem Kapitel lernen Sie

- ◾ das Unterscheiden zwischen den beiden Variablentypen diskret und stetig sowie

- ◾ das Erkennen des Messniveaus (nominal, ordinal, stetig) einer Variablen.

Die Grundbegriffe „Typ" und „Messniveau" sind wichtig, um Strukturen in Datensätzen aufdecken und analysieren zu können.

1.1 Datensätze

Datensätze sind die Ergebnisse von Befragungen, Beobachtungen oder Experimenten.

Der erste Schritt einer geplanten Befragung ist die Festlegung der **Grundgesamtheit** oder **Population**. Die Grundgesamtheit besteht aus allen Personen/Objekten/Fällen, die prinzipiell befragt werden könnten.

Definition 1.1
Eine **statistische Variable** X ist eine Zuordnung, die jedem Element der Grundgesamtheit genau einen Zahlenwert zuordnet.

Beispiel 1.2
Eine Umfrage soll Aufschluss geben über die monatlichen Mietkosten von Studierenden in Deutschland. Dazu bezeichnet $X=$„Kaltmiete (in € pro Monat) eines Studierenden". Zur Grundgesamtheit aller Studierenden in der BRD gehören unter anderem die Studentin Anna und der Student Ahmed mit den folgenden Mietkosten:

$X(\text{Anna}) = 280$ und $X(\text{Ahmed}) = 330$

Anmerkung: Nicht-numerische Zuordnungen werden als **Merkmale** bezeichnet. Z.B. hat das Merkmal „Geschlecht" die Merkmalsausprägungen „männlich, weiblich". Wir werden jedoch Merkmalsausprägungen immer durch Zahlenwerte repräsentieren, so dass eine weitere Betrachtung von Merkmalen nicht erforderlich ist.

Die Werte, die eine statistische Variable X annehmen kann, heißen **Realisationsmöglichkeiten**.

Beispiel 1.3

■ Betrachten wir die statistische Variable $X=$„Alter (in vollen Jahren) eines Menschen", so sind die Realisationsmöglichkeiten von X die Zahlen $0, 1, 2, 3, \ldots, 120$.

■ Hingegen sind die Realisationsmöglichkeiten der Variablen $X=$„Geschlecht (1=weiblich, 2=männlich)" die Zahlen Eins und Zwei.

Werden bei einer Umfrage alle Personen bzw. alle Objekte bzw. alle Fälle der Grundgesamtheit befragt, so liegt eine sogenannte **Totalerhebung** vor. Häufig ist es jedoch z.B. aus Kosten- oder Zeitgründen nicht möglich, jedes Element der Grundgesamtheit zu befragen. Dann wird lediglich ein Teil der Grundgesamtheit befragt, d.h. es liegt eine sogenannte **Teilerhebung** oder **Stichprobe** vor. Die Anzahl der Personen/Objekte/Fälle in der Stichprobe heißt **Stichprobenumfang** und wird mit n bezeichnet.

Ein häufiges Ziel einer Umfrage ist es, anhand einer Stichprobe Rückschlüsse auf die Grundgesamtheit zu ziehen. Dazu ist es insb. erforderlich, dass die Stichprobe ein unverzerrtes Abbild von der Grundgesamtheit darstellt.

Nur mit vorheriger Kenntnis der Grundgesamtheit kann entschieden werden, ob eine erhobene Stichprobe die Grundgesamtheit repräsentiert oder nicht. Hat z.B. jedes Element aus der Grundgesamtheit die gleiche Chance, in die Stichprobe zu gelangen, so wird eine solche Stichprobe als **Zufallsstichprobe** bezeichnet. Und bei einer Zufallsstichprobe (im Gegensatz zu einer willkürlichen Stichprobe) kann davon ausgegangen werden, dass die Stichprobe repräsentativ ist.

Die Werte, die aufgrund einer Stichprobe vom Umfang n eine statistische Variable X angenommen hat, heißen **Realisationen**. Sie werden mit $x_1, x_2, \ldots, x_n$ bezeichnet und bilden den Datensatz.

Wird jedem Element der Stichprobe genau eine Frage gestellt, so

liefern die Antworten auf die Frage einen sogenannten **univariaten** Datensatz.

> **Beispiel 1.4**
> Bei einer Umfrage werden zehn Studierende nach ihrer monatli-
> chen Kaltmiete (in €) befragt. Dann bezeichnet $X=$„Kaltmiete
> eines Studierenden" die statistische Variable. Die Realisationen
> bilden einen univariaten Datensatz:
>
> $x_1, x_2, \ldots, x_{10} = 280, 330, \ldots, 310$

Werden jedem Element der Stichprobe genau zwei Fragen gestellt,
so ergeben die Antworten auf die beiden Fragen einen sogenannten
bivariaten Datensatz.

> **Beispiel 1.5**
> Wird bei der Umfrage neben der monatlichen Kaltmiete X
> (in €) zusätzlich das Geschlecht des Studierenden erhoben,
> so ergibt sich mit der statistischen Variablen $Y=$„Geschlecht"
> (1=weiblich, 2=männlich) ein bivariater Datensatz:
>
> $(x_1, y_1), (x_2, y_2), \ldots, (x_{10}, y_{10}) = (280, 1), (330, 2), \ldots, (310, 1)$

Liegen pro Element einer Stichprobe jeweils mindestens drei Antworten vor, so ergeben diese Daten einen sogenannten **multiva-
riaten** Datensatz.

Für Analysen mit Hilfe statistischer Methoden wird zwischen den
beiden Variablentypen „diskret" und „stetig" unterschieden.

1.2   Diskrete Variable

Der Typ einer statistischen Variablen lässt sich erkennen anhand
der Menge der Realisationsmöglichkeiten:

> **Definition 1.6**
> Als **diskret** wird eine statistische Variable bezeichnet, bei der
> die Anzahl der Realisationsmöglichkeiten endlich oder abzähl-
> bar unendlich ist. D.h. die natürlichen Zahlen $\mathbb{N}_0$ bzw. die gan-
> zen Zahlen $\mathbb{Z}$ reichen zur Beschreibung der möglichen Werte
> der Variablen aus.

Die Realisationsmöglichkeiten einer diskreten statistischen Variablen werden mit $x_1, x_2, \ldots$ bezeichnet.

Beispiel 1.7

- Die statistische Variable $X=$„Alter (in vollen Jahren)" kann die endlich vielen verschiedenen Werte $0, 1, 2, \ldots, 120$ annehmen. Somit ist X eine diskrete Variable.

- Die statistische Variable $X=$„Geschlecht (1=weiblich, 2=männlich)" kann die beiden Werte eins und zwei annehmen. Somit ist X eine diskrete Variable.

- Die statistische Variable $X=$„Anzahl der Kunden einer Bank" kann die abzählbar unendlich vielen Werte $0, 1, 2, 3, \ldots$ annehmen. Somit ist X eine diskrete Variable.

- Die statistische Variable $X=$„Zufriedenheit mit einem Produkt (1=sehr zufrieden, 2=zufrieden, 3=unzufrieden)" kann die drei Werte 1,2,3 annehmen und ist somit eine diskrete Variable.

Ausschlaggebend für eine Analyse, welches statistische Verfahren zur Anwendung kommt, ist neben dem Typ auch die Skalierung einer Variablen.

Betrachten wir das obige Merkmal „Geschlecht", so fällt auf, dass es für die Merkmalsausprägungen „männlich", „weiblich" kein Besser oder Schlechter gibt: Männlich ist nicht besser als weiblich und umgekehrt. Ebenso gibt es z.B. kein Besser oder Schlechter für die Merkmalsausprägungen/Kategorien „Christ/Christin", „Moslem/Moslime", „Buddhist/Buddhistin ..." des Merkmals „Religionszugehörigkeit". Christ ist nicht besser als Moslem und umgekehrt. Derartige Merkmale mit einer nicht implizierten Reihenfolge der Kategorien werden als **nominal** skalierte (lateinisch Nomen = Name) Merkmale bezeichnet.

Hingegen gibt es bei dem Merkmal „Zufriedenheit mit einem Produkt" sehr wohl eine bessere Zufriedenheit und eine schlechtere Zufriedenheit. Jedoch ist es nicht möglich, den Unterschied zwischen z.B. den Merkmalsausprägungen/Kategorien „zufrieden" und „sehr zufrieden" mit einer Zahl zu bewerten. Derartige Merkmale mit einer implizierten Reihenfolge, aber nicht messbaren Abständen der Kategorien, werden als **ordinal** skalierte Merkmale bezeichnet. Die Merkmalsausprägungen ordinal skalierter Merkmale lassen sich zwar ordnen nach schlechter/besser, jedoch lässt sich der Abstand zwischen den Merkmalsausprägungen nicht zahlenmäßig ausdrücken.

Bei der Variablen „Anzahl der Kunden einer Bank" sind z.B. neun Kunden besser/mehr als vier Kunden. Außerdem beträgt der Ab-

stand zwischen neun und vier Kunden genau fünf Kunden. Lassen
sich die einzelnen Realisationsmöglichkeiten ordnen und darüber
hinaus die Abstände zwischen zwei Realisationsmöglichkeiten zahlenmäßig ausdrücken, so werden derartige Variablen als **metrisch**
skalierte Variablen bezeichnet.

Metrisch skalierte Variablen können weiter unterteilt werden in
intervall und ratio skalierte Variablen. Eine metrisch skalierte Variable, bei der die Division zweier Realisationsmöglichkeiten interpretiert werden kann, wird auch als **ratio** skalierte Variable bezeichnet. Anderenfalls heißen die metrisch skalierten Variablen **intervall** skaliert. So ist z.B. bei der Variablen „Anzahl der Kunden
einer Bank" die Division neun Kunden geteilt durch vier Kunden
interpretierbar, da $\frac{9}{4} = 2{,}25$, d.h. neun Kunden sind das 2,25-
Fache von vier Kunden, so dass die Variable nicht nur metrisch,
sondern auch ratio skaliert ist. Hingegen lassen sich bei der metrisch skalierten Variablen „Temperatur" keine Divisionen erklären, da z.B. 24 Grad Celsius nicht das Doppelte von 12 Grad
Celsius ist; d.h. die Variable ist intervall skaliert.

Eine diskrete Variable ist entweder nominal oder ordinal oder metrisch skaliert.

Beispiel 1.8
- Die diskrete Variable $X=$„Familienstand" mit den Realisationsmöglichkeiten 1=ledig, 2=verheiratet, 3=geschieden,
  4=verwitwet ist nominal skaliert.

- Die diskrete Variable $Y=$"Rauchergewohnheiten" mit den
  Realisationsmöglichkeiten 1=kein Raucher (also Nichtraucher), 2=mäßiger Raucher, 3=starker Raucher ist ordinal
  skaliert.

- Die diskrete Variable $Z=$„Alter (in vollen Jahren)" mit den
  Realisationsmöglichkeiten $0, 1, 2, 3, \ldots, 120$ ist metrisch skaliert.

Hat eine Variable lediglich zwei Realisationsmöglichkeiten, so wird
diese Variable auch als **dichotome** Variable bezeichnet. Eine dichotome Variable heißt **binäre** Variable, wenn ihre beiden Ausprägungen mit null und eins kodiert werden.

Beispiel 1.9
Die Variable $X=$„Geschlecht" mit den zwei Ausprägungen
1=weiblich und 2=männlich ist eine dichotome Variable.

1.3   Stetige Variable

Vorbemerkung: Die Werte in einem Intervall lassen sich nicht mehr abzählen. Woran lässt sich das erkennen? Gemäß dem zweiten Diagonalargument des Mathematikers *Georg F. L. Ph. Cantor* (1845 in St. Petersburg - 1918 in Halle an der Saale) gibt es für jede unendliche Folge reeller Zahlen im offenen Intervall (0;1) mindestens eine reelle Zahl aus (0;1), die nicht in der Folge vorkommt. Somit ist die Menge der reellen Zahlen überabzählbar.

Betrachten wir den Fall, dass sich die Realisationsmöglichkeiten einer statistischen Variablen nicht mehr abzählen lassen:

> **Definition 1.10**
> Als **stetig** wird eine statistische Variable bezeichnet, bei der alle Werte eines Intervalls als Realisationen möglich sind; d.h. es gibt überabzählbar viele Realisationsmöglichkeiten.

Eine stetige Variable ist metrisch skaliert.

> **Beispiel 1.11**
> - Die statistische Variable $X=$„Body Mass Index (BMI=Körpergewicht in kg dividiert durch die quadrierte Körpergröße in m)" kann die überabzählbar vielen verschiedenen Werte aus dem Intervall (0,90] annehmen. Somit ist X eine stetige Variable.
>
> - Die statistische Variable $X=$„Alter (in Jahren)" kann die überabzählbar vielen verschiedenen Werte aus dem Intervall [0,120] annehmen. Somit ist X eine stetige Variable.
>
> - Die statistische Variable $X=$„Facetime in Stunden pro Tag" (Zeit, die eine Führungskraft mit ihren Mitarbeitern (w,m) verbringt)" kann die überabzählbar vielen verschiedenen Werte aus dem Intervall [0,24] annehmen. Somit ist X eine stetige Variable.

In der Anwendung ist die Unterscheidung zwischen diskreten und stetigen Variablen vielfach willkürlich, da Realisationen einer statistischen Variablen infolge der begrenzten Messgenauigkeit nur in diskreten Sprüngen erfasst werden können. So kann z.B. die Variable „Alter einer Person (in Jahren)" nur diskret in Sprüngen von einem Tag (oder einer Stunde etc.) gemessen werden. Ebenso werden die Realisationen der Variablen „Einkommen einer Person (in Euro)" nur diskret in Sprüngen von einem Cent angegeben. Solche fein abgestuften diskreten Variablen lassen sich jedoch bei der statistischen Auswertung auffassen wie stetige Variablen.

1.4   Zusammenfassung

Aufgrund der Auswahl von Analysemethoden wird in der Statistik zwischen den folgenden Typen und Skalierungen einer Variablen unterschieden:

Skalierung	Typ	Beispiel
nominal	diskret	X = Geschlecht
		1 = weiblich
		2 = männlich
ordinal	diskret	X = Grad der Zufriedenheit
		1 = sehr zufrieden
		2 = zufrieden
		3 = unzufrieden
metrisch	diskret	X = Anzahl der Geschwister
		$X = 0, 1, 2, 3, \ldots$
	stetig	X = BMI
		$X \in (0, 90]$

Prüfungstipps

Den Typ und die Skalierung einer statistischen Variablen sollten Sie sich einprägen mit Hilfe eines

■ Beispiels einer nominal skalierten Variablen

■ Beispiels einer ordinal skalierten Variablen

■ Beispiels einer metrisch skalierten diskreten Variablen

■ Beispiels einer metrisch skalierten stetigen Variablen

1 Grundbegriffe

2 Darstellung univariater Datensätze

Lernziele

In diesem Kapitel lernen Sie

■ Anteilswerte und Prozentpunkte zu berechnen sowie

■ univariate Datensätze visuell darzustellen.

Nach Beendigung einer Umfrage ermöglichen visuelle Darstellungen der univariaten Datensätze einen schnellen Einblick auf die Struktur der erhobenen Daten.

Bei einer diskreten Variablen kommen einzelne Realisationsmöglichkeiten meist mehrmals in einem Datensatz vor.

Die Anzahl des Vorkommens der Realisation x_i in einem Datensatz heißt **absolute Häufigkeit** von x_i. Wir schreiben dafür $n_i=$ absolute Häufigkeit von x_i im Datensatz.

Die **relative Häufigkeit** der Realisation x_i ist der Quotient $\frac{n_i}{n}$. Dabei ist n die Anzahl der im Datensatz insgesamt vorhandenen Werte, d.h. n ist der Stichprobenumfang. Statt des Quotienten $\frac{n_i}{n}$ schreiben wir auch kurz $f(x_i)$ bzw. f_i.

Bei stetigen Variablen ist im Gegensatz zu diskreten Variablen das mehrmalige Auftreten einer einzelnen Realisationsmöglichkeit im Datensatz eher die Ausnahme. Aufgrund dieses Unterschiedes sind verschiedene Vorgehensweisen bei der visuellen Darstellung der Daten angebracht.

2.1 Tortendiagramm

Für eine nominal skalierte Variable gibt es keine inhaltlich begründete Reihenfolge der Kategorien. Deshalb wird für die Darstellung eines Datensatzes einer nominal skalierten Variablen vornehmlich das **Tortendiagramm** (Kreisdiagramm) herangezogen.

In einem Tortendiagramm entsprechen die Häufigkeiten von Realisationen/Kategorien den Flächeninhalten der Tortenstücke. Die Winkelsumme in einem Kreis beträgt bekanntlich $360°$. Somit berechnen sich die Winkel im Tortendiagramm wie folgt: Winkel $=360° \cdot \frac{n_i}{n}$. Die Reihenfolge der Kategorien kann beliebig gewählt werden.

Beispiel 2.1

Bei einer Umfrage unter $16\,000$ Studierenden im Jahr 2009 wurde nach dem Wohnverhältnis X gefragt mit den Ausprägungen $x_1 =$ Wohngemeinschaft, $x_2 =$ bei den Eltern, $x_3 =$ nur mit dem Partner, $x_4 =$ allein, $x_5 =$ Wohnheim, $x_6 =$ Untermiete. Die Variable X ist nominal skaliert. Es stellte sich heraus, dass 77% der Studierenden nicht mehr zu Hause wohnen. Im Einzelnen ergaben sich folgende relativen Häufigkeiten (*Quelle: DSW/HIS 19. Sozialerhebung*):

i	x_i	$\frac{n_i}{n}$	
1	x_1	0,26	WG
2	x_2	0,23	bei den Eltern
3	x_3	0,20	nur mit dem Partner
4	x_4	0,17	allein
5	x_5	0,12	Wohnheim
6	x_6	0,02	Untermiete
Σ		1,00	

Für den obigen nominal skalierten Datensatz aus dem Merkmal $X =$ „Wohnverhältnis" erhalten wir folgendes Tortendiagramm:

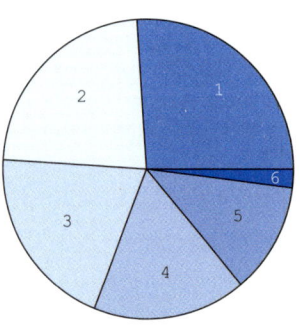

Tortendiagramm

Anstelle des Tortendiagramms wird der Datensatz einer nominal skalierten Variablen auch häufig als **Säulendiagramm** abgebildet. (Ein Säulendiagramm wird auch als **Blockdiagramm** bezeichnet.) Die Häufigkeiten werden zur Verdeutlichung durch flächige Säulen dargestellt, deren Abstand und Breite nicht von inhaltlicher Bedeutung sind. Zur Vermeidung von Fehlinterpretationen sollten die Blöcke gleich breit sein.

In einem Säulendiagramm entsprechen die Häufigkeiten (relative oder absolute) von Realisationen/Kategorien der Höhe der Säulen. Die Reihenfolge der Kategorien kann beliebig gewählt werden.

2.2   Stabdiagramm

Der Datensatz einer ordinal skalierten Variablen oder einer metrisch skalierten Variablen mit „vielen" Mehrfachnennungen wird in einem **Stabdiagramm** dargestellt. Beim Stabdiagramm werden die relativen Häufigkeiten in Abhängigkeit von den Realisationen abgebildet. Die Länge der Stäbe ist proportional zur Häufigkeit.

Beispiel 2.2
Um Aufschluss über die Vorkenntnisse von Studierenden zu bekommen, wurden 25 Studierende gefragt, wie lange ihr letzter Schulabschluss zurückliegt. Die Ergebnisse (in vollen Jahren) liegen in Form einer **Urliste** bzw. in Form von **Einzelwerten** $(x_1, x_2, \ldots, x_{25})$ vor:

5 0 4 4 4 0 0 4 5 3 4 4 5 2 0 1 2 3 3 5 2 2 1 2 4

D.h. die diskrete Variable $X=$„Zurückgelegte volle Jahre seit dem letzten Schulabschluss" hat bei der Umfrage die Realisationen $x_1, x_2, \ldots, x_6 = 0, 1, 2, 3, 4, 5$.

laufende Nummerierung i	Realisation x_i	absolute Häufigkeit n_i	relative Häufigkeit $f_i = n_i/n$
1	0	4	0,16
2	1	2	0,08
3	2	5	0,20
4	3	3	0,12
5	4	7	0,28
6	5	4	0,16
Σ		$n = 25$	1,00

Die Häufigkeiten der einzelnen Realisationen werden tabellarisch zusammengefasst und dieser Datensatz wird als **tabellierte Daten** bezeichnet. Der Datensatz wird im folgenden Stabdiagramm dargestellt:

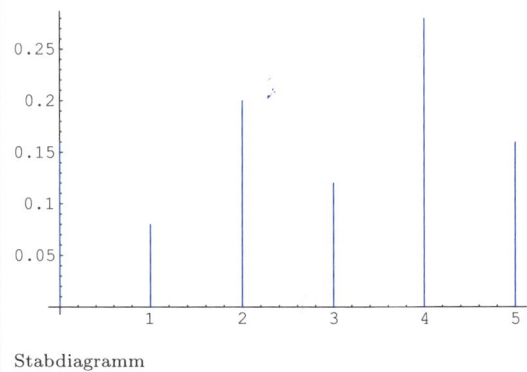

Stabdiagramm

Die Werte der relativen Häufigkeiten nicht durch Punkte, sondern durch Stäbe darzustellen, dient der besseren Visualisierung. Eine weitere Visualisierungsmöglichkeit der relativen Häufigkeiten bietet das sogenannte **Häufigkeitspolygon**. Anstatt die relativen Häufigkeiten der Realisationen in einem Datensatz durch die Länge der Stäbe wie beim Stabdiagramm darzustellen, werden im Häufigkeitspolygon die Werte der relativen Häufigkeiten linear verbunden.

2.3   Treppenfunktion

Liegt ein Datensatz einer diskreten Variablen mit metrischer Skalierung vor, so lassen sich summierte Anteile in Form einer Funktion angeben.

Bei tabellierten Daten ergeben sich diese relativen Angaben aus der Häufigkeitstabelle durch Kumulation - d.h. sukzessives Aufsummieren - der absoluten bzw. relativen Häufigkeiten.

Die **kumulierten relativen Häufigkeiten** der Realisation x_i werden mit $F(x_i)$ bezeichnet. Sie geben an, wie viel Prozent der Beobachtungen den vorgegebenen Wert x_i nicht überschreiten.

Beispiel 2.3 (Fortsetzung von Beispiel 2.2)
Wir betrachten wieder den Datensatz der Variablen $X=$ „Zurückgelegte volle Jahre nach dem letzten Schulabschluss" aus dem Beispiel 2.2. So beträgt z.B.:

$$F(3) = \frac{4}{25} + \frac{2}{25} + \frac{5}{25} + \frac{3}{25} = \frac{14}{25} = 0{,}56$$

d.h. bei 56% aller befragten Studierenden liegt der Schulabschluss höchstens drei Jahre zurück.

Insgesamt ergeben sich für die kumulierten relativen Häufigkeiten $F(x_i)$ die folgenden Werte:

i	x_i	n_i/n	F_i
1	0	0,16	0,16
2	1	0,08	0,24
3	2	0,20	0,44
4	3	0,12	0,56
5	4	0,28	0,84
6	5	0,16	1,00

Um die kumulierten relativen Häufigkeiten $F(x_1), \ldots, F(x_m)$ grafisch darzustellen, ist die kumulierte relative Häufigkeit für jeden Wert $x \in \mathbb{R}$ einzuzeichnen. Diese Vorgehensweise führt zu der sogenannten empirischen Verteilungsfunktion.

Definition 2.4
Die **empirische Verteilungsfunktion** $F(x)$ eines tabellierten Datensatzes ist aufgrund der kumulierten relativen Häufigkeiten $F(x_1), \ldots, F(x_m)$ definiert durch:

$$F(x) = \begin{cases} 0 & \text{für } x < x_1 \\ F(x_i) & \text{für } x_i \leq x < x_{i+1} \\ 1 & \text{für } x \geq x_m \end{cases}$$

Die empirische Verteilungsfunktion eines tabellierten Datensatzes (vgl. Definition 2.4) gibt den Prozentsatz an, wie häufig ein beobachteter Wert in einer Stichprobe nicht überschritten wird.

Beispiel 2.5 (Fortsetzung von Beispiel 2.2)
Wir betrachten wieder den obigen Datensatz der Variablen $X =$ „Zurückgelegte Jahre nach dem letzten Schulabschluss" aus dem Beispiel 2.2.

So beträgt z.B. unter den 25 Befragten der Anteil derer, dessen letzter Schulabschluss höchstens $3\frac{1}{4}$ Jahre zurückliegt:

$F(3,25) = F(3) = 0{,}56$

d.h. bei 56% der Befragten liegt der letzte Schulabschluss höchstens $3\frac{1}{4}$ Jahre zurück.

Die empirische Verteilungsfunktion $F(x)$ hat dann folgenden Verlauf:

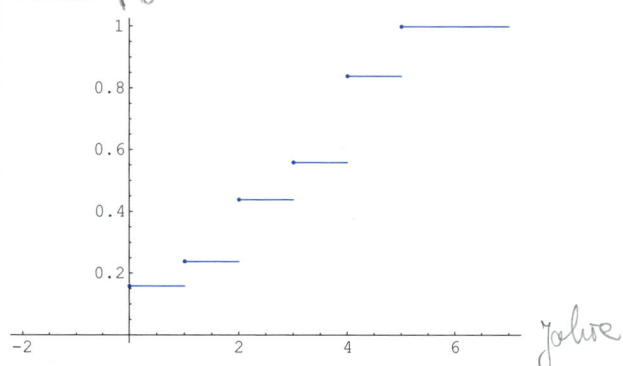

Empirische Verteilungsfunktion

Die grafische Darstellung der empirische Verteilungsfunktion ergibt eine Treppenfunktion.

Aus der Darstellung der empirischen Verteilungsfunktion lässt sich für jedes $x \in \mathbb{R}$ auf grafische Weise die zugehörige kumulierte relative Häufigkeit ermitteln.

2.3.1   Prozentpunkte

Häufig interessiert die Frage, welcher Beobachtungswert x_p von $p \cdot 100\%$ der Beobachtungen nicht überschritten wird. Der Wert x_p heißt **p-Quantil** oder **Prozentpunkt**, wobei gilt $p \in (0, 1)$.

Bei der Bestimmung von p-Quantilen/Prozentpunkten aus tabellierten Daten kann die Schwierigkeit auftreten, dass es keinen Wert x gibt mit $F(x) = p$. Um hier zu einer sinnvollen Regelung zu gelangen, nehmen wir den Wert, bei dem der Anteil gerade überschritten wird.

Das empirische p-Quantil des Datensatzes $x_1, \ldots, x_n$ ist der kleinste x-Wert, für den gilt $F(x) \geq p$.

Beispiel 2.6
Wir betrachten den tabellierten Datensatz der Variablen $X =$„verbrachte Zeit (in Jahren) seit dem letzten Schulabschluss":

i	x_i	n_i/n	F_i
1	0	0,16	0,16
2	1	0,08	0,24
3	2	0,20	0,44
4	3	0,12	0,56
5	4	0,28	0,84
6	5	0,16	1,00

Es ergeben sich z.B. folgende Quantile:

- $x_{0,24} = 1$; da $F(1) = 0,24$

- $x_{0,25} = 2$; da 0,25 zwischen $F(1)$ und $F(2)$ liegt

- $x_{0,30} = 2$; da 0,30 zwischen $F(1)$ und $F(2)$ liegt

- $x_{0,50} = 3$; da 0,50 zwischen $F(2)$ und $F(3)$ liegt

Das z.B. 0,30-Quantil wird wie folgt interpretiert: bei mindestens 30% der Befragten lag der letzte Schulabschluss höchstens zwei Jahre zurück.

2.4   Histogramm

Ein Datensatz einer stetigen Variablen enthält kaum Mehrfachnennungen. Für den Fall eines Datensatzes ohne Mehrfachnennungen würde die Darstellung der relativen Häufigkeiten in einem Stabdiagramm die Form eines Haarkamms aufweisen: alle Stäbe wären gleich lang mit der Stablänge $1/n$. Eine solche Darstellung würde wenig Aufschluss über die Struktur der Daten geben können.

Deshalb muss für einen Datensatz einer metrisch skalierten Variablen (diskret oder stetig) mit „wenigen" Mehrfachnennungen eine andere Darstellungsmöglichkeit gesucht werden. Dazu werden die Realisationsmöglichkeiten in nicht überlappende, angrenzende Klassen (das sind Intervalle) eingeteilt. Und es werden die Häufigkeiten, mit denen Realisationen in die einzelnen Klassen fallen, notiert.

Beispiel 2.7 (vgl. Schlittgen [2008])
Bei einer Klausur sind die Punkte $0, 1, 2, \ldots, 100$ zu erzielen, d.h. wir betrachten die Variable $X=$„erzielte Punktzahl bei einer Klausur" mit den Realisationsmöglichkeiten $x_1 = 0, x_2 = $

$1, x_3 = 2, \ldots, x_{101} = 100.$ Die fünfzig Prüflinge dieser Klausur erzielten die Punkte:

```
 4 12 25 26 27 35 38 42 43 45
51 51 51 52 53 54 55 56 57 59
59 59 60 60 60 61 62 62 62 63
64 64 65 66 67 68 68 70 72 72
73 74 76 79 80 82 84 87 95 98
```

In diesem Datensatz liegen kaum Mehrfachnennungen vor. Zur grafischen Darstellung ist ein Stabdiagramm wenig aufschlussreich. Deshalb werden die Daten zunächst klassiert.

Eine mögliche Klasseneinteilung lautet wie folgt:

1. Klasse = 24 oder weniger Punkte
2. Klasse = über 24, jedoch höchstens 49 Punkte
3. Klasse = über 49, jedoch höchstens 64 Punkte
4. Klasse = über 64, jedoch höchstens 79 Punkte
5. Klasse = über 79, jedoch höchstens 89 Punkte
6. Klasse = über 89, jedoch höchstens 100 Punkte

Bei einer Einteilung in k Klassen wird die j-te Klasse durch die **Klassenuntergrenze** x^*_{j-1} und die **Klassenobergrenze** x^*_j angegeben. Die **Klassenbreite** beträgt Obergrenze minus Untergrenze $= x^*_j - x^*_{j-1}$ und wird mit b_j bezeichnet.

In unserem Beispiel sind die $k = 6$ Klassen wie folgt festgelegt:

Klassen-nummer	Klasse	Klassenbreite
1	$[x^*_0, x^*_1] = [0, 24]$	$b_1 = 24 - 0 = 24$
2	$(x^*_1, x^*_2] = (24, 49]$	$b_2 = 49 - 24 = 25$
3	$(x^*_2, x^*_3] = (49, 64]$	$b_3 = 15$
4	$(x^*_3, x^*_4] = (64, 79]$	$b_4 = 15$
5	$(x^*_4, x^*_5] = (79, 89]$	$b_5 = 10$
6	$(x^*_5, x^*_6] = (89, 100]$	$b_6 = 11$

Die Anzahl der Realisationen einer Variablen X in der j-ten Klasse, d.h. im Intervall $(x^*_{j-1}, x^*_j]$, ist die **absolute Häufigkeit der Klasse** (genauer: die absolute Häufigkeit, mit der die Variable X einen Wert in dieser Klasse angenommen hat). Wir schreiben dafür $n_j =$ absolute Häufigkeit der j-ten Klasse, wobei n der Umfang des Datensatzes ist, hier also $n = 50$.

Bilden wir Klassen, so sprechen wir vom **Klassieren** der Daten. Nicht zu verwechseln ist klassieren mit klassifizieren. Klassifizieren bedeutet, jemanden oder etwas bestimmten Kriterien zuzuordnen. So werden z.B. Sportler bestimmten Leistungsgruppen zugeordnet, also klassifiziert. Ebenso handelt es sich um eine Klassifikation, wenn wir statistische Variablen einteilen in diskrete und stetige Variablen.

Beispiel 2.8 (Fortsetzung von Beispiel 2.7)
Für den klassierten Datensatz der Variablen $X=$ „erzielte Punktzahl bei einer Klausur" aus dem Beispiel 2.7 erhielten wir folgende Werte:

j	$x_{j-1}^* < x \leq x_j^*$	n_j	n_j/n
1	$x \leq 24$	2	0,04
2	$24 < x \leq 49$	8	0,16
3	$49 < x \leq 64$	22	0,44
4	$64 < x \leq 79$	12	0,24
5	$79 < x \leq 89$	4	0,08
6	$89 < x \leq 100$	2	0,04
Σ		$n = 50$	1,00

d.h. z.B. 44% der Prüflinge haben mehr als 49, jedoch maximal 64 Punkte in der Klausur erzielt.

Die übliche Darstellungsweise der Häufigkeiten von klassierten Daten ist das **Histogramm**. Beim Histogramm werden Blöcke über den Klassen eingezeichnet. Die Breite der Blöcke entspricht der Klassenbreite b_j der jeweiligen Klasse.

Anders als beim Stabdiagramm ist es beim Histogramm nicht sinnvoll, die Höhe über einer Klasse als Maß für die Häufigkeit zu wählen. Stattdessen wird die Höhe der Blöcke so gewählt, dass der Flächeninhalt des Blockes proportional zur relativen Häufigkeit n_j/n der Klasse ist.

Da ein Block insb. ein Rechteck ist, und der Flächeninhalt eines Rechtecks bekanntlich Breite mal Höhe beträgt, ergibt sich daraus die Höhe des Blocks:

$$n_j/n = b_j \cdot \text{Höhe} \iff \text{Höhe} = \frac{n_j/n}{b_j}$$

Dass der Flächeninhalt der Blöcke im Histogramm proportional ist zur relativen Häufigkeit, wird als *Prinzip der Flächentreue* bezeichnet. Dieses Prinzip soll verhindern, dass durch unterschiedliche Klasseneinteilung völlig unterschiedliche Eindrücke über die Struktur der Daten vermittelt werden.

Beispiel 2.9 (Fortsetzung von Beispiel 2.7)

Für den Datensatz der Variablen $X =$ „erzielte Punktzahl bei einer Klausur" aus dem Beispiel 2.7 ergeben sich folgende Blockhöhen im Histogramm:

j	$x_{j-1}^* < x \leq x_j^*$	b_j	n_j/n	$\frac{n_j/n}{b_j}$
1	$x \leq 24$	24	0,04	0,0017
2	$24 < x \leq 49$	25	0,16	0,0064
3	$49 < x \leq 64$	15	0,44	0,0293
4	$64 < x \leq 79$	15	0,24	0,0160
5	$79 < x \leq 89$	10	0,08	0,0080
6	$89 < x \leq 100$	11	0,04	0,0036

Mit Hilfe der Blockhöhen lässt sich das Histogramm wie folgt zeichnen:

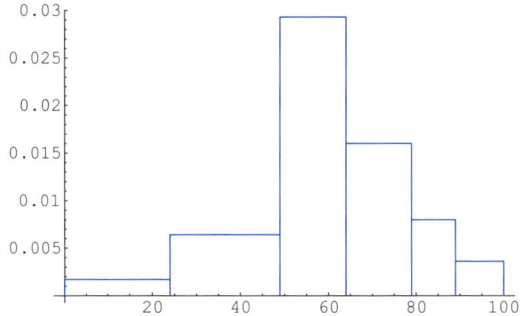

Histogramm

Der Flächeninhalt z.B. des vierten Blocks beträgt $15 \cdot 0{,}016 = 0{,}24$ und entspricht somit der relativen Häufigkeit von 24% der vierten Klasse; d.h. 24% der Prüflinge haben mehr als 64, jedoch höchstens 79 Punkte in der Klausur erzielt.

Fazit: Zum Zeichnen eines Histogramms wird auf der Ordinate der Wert $\dfrac{n_j/n}{b_j}$ über der j-ten Klasse abgetragen. Eine umgangssprachliche Interpretation dieser Blockhöhen $\dfrac{n_j/n}{b_j} \cdot 100\%$ ist nicht möglich.

Definition 2.10
Als Funktion von x erhält die Blockhöhe im Histogramm eine eigene Bezeichnung. Die Funktion:

$$f(x) = \begin{cases} \dfrac{n_j/n}{b_j} & \text{für } x^*_{j-1} < x \leq x^*_j \\ 0 & \text{sonst} \end{cases}$$

heißt **Häufigkeitsdichte**.

⚠ Für das spätere Rechnen mit z.B. der Normalverteilung in Kapitel 11.1 ist das Verstehen eines Histogramms unerlässlich.

Sind bei Vorliegen von klassierten Daten die Untergrenze der ersten Klasse und/oder die Obergrenze der letzten Klasse unbekannt, so wird die erste bzw. die letzte Klasse als **Flügelklasse** bezeichnet. Eine Darstellung des Datensatzes in einem Histogramm ist dann nicht möglich, weil die jeweiligen Klassenbreiten unbekannt sind.

2.5   Streckenzug

Liegt ein klassierter Datensatz vor, so lassen sich summierte Anteile in Form einer Funktion angeben.

Bei klassierten Daten erhalten wir diese Anteile durch Kumulation der Klassenhäufigkeiten. Mit $F(x^*_j)$ bezeichnen wir die kumulierten relativen Häufigkeiten an den Klassenobergrenzen x^*_j:

$$F(x^*_j) = \frac{n_1}{n} + \ldots + \frac{n_j}{n}$$

An den Klassenobergrenzen x^*_j geben die kumulierten relativen Klassenhäufigkeiten an, wie viel Prozent der Beobachtungen die Klassenobergrenze nicht überschreiten.

Beispiel 2.11 (Fortsetzung von Beispiel 2.7)
In dem klassierten Datensatz der Variablen X = „erzielte Punktzahl bei einer Klausur" aus dem Beispiel 2.7 beträgt z.B.:

$F(64) = 0{,}04 + 0{,}16 + 0{,}44 = 0{,}64 = 64\%$

d.h. 64% aller Prüflinge haben maximal 64 Punkte in der Klausur erzielt.

Insgesamt ergeben sich für die kumulierten relativen Häufigkeiten an den Klassenobergrenzen die folgenden Werte:

j	$x_{j-1}^* < x \le x_j^*$	n_j/n	$F(x_j^*)$
1	$x \le 24$	0,04	0,04
2	$24 < x \le 49$	0,16	0,20
3	$49 < x \le 64$	0,44	0,64
4	$64 < x \le 79$	0,24	0,88
5	$79 < x \le 89$	0,08	0,96
6	$89 < x \le 100$	0,04	1,00

D.h. z.B. 88% aller Prüflinge haben nicht mehr als 79 Punkte erzielt. Oder 96% aller Prüflinge haben höchstens 89 Punkte erzielt. Oder 80% aller Prüflinge haben mehr als 49 Punkte erzielt.

Wünschenswert ist es, kumulierte relative Häufigkeiten auch für Werte angeben zu können, die keine Klassengrenzen sind.

Beispiel 2.12 (Fortsetzung von Beispiel 2.7)
Interessiert uns in Beispiel 2.7 die Frage, wie viel Prozent der Prüflinge z.B. maximal 74 Punkte erzielt haben, so beträgt gemäß der Urliste dieser Anteil exakt 42 von 50 Prüflingen:

$$F(74) = \frac{42}{50} = 0,84$$

d.h. exakt haben 84% der Prüflinge höchstens 74 Punkte erreicht.

In dem Beispiel 2.12 wurde zurückgegriffen auf die Urliste der Daten. Häufig wurden jedoch die Daten bei der Umfrage lediglich klassiert erhoben, d.h. die Urliste bzw. die Einzelwerte sind unbekannt. Wir möchten auch für diesen Fall die kumulierten relativen Häufigkeiten nicht nur an den Klassengrenzen zumindest näherungsweise berechnen können.

Dazu wird unterstellt, dass binnen einer Klasse die Realisationen gleichmäßig verteilt sind und nicht in einer „Ecke" des Intervalls klumpen. Dann ergibt sich für ein $x \in (x_{j-1}^*, x_j^*]$ der **Anteilswert $F(x)$** näherungsweise, indem zu der davor liegenden kumulierten relativen Häufigkeit $F(x_{j-1}^*)$ noch der Flächeninhalt unter der Häufigkeitsdichte zwischen x_{j-1}^* und x hinzu addiert wird:

Definition 2.13
Die **empirische Verteilungsfunktion** $F(x)$ eines klassierten

Datensatzes ist aufgrund der kumulierten relativen Klassenhäufigkeiten $F(x_1^*)$, $F(x_2^*)$, ..., $F(x_k^*)$ definiert durch:

$$F(x) = \begin{cases} 0 & \text{für } x \leq x_0^* \\ F(x_{j-1}^*) + \frac{n_j/n}{b_j} \cdot (x - x_{j-1}^*) & \text{für } x_{j-1}^* < x \leq x_j^* \\ 1 & \text{für } x > x_k^* \end{cases}$$

Die empirische Verteilungsfunktion eines klassierten Datensatzes
(vgl. Definition 2.13) gibt an, wie viel Prozent der beobachteten
Werte eine Klassenobergrenze nicht überschreiten.

Beispiel 2.14 (Fortsetzung von Beispiel 2.11)
Für den klassierten Datensatz der Variablen X = „erzielte
Punktzahl bei einer Klausur" aus Beispiel 2.11 ergibt sich die
folgende empirische Verteilungsfunktion $F(x)$:

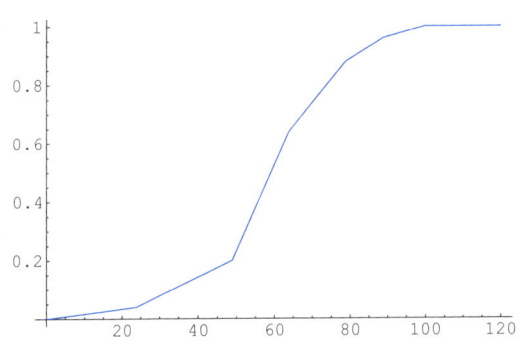

Empirische Verteilungsfunktion

Im Histogramm gibt $F(x)$ den Flächeninhalt an, der links vor dem
Punkt x liegt. Die Interpretation des Anteilswertes $F(x)$ lautet:
Näherungsweise überschreiten $F(x) \cdot 100\%$ der Beobachtungen den
Wert x nicht.

Beispiel 2.15 (Fortsetzung von Beispiel 2.11)
Für den klassierten Datensatz der Variablen X=„erzielte
Punktzahl bei einer Klausur" aus dem Beispiel 2.11 sollen An-
teilswerte (ohne Kenntnis der Einzelwerte) bestimmt werden.

■ Die empirische Verteilungsfunktion F an der Stelle 74 gibt
den Anteil der Beobachtungen im Datensatz an, die den
Wert 74 nicht überschreiten. Um $F(74)$ aus den klassierten Daten zu ermitteln, muss zunächst die **Einfallsklasse**

j bestimmt werden. Da 74 im Intervall $(64\,;79]$ liegt, beträgt $j = 4$. Näherungsweise ergibt sich:

$$F(74) \approx F(64) + f(79)(74 - 64)$$
$$= 0{,}64 + \frac{0{,}24}{15} \cdot 10$$
$$= 0{,}64 + 0{,}0160 \cdot 10$$
$$= 0{,}80$$

d.h. etwa 80% der Prüflinge haben höchstens 74 Punkte in der Klausur erreicht.

Der näherungsweise bestimmte Anteilswert von 80% unterscheidet sich von dem exakt aus der Urliste bestimmten Anteilswert von 84% in Beispiel 2.11.

■ Soll der Anteil der Prüflinge berechnet werden, die weniger als 50 Punkte erzielt haben, so ist formal der Flächeninhalt gesucht, der links von dem Punkt 50 liegt. Dieser Flächeninhalt ist genau so groß wie der Flächeninhalt, der links vom Punkt 50 einschließlich des Punktes 50 liegt; d.h. Flächeninhalt von $(X < 50)$ ist genau so groß wie der Flächeninhalt von $(X \leq 50)$. Über die dritte Einfallsklasse der klassierten Daten erhalten wir näherungsweise folgenden Wert:

$$F(50) \approx F(49) + f(64)(50 - 49)$$
$$= 0{,}20 + \frac{0{,}44}{15} \cdot 1$$
$$= 0{,}20 + 0{,}0293$$
$$= 0{,}2293$$

d.h. etwa 23% der Prüflinge haben weniger als 50 Punkte erreicht.

Aus der Urliste des Beispiels 2.7 berechnet beträgt dieser Anteil:

$$F(50) = F(45) = \frac{10}{50} = 0{,}20$$

d.h. exakt 20% der Prüflinge haben weniger als 50 Punkte erreicht.

2.5.1   Prozentpunkte

Obwohl bei klassierten Daten im Allgemeinen die einzelnen Beobachtungswerte nicht bekannt sind, sondern nur die Häufigkeiten in einer Klasse, kann das empirische p-Quantil näherungsweise bestimmt werden.

Beispiel 2.16 (Fortsetzung von Beispiel 2.11)
Wir betrachten den klassierten Datensatz der Variablen
$X=$„erreichte Punktzahl bei einer Klausur" aus dem Beispiel
2.11. Gesucht ist die Punktzahl, die von 50% der Prüflinge nicht
überschritten wird.

Die grafische Lösung ergibt sich aus dem Diagramm der empirischen Verteilungsfunktion, indem wir mit dem Ordinaten-Wert
$p = 0{,}50$ starten und den zugehörigen Wert $x_p = x_{0{,}50}$ auf der
Abszisse suchen:

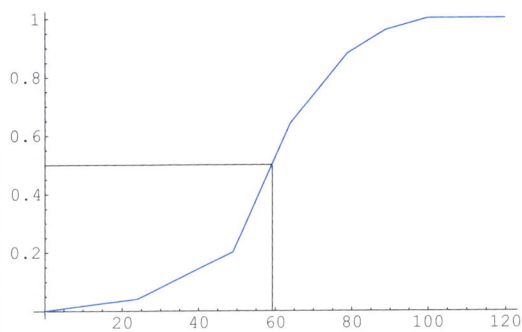

Empirische Verteilungsfunktion (Streckenzug)

Der aus dem Diagramm abgelesene gesuchte 50 Prozentpunkt
$x_{0{,}50}$ beträgt ungefähr 60 Punkte; d.h. fünfzig Prozent der Prüflinge haben höchstens etwa 60 Punkte erzielt.

Die grafische Bestimmung der Prozentpunkte x_p ist ungenau. Wir
suchen eine Berechnungsmethode für Prozentpunkte.

Zunächst überlegen wir uns, wie aus klassierten Daten das p-
Quantil berechnet werden kann. Dazu muss die bekannte Formel
aus der Definition 2.13 für $p = F(x_p)$ nach x_p aufgelöst werden:

$$\underbrace{F(x_p)}_{=p} \approx F(x_{j-1}^*) + \frac{n_j/n}{b_j} \cdot (x_p - x_{j-1}^*)$$

Subtraktion von $F(x_{j-1}^*)$ ergibt:

$$p - F(x_{j-1}^*) \approx \frac{n_j/n}{b_j} \cdot (x_p - x_{j-1}^*)$$

Multiplikation mit $\dfrac{b_j}{n_j/n}$ ergibt:

$$\frac{p - F(x_{j-1}^*)}{n_j/n} \cdot b_j \approx x_p - x_{j-1}^*$$

Addition von x^*_{j-1} ergibt:

$$x^*_{j-1} + \frac{p - F(x^*_{j-1})}{n_j/n} \cdot b_j \approx x_p$$

D.h. bei einem klassierten Datensatz berechnet sich der Prozentpunkt x_p wie folgt:

Satz 2.17 (Prozentpunkt)
Der Wert x_p, der von $p \cdot 100\%$ der Beobachtungen in einem klassierten Datensatz nicht überschritten wird, beträgt näherungsweise:

$$x_p \approx x^*_{j-1} + \frac{p - F(x^*_{j-1})}{n_j/n} \cdot b_j$$

wobei gilt $p \in (0,1)$ und der Wert für j wird bestimmt aus $F(x^*_{j-1}) < p \le F(x^*_j)$.

Die Klasse j aus Satz 2.17 ist die Einfallsklasse.

Beispiel 2.18 (Fortsetzung von Beispiel 2.11)
Wir betrachten den klassierten Datensatz der Variablen $X = $„erreichte Punktzahl bei einer Klausur" aus dem Beispiel 2.11.

■ Welche Punktzahl wird von 50% der Prüflinge nicht überschritten?

Der 50%-Punkt $x_{0,50}$ fällt in die 3. Klasse, da $20\% < 50\% \le 64\%$. D.h. in der Formel 2.17 beträgt $j = 3$:

$x_{0,50} \approx 49 + \frac{0{,}50 - 0{,}20}{0{,}44} \cdot 15 = 59{,}23 \approx 59$

d.h. etwa 50% der Prüflinge haben maximal ungefähr 59 Punkte erreicht. Oder anders ausgedrückt: 50% der Prüflinge haben mehr als etwa 59 Punkte erreicht.

■ Welche Punktzahl wird von 40% der Prüflinge nicht überschritten?

Der 40%-Punkt $x_{0,40}$ fällt ebenfalls in die 3. Klasse, da $20\% < 40\% \le 64\%$. D.h. in der Formel 2.17 beträgt $j = 3$:

$x_{0,40} \approx 49 + \frac{0{,}40 - 0{,}20}{0{,}44} \cdot 15 = 55{,}818 \approx 56$

d.h. etwa 40% der Prüflinge haben maximal ungefähr 56 Punkte erreicht. Oder anders ausgedrückt: 60% der Prüflinge haben mehr als etwa 56 Punkte erreicht.

■ Welche Punktzahl wird von 75% der Prüflinge nicht überschritten?

Der 75%-Punkt $x_{0,75}$ fällt in die 4. Klasse, da $64\% < 75\% \leq 88\%$. D.h. in der Formel 2.17 beträgt $j = 4$:

$$x_{0,75} \approx 64 + \frac{0,75-0,64}{0,24} \cdot 15 = 70,88 \approx 71$$

d.h. etwa 75% der Prüflinge haben maximal ungefähr 71 Punkte erreicht. Oder anders ausgedrückt: 25% der Prüflin-ge haben mehr als etwa 71 Punkte erreicht.

Die Ergebnisse werden gerundet, weil die Berechnung der Prozent-punkte eh nur näherungsweise geschieht.

Definition 2.19
Folgende Quantile erhalten eigene Bezeichnungen:

[1] $x_{0,25}$ heißt **unteres Quartil**

[2] $x_{0,50}$ heißt **Median** oder **Zentralwert**

[3] $x_{0,75}$ heißt **oberes Quartil**

2.6   Boxplot

Die wesentliche Struktur eines Datensatzes lässt sich zusammen-gefasst wiedergeben durch die folgenden fünf Kennzahlen:

■ Der kleinste Wert des Datensatzes $x_{\min}$.

■ Der 25 Prozentpunkt des Datensatzes $x_{0,25}$.

■ Der 50 Prozentpunkt des Datensatzes $x_{0,50}$.

■ Der 75 Prozentpunkt des Datensatzes $x_{0,75}$.

■ Der größte Wert des Datensatzes $x_{\max}$.

In einem sogenannten **Boxplot** werden diese fünf Werte durch senkrechte Striche auf der Zahlengerade dargestellt. Zusätzlich wird noch ein rechteckiger Kasten um die mittigen 50 Prozent gezeichnet:

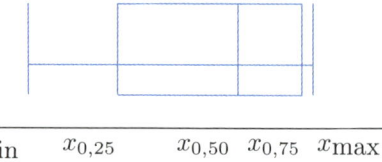

$x_{\min}$ $x_{0,25}$ $x_{0,50}$ $x_{0,75}$ $x_{\max}$

Anmerkung: Der US-amerikanische Statistiker *John W. Tukey* (1915 in New Bedford - 2000 in New Brunswick) hat einen Beobachtungswert als **Ausreißer** bezeichnet, wenn der Beobachtungswert mehr als das 1,5-Fache des Quartilsabstands (75-Prozentpunkt minus 25-Prozentpunkt) unterhalb des unteren Quartils bzw. oberhalb des oberen Quartils liegt:

Definition 2.20
Ein Beobachtungswert x eines Datensatzes wird als **Ausreißer** bezeichnet, falls gilt:

$x < x_{0,25} - 1,5 \cdot (x_{0,75} - x_{0,25})$ oder

$x > x_{0,75} + 1,5 \cdot (x_{0,75} - x_{0,25})$

Für die Darstellung eines Datensatzes in einem Boxplot werden zunächst die Ausreißer aus dem Datensatz entfernt und es werden aus dem reduzierten Datensatz die Werte $x_{\min}$ und $x_{\max}$ berechnet. Anschließend werden im Boxplot die Ausreißer lediglich als Punkte unterhalb von $x_{\min}$ bzw. oberhalb von $x_{\max}$ eingetragen.

2.7   Zusammenfassung

Zusammengefasst wird ein univariater Datensatz einer statistischen Variablen vornehmlich wie folgt dargestellt:

Typ	Skalierung	Diagramm
diskret	nominal	Tortendiagramm
		Säulendiagramm
	ordinal	Stabdiagramm
	metrisch viele Mehrfachnennungen	Stabdiagramm
	metrisch kaum Mehrfachnennungen	Histogramm
stetig	metrisch	Histogramm

■ Ein Anteilswert $F(x)$ aus einem klassierten Datensatz wird näherungsweise wie folgt berechnet:

$$F(x) \approx F(x_{j-1}^*) + \frac{n_j/n}{b_j} \cdot (x - x_{j-1}^*)$$

wobei die Klassennummer j bestimmt wird aus $x_{j-1}^* < x \leq x_j^*$. Handelt es sich bei dem Wert x um die Klassenobergrenze x_j^*, so ergibt sich:

$$F(x) = F(x_j^*) = \frac{n_1}{n} + \ldots + \frac{n_j}{n}$$

■ Ein Prozentpunkt x_p aus einem klassierten Datensatz wird näherungsweise wie folgt berechnet:

$$x_p \approx x_{j-1}^* + \frac{p - F(x_{j-1}^*)}{n_j/n} \cdot b_j$$

wobei die Klassennummer j bestimmt wird aus $F(x_{j-1}^*) < p \leq F(x_j^*)$. Handelt es sich bei $F(x)$ um die kumulierte relative Häufigkeit $F(x_j^*)$ an der Klassenobergrenze x_j^*, so ergibt sich:

$$x_p = x_j^*$$

■ Ein Prozentpunkt x_p aus einem nicht-klassierten Datensatz wird wie folgt bestimmt: x_p ist der kleinste Beobachtungswert, für den gilt $p \leq F(x_p)$.

Prüfungstipps

Bei den Formeln für Anteilswerte und Prozentpunkte eines klassierten Datensatzes ist die einzige Schwierigkeit, die Einfallsklasse zu erkennen.

■ Die Einfallsklasse eines Prozentpunktes eines klassierten Datensatzes wird bestimmt aus den kumulierten relativen Häufigkeiten.

■ Die Einfallsklasse eines Anteilswertes eines klassierten Datensatzes wird bestimmt aus den Klassengrenzen.

■ Prozentpunkte und Anteilswerte eines tabellierten Datensatzes werden lediglich abgelesen aus den kumulierten relativen Häufigkeiten.

3 Darstellung bivariater Datensätze

Lernziele

In diesem Kapitel lernen Sie, einen bivariaten Datensatz

- visuell sowie

- tabellarisch darzustellen.

Als grafische Darstellungsform bietet sich für bivariate Datensätze ein Streudiagramm an, um einen ersten Einblick auf den möglichen Zusammenhang der beiden Variablen zu erhalten.

Die Tabellenform für bivariate Datensätze sind Kontingenztabellen, die auch als Kreuztabellen bezeichnet werden.

3.1 Streudiagramm

Liegt ein bivariater Datensatz (x_1, y_1), (x_2, y_2), ..., (x_n, y_n) vom Umfang n der beiden Variablen X, Y vor, so lässt sich daraus das Streudiagramm erstellen.

Beispiel 3.1 ⟋ ∂∂ЯCHEHUE

Um Aufschluss über einen möglichen Zusammenhang zwischen dem Anteil junger Führerscheininhaber und tödlichen Verkehrsunfällen zu erhalten, wurden für die beiden Variablen $X =$ „Anteil der Führerscheininhaber unter 21 Jahren" und $Y =$ „Anzahl der tödlichen Unfälle pro 1 000 Führerscheinlizenzen" in zwölf Städten die Daten $(x_1; y_1), \ldots, (x_{12}; y_{12})$ erhoben:

$(13; 3,0), (12; 0,7), (8; 0,9), (11; 2,1), (18; 3,8), (9; 1,0), (16; 2,8),$

$(12; 1,4), (17; 4,1), (14; 2,9), (10; 1,0), (9; 0,9)$

Mit dem Anteil junger Führerscheininhaber auf der vertikalen Achse und dem Anteil tödlicher Unfälle auf der horizontalen Achse ergibt sich aus dem Datensatz das folgende Streudiagramm:

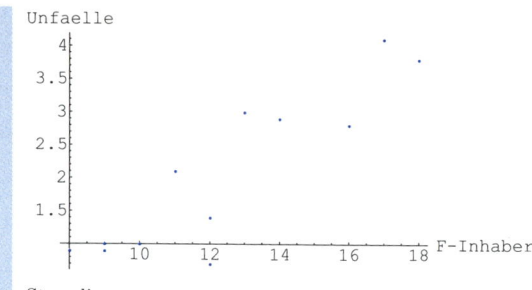

Streudiagramm

Das Streudiagramm zeigt höhere Anteile von tödlichen Unfällen bei höheren Anteilen junger Führerscheininhaber.

Das Streudiagramm wird in Kapitel 8 herangezogen, um lineare Zusammenhänge zwischen den x-Werten und den y-Werten zweier Variablen X, Y aufzudecken.

3.2   Kontingenztabelle

Liegt für die beiden Variablen (X, Y) ein bivariater Datensatz mit etlichen Mehrfachnennungen vor, so lässt sich im Streudiagramm das mehrfache Auftreten eines Beobachtungspaares (x_i, y_i) nicht erkennen. In diesem Fall gibt die nicht-grafische Darstellung in einer Kontingenz- oder Kreuztabelle einen Einblick auf die Datenstruktur.

Die **absolute Häufigkeit** der Wertekombination ($X = x_i$ und $Y = y_j$) wird in einer Kontingenztabelle mit n_{ij} bezeichnet. Daraus ergibt sich die **relative Häufigkeit** der Wertekombination ($X = x_i$ und $Y = y_j$) mit $\frac{n_{ij}}{n}$, wobei n der Umfang des Datensatzes ist.

Beispiel 3.2 (vgl. Agresti [2002])
Es wird ein Zusammenhang zwischen den beiden Variablen $X =$ „Sicherheitsgurt in Gebrauch (0=nein, 1=ja)" und $Y =$ „Schwere der Verletzung (0=unverletzt, 1=verletzt, 2= tödlich verletzt)" vermutet. Dazu wurde bei zweihundert Opfern von Auto-Verkehrsunfällen festgehalten, ob die Personen angeschnallt waren und wie schwer die Verletzung war.

Wir interessieren uns für die gemeinsamen absoluten Häufigkeiten n_{ij}, mit denen die Variablen X und Y die Wertekombination (x_i, y_j) angenommen haben: .

X	Y 0	1	2
0	0	44	3
1	140	12	1

■ Aus den gemeinsamen Häufigkeiten lässt sich z.B. angeben, dass unter den Personen, die einen Sicherheitsgurt angelegt hatten, der Anteil der tödlich Verletzten $\frac{1}{153} = 0{,}0065 = 0{,}65\%$ beträgt.

■ Hingegen beträgt unter den Personen, die keinen Sicherheitsgurt angelegt hatten, der Anteil der tödlich Verletzten $\frac{3}{47} = 0{,}0638 = 6{,}38\% \approx 10 \cdot 0{,}65\%$ und somit das Zehnfache des Risikos von angeschnallten Unfallopfern.

Aus den gemeinsamen Häufigkeiten n_{ij} lassen sich die sogenannten **Randhäufigkeiten** berechnen:

Beispiel 3.3 (Fortsetzung von Beispiel 3.2)
Für den Datensatz der beiden Variablen $X = $ „Sicherheitsgurt in Gebrauch (0=nein, 1=ja)" und $Y = $ „Schwere der Verletzung (0=unverletzt, 1=verletzt, 2= tödlich verletzt)" aus dem Beispiel 3.2 ergibt sich als Randhäufigkeit (absolut bzw. relativ) von X:

x_i	0	1
n_i	47	153

bzw.

x_i	0	1
f_i	0,235	0,765

Als Randhäufigkeit (absolut bzw. relativ) von Y ergibt sich:

y_j	0	1	2
n_j	140	56	4

bzw.

y_j	0	1	2
f_j	0,700	0,280	0,020

Aus der Randhäufigkeit der Variablen X lässt sich z.B. angeben, dass der Anteil der tödlich Verletzten $\frac{4}{200} = 0{,}02 = 2\%$ beträgt.

Klassierte Daten können ebenfalls in einer Kontingenztabelle dargestellt werden.

3.3   Zusammenfassung

Ein bivariater Datensatz zweier statistischer Variablen wird

■ grafisch in einem Streudiagramm dargestellt und

■ bei Mehrfachnennungen in einer Kontingenztabelle festgehalten.

Prüfungstipps

Um aus einer Kontingenztabelle mit absoluten Häufigkeiten Prozentzahlen korrekt abzulesen, muss vorher überlegt werden, auf welche Menge sich die Prozentzahl beziehen soll:

■ Bezieht sich die Prozentzahl ohne Einschränkung auf alle Befragten, so steht im Nenner n.

■ Bezieht sich die Prozentzahl nur auf einen Teil der Befragten, so steht im Nenner die Anzahl dieser Befragten.

4 Rechnen mit Wahrscheinlichkeiten

Lernziele

In diesem Kapitel lernen Sie

■ das Berechnen von Wahrscheinlichkeiten und bedingten Wahrscheinlichkeiten sowie

■ das Erkennen der stochastischen Unabhängigkeit zweier Ereignisse.

Hauptaufgabe der Wahrscheinlichkeitsrechnung ist es, den Zufall zahlenmäßig zu erfassen, d.h. Wahrscheinlichkeiten berechnen zu können.

Die Angabe von Wahrscheinlichkeiten bei einem Experiment/Vorgang macht nur Sinn, wenn dem Experiment/Vorgang etwas Zufälliges zu Grunde liegt.

4.1 Zufallsexperiment

Es gibt Vorgänge, deren Ausgang von vornherein gewiss ist. Wird z.B. ein ungekochtes Ei aus zwei Meter Höhe auf einen Steinboden fallen gelassen, so ist klar, das Ei wird mit Sicherheit zerplatzen.

Und es gibt Vorgänge, bei denen der Ausgang ungewiss ist. Auch eine wiederholte Durchführung des Vorgangs erbringt keineswegs immer denselben Ausgang.

Beispiel 4.1

Vorgänge mit einem ungewissen Ausgang sind z.B.:

■ Zweifacher Münzwurf

■ Werfen eines Würfels

■ Qualitätskontrolle von drei Produktionsstücken

Bei den Vorgängen aus Beispiel 4.1 ist stets bekannt, welche Möglichkeiten überhaupt eintreten können. Es ist aber nicht mit Gewissheit vorhersagbar, welche der Möglichkeiten tatsächlich eintreffen wird. Wir bezeichnen einen Vorgang mit ungewissem Ausgang als **Zufallsvorgang**.

Soll die Erkenntnis einer Datenauswertung einer Stichprobe allgemein gültig sein, so muss die Datenerhebung unter den gleichen Rahmenbedingungen wiederholt durchgeführt werden können.

Definition 4.2
Ein **Zufallsexperiment** ist ein Vorgang, der durch folgende Eigenschaften gekennzeichnet ist:

[1] Es gibt mehrere mögliche Ergebnisse des Vorgangs.

[2] Bei einer Durchführung des Vorgangs ist das Ergebnis nicht mit Sicherheit vorhersagbar.

[3] Der Vorgang ist unter den gleichen Rahmenbedingungen wiederholbar.

Anmerkung: Wie wir in Kapitel 4.3.3 sehen werden, ist in der Definition 4.2 die dritte Eigenschaft „unter gleichen Rahmenbedingungen wiederholbar" bei einigen Experimenten nicht gegeben.

Es gibt Zufallsexperimente, bei denen die Menge der möglichen Ergebnisse endlich ist. Dies gilt z.B. für das Werfen eines Würfels, bei dem nach Stillstand des Würfels eine der sechs Augenzahlen nach oben zeigt.

Und es gibt Zufallsexperimente, bei denen die Menge der möglichen Ergebnisse unendlich ist. So wäre es z.B. nicht sinnvoll, in dem Zufallsexperiment „Einkommen einer zufällig ausgewählten Person" eine obere Grenze für die Höhe des Einkommens anzugeben. Würde eine Obergrenze festgelegt, so kann es durchaus sein, dass eine zufällig ausgewählte Person ein höheres Einkommen hat als diese Obergrenze. Es lässt sich jedoch eine Menge angeben, die alle möglichen Ergebnisse enthält.

Definition 4.3
Als **Ergebnismenge** oder **Stichprobenraum** eines Zufallsexperiments wird eine Menge S bezeichnet, die alle tatsächlich möglichen Ergebnisse des Zufallsexperiments enthält.

Beispiel 4.4 (Fortsetzung von Beispiel 4.1)
■ Bei dem Zufallsexperiment „Zweifacher Münzwurf" sieht die Menge aller möglichen Ergebnisse wie folgt aus:

$$S = \{(\text{Kopf,Kopf}),(\text{Kopf,Zahl}),(\text{Zahl,Kopf}),(\text{Zahl,Zahl})\}$$

d.h. die Ergebnismenge umfasst vier Ergebnisse.

■ Bei dem Zufallsexperiment „Werfen eines Würfels" sieht die Menge aller möglichen Ergebnisse wie folgt aus:

$$S = \{1, 2, 3, 4, 5, 6\}$$

d.h. die Ergebnismenge umfasst sechs Ergebnisse.

■ Bei dem Zufallsexperiment „Qualitätskontrolle von drei Produktionsstücken" sieht die Menge aller möglichen Ergebnisse wie folgt aus:

$$S = \{(\text{Qualitätsstück, Qualitätsstück, Qualitätsstück}),$$
$$(\text{Ausschussstück, Qualitätsstück, Qualitätsstück}),$$
$$(\text{Qualitätsstück, Ausschussstück, Qualitätsstück}),$$
$$(\text{Qualitätsstück, Qualitätsstück, Ausschussstück}),$$
$$(\text{Qualitätsstück, Ausschussstück, Ausschussstück}),$$
$$(\text{Ausschussstück, Qualitätsstück, Ausschussstück}),$$
$$(\text{Ausschussstück, Ausschussstück, Qualitätsstück}),$$
$$(\text{Ausschussstück, Ausschussstück, Ausschussstück})\}$$

d.h. die Ergebnismenge umfasst acht Ergebnisse.

4.2 Ereignis

Wahrscheinlichkeiten lassen sich nur für Teilmengen einer Ergebnismenge bestimmen.

Definition 4.5
Eine Teilmenge A der Ergebnismenge S, $A \subset S$, heißt **Ereignis**.

Ein Ereignis tritt ein, wenn das Zufallsexperiment ein Ergebnis aus dieser Teilmenge hervorbringt.

Beispiel 4.6 (Fortsetzung von Beispiel 4.1)
■ Interessieren wir uns bei dem Zufallsexperiment „Zweifacher Münzwurf" für das Ereignis: A=„beim zweiten Wurf liegt Kopf oben", so sieht A wie folgt aus:

$$A = \{(\text{Kopf,Kopf}),(\text{Zahl,Kopf})\}$$

d.h. insb. zu dem Ereignis A gehören zwei mögliche Ergebnisse.

■ Interessieren wir uns bei dem Zufallsexperiment „Werfen eines Würfels" für das Ereignis: A=„Augenzahl ist gerade", so sieht A wie folgt aus:

$$A = \{2, 4, 6\}$$

d.h. insb. zu dem Ereignis A gehören drei mögliche Ergebnisse.

■ Interessieren wir uns bei dem Zufallsexperiment „Qualitätskontrolle von drei Produktionsstücken" für das Ereignis: A=„Höchstens ein kontrolliertes Stück ist Ausschuss", so sieht A wie folgt aus:

$$A = \{(\text{Qualitätsstück, Qualitätsstück, Qualitätsstück}),$$
$$(\text{Ausschussstück, Qualitätsstück, Qualitätsstück}),$$
$$(\text{Qualitätsstück, Ausschussstück, Qualitätsstück}),$$
$$(\text{Qualitätsstück, Qualitätsstück, Ausschussstück})\}$$

d.h. insb. zu dem Ereignis A gehören vier mögliche Ergebnisse.

Hat ein Zufallsexperiment nur genau zwei mögliche Ergebnisse, so werden diese häufig aus Gründen der Übersichtlichkeit abkürzend mit den Zahlen Null und Eins kodiert.

Beispiel 4.7

Bei der Produktion von Glühbirnen können genau drei Fehler auftreten:

■ Erstens: Fehler am Draht

■ Zweitens: Fehler am Gewinde

■ Drittens: Fehler am Glühkolben

Ordnen wir für einen „Fehler" den Wert 1 zu und für „keinen Fehler" den Wert 0, so erhalten wir insgesamt folgende möglichen Ergebnisse bei der Überprüfung einer Glühbirne:

$$S = \{(0,0,0), (0,0,1), (0,1,0), (1,0,0), (0,1,1), (1,0,1),$$
$$(1,1,0), (1,1,1)\}$$

Interessiert uns z.B. das Ereignis, dass eine Glühbirne defekt ist, so wollen wir wissen, ob eines der Ergebnisse a aus der Menge A mit:

$$A = \{(0,0,1), (0,1,0), (1,0,0), (0,1,1), (1,0,1), (1,1,0),$$
$$(1,1,1)\}$$

beobachtet wird.

⚠️Wir unterscheiden zwischen dem Ergebnis $(0, 0, 1)$ und dem Ereignis $\{(0, 0, 1)\}$. Ergebnisse werden beobachtet, Ereignisse treten ein.

Neben dem Eintreten des Ereignisses A interessiert auch das Nicht-Eintreten von A; bei zwei Ereignissen A und B interessiert, ob beide Ereignisse eintreten oder mindestens eines von beiden. Solche Operationen mit Ereignissen können auf Operationen mit Mengen zurückgeführt werden. Mit Ereignissen kann entsprechend den Regeln der Mengenlehre gerechnet werden. Im Folgenden werden die Regeln der Mengenlehre als bekannt vorausgesetzt. Bei Bedarf sollte der Leser (w,m) ihre/seine Kenntnisse noch einmal auffrischen (vgl. z.B. Arrenberg et al. [2013]).

Operationen mit Ereignissen lassen sich illustrieren im sogenannten **Venndiagramm**. Beim Venndiagramm wird die Ergebnismenge S durch die Fläche eines Rechtecks dargestellt. Ereignisse werden durch Teilflächen repräsentiert:

Beispiel 4.8 (Gleichheit zweier Ereignisse: $A = B$)
Betrachten wir in dem Beispiel 4.7 für eine produzierte Glühbirne die beiden Ereignisse: A=„Es treten genau drei Fehler auf" und B=„Es treten mehr als zwei Fehler auf", so sind die Ereignisse A und B identisch:

$$A = B = \{(1, 1, 1)\}$$

In einem Venndiagramm lassen sich identische Ereignisse A, B wie folgt darstellen:

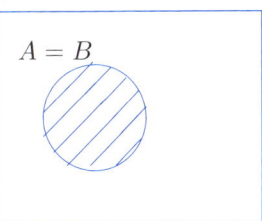

d.h. jedes Ergebnis aus A gehört auch zu B und umgekehrt gehört jedes Ergebnis aus B auch zu A.

Beispiel 4.9 (Teilereignis B von A: $B \subset A$)
Betrachten wir in dem Beispiel 4.7 für eine produzierte Glühbirne die beiden Ereignisse: A=„Es tritt höchstens ein Fehler
am Draht auf" und B=„Es tritt nur ein Fehler am Draht auf",
so ist B ein Teilereignis von A:

$$B = \{(1,0,0)\} \subset A = \{(0,0,0),(1,0,0)\}$$

In einem Venndiagramm lassen sich Teilereignisse $B \subset A$ wie
folgt darstellen: *Teilergebniss*

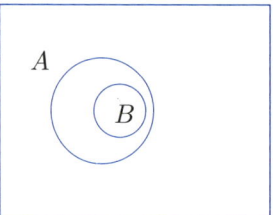

d.h. jedes Ergebnis aus B gehört auch zu A.

Beispiel 4.10 (Komplementärereignis: $\overline{A}$)
Betrachten wir in dem Beispiel 4.7 für eine produzierte Glühbirne das Ereignis: A=„Es tritt genau ein Fehler auf", so ist das
komplementäre Ereignis von A:

$$\overline{A} = \{(0,0,0),(0,1,1),(1,0,1),(1,1,0),(1,1,1)\}$$

d.h. $\overline{A}$ ist das Ereignis, die Glühbirne hat keinen oder mehr als
einen Fehler. In einem Venndiagramm lassen sich komplementäre Ereignisse $\overline{A}$ wie folgt darstellen:

 *S -Teilmenge*

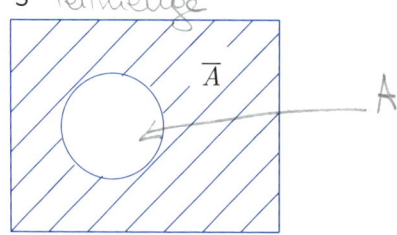

d.h. $\overline{A}$ besteht aus allen Ergebnissen von S, die nicht zu A
gehören.

Das Ereignis A und das komplementäre Ereignis $\overline{A}$ ergänzen sich zu S, d.h. $A \cup \overline{A} = S$, daraus leitet sich die Bezeichnung „Komplementärereignis" ab.

Beispiel 4.11 (Durchschnitt: $A \cap B$)
Betrachten wir in dem Beispiel 4.7 für eine produzierte Glühbirne die beiden Ereignisse: A=„Es tritt genau ein Fehler auf" und B=„Es tritt ein Fehler am Draht auf", so gilt:

$A = \{((1,0,0),(0,1,0),(0,0,1)\}$

$B = \{(1,0,0),(1,1,0),(1,0,1),(1,1,1)\}$

Somit ergibt sich als Durchschnitt von A und B:

$A \cap B = \{(1,0,0)\}$

d.h. $A \cap B$ ist das Ereignis, es tritt nur ein Fehler am Draht der Glühbirne auf. In einem Venndiagramm lässt sich der Durchschnitt $A \cap B$ wie folgt darstellen:

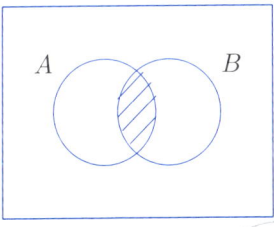

d.h. das Ereignis $A \cap B$ besteht aus den Ergebnissen, die sowohl in A als auch in B vorkommen.

⚠ Das Ereignis $B \cap A$ ist identisch mit dem Ereignis $A \cap B$.

Das Eintreten von $A \cap B$ bezeichnen wir auch mit „A und B treten zugleich ein".

Gilt für zwei Ereignisse A, B, dass $A \cap B = \emptyset$, so heißen die Mengen A, B **disjunkt**. Und die Ereignisse A, B werden als einander ausschließende Ereignisse bezeichnet; das Ereignis $A \cap B$ wird „unmögliches Ereignis" genannt.

Beispiel 4.12 (Vereinigung: $A \cup B$)
Betrachten wir in dem Beispiel 4.7 für eine produzierte Glühbirne die beiden Ereignisse: A=„Es tritt ein Fehler am Draht auf" und B=„Es tritt ein Fehler am Kolben auf", so gilt:

$A = \{(1,0,0),(1,0,1),(1,1,0),(1,1,1)\}$

$B = \{(0,0,1), (0,1,1), (1,0,1), (1,1,1)\}$

Somit ergibt sich als Vereinigung von A und B:

$A \cup B = (0,0,1), (0,1,1), (1,0,0), (1,0,1), (1,1,0), (1,1,1)\}$

d.h. $A \cup B$ ist das Ereignis, es tritt mindestens einer der beiden Fehler „Fehler am Draht" oder „Fehler am Kolben" auf. In einem Venndiagramm lässt sich die Vereinigung $A \cup B$ wie folgt darstellen:

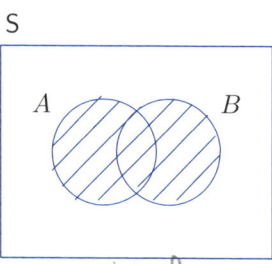

d.h. $A \cup B$ besteht aus allen Ergebnissen, die entweder nur zu A oder nur zu B oder zu beiden Ereignissen A, B gehören.

⚠Im Gegensatz zum logischen Oder, das ein einschließendes Oder ist, handelt es sich beim umgangssprachlichen Oder um ein ausschließendes Oder. Wenn Ihnen z.B. angekündigt wird, Sie erhalten als Weihnachtsgeschenk ein Fahrrad oder ein Auto, dann erwarten Sie genau eines der beiden Geschenke (und nicht beide). Da in der Statistik dem Leser (w,m) aus dem Zusammenhang nicht immer klar ist, wie das Oder gerade gemeint ist, sollte das Oder bei Beschreibungen von Ereignissen vermieden werden und durch eine präzise Formulierung ersetzt werden.

Wir sagen, mindestens eines der beiden Ereignisse A, B tritt ein, wenn $A \cup B$ eintritt.

Beispiel 4.13 (Differenz: $A \backslash B$)
Betrachten wir in dem Beispiel 4.7 für eine produzierte Glühbirne die beiden Ereignisse: $A=$„Es tritt genau ein Fehler auf" und $B=$„Es tritt ein Fehler am Draht auf", so gilt:

$A = \{(1,0,0), (0,1,0), (0,0,1)\}$

$B = \{(1,0,0), (1,0,1), (1,1,0), (1,1,1)\}$

Somit ergibt sich als Differenz $A \backslash B = A \cap \overline{B}$:

$A \backslash B = \{(0,1,0), (0,0,1)\}$

d.h. $A \backslash B$ ist das Ereignis, es tritt genau ein Fehler auf, jedoch nicht am Draht. In einem Venndiagramm lässt sich die Differenz $A \backslash B$ wie folgt darstellen:

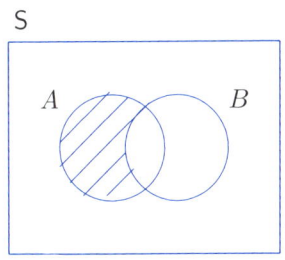

d.h. $A \backslash B = A \cap \overline{B}$ tritt ein, wenn A, aber nicht B eintritt.

Wahrscheinlichkeiten werden ausschließlich für Ereignisse berechnet.

4.3   Wahrscheinlichkeit

Bei einem Zufallsexperiment kann nicht vorhergesagt werden, ob ein interessierendes Ereignis eintreten wird oder nicht. Oft ist es jedoch möglich, die Chance für das Eintreffen des Ereignisses vorab anzugeben.

Um eine Wahrscheinlichkeit zu definieren, gibt es zwei Herangehensweisen, eine von *Richard von Mises* (1883 in Lemberg - 1953 in Boston) und eine von *Pierre Simon Laplace* (1749 in Beaumonten-Auge - 1827 in Paris).

4.3.1   Wahrscheinlichkeit als relative Häufigkeit

Zunächst betrachten wir den Wahrscheinlichkeits-Begriff nach Mises. (Der Wahrscheinlichkeits-Begriff nach Laplace folgt in Kapitel 4.3.3.)

Wird ein Zufallsexperiment mehrmals durchgeführt, so lässt sich feststellen, wie oft ein interessierendes Ereignis A eintritt. Nach Beendigung der Versuchsserie ist die Häufigkeit, mit der das Ereignis A eingetreten ist, bekannt.

Beispiel 4.14

■ Es interessiert, wie oft das Ereignis „Kopf liegt oben" eintritt beim mehrmaligen Durchführen des Zufallsexperiments „Einmaliges Werfen einer Münze":

Anzahl der Würfe	10	100	1000	5000
Anzahl der Würfe mit „Kopf" oben	7	47	492	2515

d.h. in etwa der Hälfte aller Münzwürfe ist damit zu rechnen, dass „Kopf" oben liegt.

■ Es interessiert, wie oft das Ereignis „Mädchengeburt" eintritt bei mehrmaliger Durchführung des Zufallsexperiments „Erfassung des Geschlechts eines zufällig ausgewählten Neugeborenen":

Anzahl der Neugeborenen	10	100	1000	5000
Anzahl der Mädchengeburten	4	48	482	2428

d.h. in knapp der Hälfte der Fälle ist das Neugeborene ein Mädchen.

Definition 4.15 (Wahrscheinlichkeit nach Mises)
Die **statistische Wahrscheinlichkeit** für das Eintreten eines Ereignisses A ist der Wert $P(A)$, bei dem sich die relative Häufigkeit bei wachsender Zahl der Versuchswiederholungen stabilisiert.

Der Begriff der statistischen Wahrscheinlichkeit aus der Definition 4.15 geht auf den Mathematiker *Richard von Mises* zurück.

Anmerkung: Über den Begriff „Grenzwert einer Folge" (vgl. z.B. Arrenberg [2012]) lässt sich die statistische Wahrscheinlichkeit $P(A)$ aus Definition 4.15 auch wie folgt erklären: Das Ereignis A sei bei n Durchführungen eines Zufallsexperiments genau $n(A)$-mal eingetreten. Dann ist $P(A) = \lim_{n\to\infty} \frac{n(A)}{n}$.

Beispiel 4.16
Beim Werfen einer Münze stabilisiert sich die Wahrscheinlichkeit, dass „Kopf" oben liegt, auf den Wert 0,5; d.h. für das Ereignis A=„Kopf liegt oben", gilt $P(A) = 0,5$.

Der sogenannte Sexualproporz lässt sich auch als Wahrscheinlichkeit ausdrücken.

Beispiel 4.17
In der BRD stabilisiert sich der Anteil der Mädchengeburten bei dem Wert 0,486; d.h. mit dem Ereignis $A=$„Neugeborenes ist ein Mädchen", gilt $P(A) = 0,486$. Oder anders ausgedrückt: auf 100 neugeborene Mädchen kommen $100 \cdot \frac{514}{486} \approx 106$ neugeborene Jungen. Der Wert 0,486 ist der nachfolgenden Tabelle entnommen (*Quelle: Statistische Jahrbücher*):

		Geburten	
Jahr	insgesamt	weiblich absolut	weiblich Anteil
2000	766 999	373 676	0,4872
2001	734 475	356 889	0,4859
2002	719 250	349 973	0,4866
2003	706 721	344 012	0,4868
2004	705 622	343 605	0,4870
2005	685 795	334 038	0,4871
2006	672 724	326 908	0,4859
2007	684 862	333 023	0,4863
2008	682 514	332 652	0,4874
2009	665 126	323 877	0,4869
2010	677 947	330 710	0,4878

Anmerkung: In China wird die Ein-Kind-Familie staatlich kontrolliert. Ein drittes Kind ist in China verboten. Jungen gelten als Alterssicherung. In der Stadt Chongqing kommen beim ersten Kind auf 100 Mädchen 140 Jungen. Beim zweiten Kind kommen auf 100 Mädchen 178 Jungen. (Quelle: Terre Des Femmes, Menschenrechte für die Frau 2/2004). Die Chinesen bezeichnen diese Überschuss-Jungen als „tote Äste", weil viele von diesen Jungen später keine Chance haben werden, sich fortzupflanzen. Inzwischen wurde dieses Phänomen der „missing women" als gesellschaftliches Problem erkannt und sogar als Sicherheitsrisiko eingestuft. (vgl. „Bare Branches. The Security Implications of Asia's Surplus Male Population", Massachusetts Institute of Technology Press, Cambridge, Massachusetts, 2004)

Zusatzfrage: Wieso gibt es dann in der BRD nicht mehr Männer als Frauen? Das liegt an der höheren Sterblichkeit von männlichen Säuglingen. Auf 100 im ersten Lebensjahr gestorbene weibliche Säuglinge kommen 126 tote männliche Babys.

Beispiel 4.18
In den Medien wird häufig bei dem Wetterbericht eine Regen-wahrscheinlichkeit angegeben. Beträgt zum Beispiel die Regen-wahrscheinlichkeit für den morgigen Tag 30%, so ist diese Pro-zentzahl wie folgt zu interpretieren: Bei 100 Tagen mit einer ähnlichen Wetterlage würde es an 30 Tagen regnen.

Bevor wir uns mit einer weiteren Möglichkeit beschäftigen, eine Wahrscheinlichkeit zu definieren, werden wir zunächst das Rech-nen mit Wahrscheinlichkeiten kennen lernen.

4.3.2   Rechenregeln für Wahrscheinlichkeiten

Wie auch immer eine Wahrscheinlichkeit ermittelt wurde, so muss sie folgende Rechenregeln erfüllen:

Definition 4.19 (Rechenregeln nach Kolmogorov)
Eine **Wahrscheinlichkeit** P ist eine Abbildung, die jedem Er-eignis $A \subset \mathsf{S}$ eines Zufallsexperiments eine Zahl $P(A)$ zuordnet, die folgende Bedingungen erfüllt:

[1] Eine Wahrscheinlichkeit liegen zwischen null und eins:

$$0 \leq P(A) \leq 1$$

[2] Die Wahrscheinlichkeit des sicheren Ereignisses ist gleich eins:

$$P(\mathsf{S}) = 1$$

[3] Die Wahrscheinlichkeit der Vereinigung zweier einander ausschließender Ereignisse A und B ist gleich der Summe der einzelnen Wahrscheinlichkeiten:

$$P(A \cup B) = P(A) + P(B); \text{ falls } A \cap B = \emptyset$$

Die oben geforderten Eigenschaften 4.19 gehen auf das Axiomen-system von *Andrey Nikolayevich Kolmogorov (1903 in Tambov - 1987 in Moskau)* zurück. Der russische Mathematiker Kolmogorov hat 1933 mit seinem Axiomensystem eine Grundlage der elemen-taren Wahrscheinlichkeitsrechnung vorgeschlagen.

Wir werden die Eigenschaften aus der Definition 4.19 zunächst an einem anschaulichen Würfel-Beispiel nachvollziehen.

Beispiel 4.20
Bei dem Zufallsexperiment „Einmaliges Werfen eines Würfels"
können genau sechs verschiedene Augenzahlen auftreten.

[1] Jede der sechs Augenzahlen hat die Chance 1/6, gewürfelt
zu werden. Somit liegen die Wahrscheinlichkeiten zwischen
null und eins.

[2] Das Ereignis, entweder eine Eins oder eine Zwei oder eine
Drei oder eine Vier oder eine Fünf oder eine Sechs zu würfeln, ist das sichere Ereignis. Es kann nichts anderes passieren. Somit beträgt die Wahrscheinlichkeit dieses Ereignisses
eins.

[3] Die Wahrscheinlichkeit für die Vereinigung z.B. der beiden Ereignisse $A=$„Es wird eine Zwei gewürfelt" und $B=$„Es
wird eine Sechs gewürfelt" beträgt:

$$P(A \cup B) = P(A) + P(B) = \frac{1}{6} + \frac{1}{6} = \frac{1}{3}$$

D.h. sämtliche Rechenregeln aus der Definition 4.19 sind erfüllt.

Anmerkung: In der Anwendung der Wahrscheinlichkeitsrechnung
wird in den Wirtschaftswissenschaften statt von der Wahrscheinlichkeit des Ereignisses „zufällig aus der Grundgesamtheit ausgewähltes Objekt hat die Eigenschaft A" häufig auch von dem Anteil
der Objekte in der Grundgesamtheit, die die Eigenschaft A aufweisen, gesprochen. Beträgt z.B. die Wahrscheinlichkeit, dass ein
zufällig ausgewählter Einwohner der BRD das Produkt A kauft,
etwa 23%, so bedeutet das, der Anteil der Käufer von Produkt A
in der BRD beträgt 23%.

Aus der Definition 4.19 lassen sich weitere Rechenregeln herleiten:

Beispiel 4.21
Wir betrachten die beiden Ereignisse $A=$„zufällig ausgewählter
Einwohner der BRD besitzt einen PC" und $B=$„zufällig ausge-
wählter Einwohner der BRD besitzt ein Mobiltelefon".

Der Anteil von A in der BRD beträgt etwa 61% und der Anteil
von B beträgt etwa 78%; d.h. $P(A) = 0{,}61$ und $P(B) = 0{,}78$.

Ferner besitzen etwa 58% aller Einwohner in der BRD sowohl
ein Mobiltelefon als auch einen PC; d.h. $P(A \cap B) = 0{,}58$.

Gesucht ist die Wahrscheinlichkeit für das Ereignis $A \cup
B=$„zufällig ausgewählter Einwohner der BRD besitzt mindes-
tens eines der beiden Geräte".

1. Lösungsweg:

Aufgrund der Definition 4.19 dürfen lediglich Anteile/Wahrscheinlichkeiten von einander ausschließenden Ereignissen addiert werden. (Ein Mobiltelefon-Besitzer kann aber durchaus auch einen PC besitzen; d.h. insb. die Ereignisse A und B schließen einander nicht aus.) Eine mögliche Aufteilung von $A \cup B$ in disjunkte Mengen ist:

$$A \cup (\overline{A} \cap B)$$

Der Anteil aller Einwohner, die ein Mobiltelefon, jedoch keinen PC besitzen, beträgt $78\% - 58\% = 20\%$; d.h. $P(\overline{A} \cap B) = 0{,}20$. Somit ergibt sich mit der Definition 4.19 der gesuchte Anteil:

$$P(A \cup B) = P(A) + P(\overline{A} \cap B) = 0{,}61 + 0{,}20 = 0{,}81$$

d.h. 81% aller Einwohner besitzen mindestens eines der beiden Geräte.

2. Lösungsweg:

Eine weitere mögliche Aufteilung von $A \cup B$ in disjunkte Mengen ist:

$$A \cup B = (A \cap \overline{B}) \cup B$$

Der Anteil aller Einwohner, die zwar einen PC, jedoch kein Mobiltelefon besitzen, beträgt $61\% - 58\% = 3\%$; d.h. $P(A \cap \overline{B}) = 0{,}03$. Somit ergibt sich mit der Definition 4.19 der gesuchte Anteil:

$$P(A \cup B) = P(A \cap \overline{B}) + P(B) = 0{,}03 + 0{,}78 = 0{,}81$$

3. Lösungsweg:

Anschaulich ist im Venndiagramm (vgl. Beispiel 4.12) die Fläche der beiden ausgefüllten Kreise zu berechnen. Bei der Addition $P(A) + P(B)$ der beiden Einzelflächen wird die Fläche der Schnittmenge doppelt gezählt. Um die Fläche $P(A \cup B)$ zu erhalten, muss somit nach der Addition $P(A) + P(B)$ die Fläche $P(A \cap B)$ subtrahiert werden:

$$P(A \cup B) = P(A) + P(B) - P(A \cap B) = 0{,}78 + 0{,}61 - 0{,}58 = 0{,}81$$

Mit dem dritten Lösungsweg ergibt sich der sogenannte **Additionssatz**, das ist die vierte Rechenregel im nachfolgenden Satz 4.22.

Insgesamt ergeben sich folgende Rechenregeln für Wahrscheinlichkeiten:

Satz 4.22 (Rechenregeln für Wahrscheinlichkeiten)
[1] $P(\overline{A}) = 1 - P(A)$

[2] $P(\emptyset) = 0$

[3] $P(A \backslash B) = P(A) - P(A \cap B)$
   $B \subset A \Rightarrow P(B) \leq P(A)$

[4] $P(A \cup B) = P(A) + P(B) - P(A \cap B)$ (Additionssatz)

[5] $P(A \cup B \cup C) = P(A) + P(B) + P(C) - P(A \cap B) - P(A \cap C) - P(B \cap C) + P(A \cap B \cap C)$ (Poincaré-Sylvester-Formel)

[6] $P(A_1 \cup A_2 \cup \ldots \cup A_k) = P(A_1) + P(A_2) + \ldots + P(A_k)$

   falls die Ereignisse $A_1, \ldots, A_k$ paarweise disjunkt sind; d.h. $A_i \cap A_j = \emptyset$ für $i \neq j$

[7] $P(A \cap B) \geq 1 - [P(\overline{A}) + P[\overline{B}]]$ (Bonferroni-Ungleichung)

Mit der Bonferroni-Ungleichung (siebte Rechenregel im Satz 4.22) lässt sich eine Mindest-Wahrscheinlichkeit angeben.

Beispiel 4.23 (Fortsetzung von Beispiel 4.21)
Wenn 61% aller Einwohner der BRD einen PC (Ereignis A) besitzen und 78% aller Einwohner der BRD ein Mobiltelefon (Ereignis B) besitzen, so ergibt sich aufgrund der Bonferroni-Ungleichung (vgl. Satz 4.22) folgender Mindestanteil für das Ereignis, beide Geräte zu besitzen:

$P(A \cap B) \geq 1 - [0{,}39 + 0{,}22] = 0{,}39$

d.h. mindestens 39% der Bevölkerung besitzen sowohl einen PC als auch ein Mobiltelefon.

Mit dem Additionssatz (vierte Rechenregel aus Satz 4.22) lässt sich u.a. auch die Wahrscheinlichkeit vom Durchschnitt zweier Ereignisse berechnen.

Beispiel 4.24
Bei einer Marktumfrage kannten 22% aller Befragten das Produkt P_1, 30% kannten das Produkt P_2 und 40% kannten mindestens eines der beiden Produkte. Wir bezeichnen:

A=zufällig Befragter kennt Produkt P_1

B=zufällig Befragter kennt Produkt P_2

Dann sind folgende Wahrscheinlichkeiten bekannt:

$0{,}22 = P(A)$

$0{,}30 = P(B)$ *oder*

$0{,}40 = P(A \overset{\circ}{\cup} B)$ *oder Beide*

■ Wie viel Prozent kennen beide Produkte? D.h. gesucht ist $P(A \cap B) =$?

Wird die vierte Rechenregel aus Satz 4.22 umgestellt nach $P(A \cap B)$, so ergibt sich:

$P(A \cap B) = P(A) + P(B) - P(A \cup B) = 0{,}22 + 0{,}30 - 0{,}40 = 0{,}12$

d.h. 12% aller Befragten kennen beide Produkte.

■ Wie viel Prozent kennen zwar Produkt P_1, aber nicht Produkt P_2? D.h. gesucht ist $P(A \backslash B) =$?

Mit der dritten Rechenregel aus Satz 4.22 ergibt sich:

$P(A \backslash B) = P(A) - P(A \cap B) = 0{,}22 - 0{,}12 = 0{,}10$

d.h. 10% aller Befragten kennen zwar Produkt P_1, aber nicht Produkt P_2.

■ Wie viel Prozent kennen weder Produkt P_1 noch Produkt P_2? D.h. gesucht ist $P(\overline{A} \cap \overline{B}) =$?

Das Ereignis $(\overline{A} \cap \overline{B})$ ist das Komplementärereignis zu $A \cup B =$„zufällig Befragter kennt mindestens eines der beiden Produkte P_1, P_2". Mit der ersten Rechenregel aus Satz 4.22 ergibt sich:

$P(\overline{A} \cap \overline{B}) = 1 - 0{,}40 = 0{,}60$

d.h. 60% aller Befragten kennen keines der beiden Produkte P_1, P_2.

Sämtliche Rechenregeln aus Satz 4.22 für genau zwei Ereignisse A und B lassen sich übersichtlich in einer Tabelle festhalten. Dazu werden für die Wahrscheinlichkeiten aller möglichen Durchschnitte $A \cap B, \overline{A} \cap B, A \cap \overline{B}, \overline{A} \cap \overline{B}$ berechnet und in eine **Arbeitstabelle** eingetragen. An den Rändern der Tabelle werden die Wahrscheinlichkeiten der Ereignisse $A, \overline{A}, B, \overline{B}$ summiert. Der Vorteil einer solchen Tabelle besteht darin, dass sich schon aus wenigen Angaben die übrigen Wahrscheinlichkeiten mühelos bestimmen lassen.

Beispiel 4.25 (Arbeitstabelle)

Sei A das Ereignis, ein Auto (oder mehrere Autos) zu besitzen, und B das Ereignis, ein Boot (oder mehrere Boote) zu besitzen. Der Anteil von A betrage 60%, der Anteil von B sei 20%. Ferner sei bekannt, dass der Anteil derer, die sowohl ein Boot als auch ein Auto besitzen, 10% betrage. D.h. folgende Wahrscheinlichkeiten sind gegeben:

$0{,}60 = P(A)$

$0{,}20 = P(B)$

$0{,}10 = P(A \cap B)$

Diese Wahrscheinlichkeiten tragen wir in die Arbeitstabelle ein:

	A	$\overline{A}$	$\sum$
B	0,10		0,20
$\overline{B}$			
$\sum$	0,60		

Da sich die Wahrscheinlichkeiten eines Ereignisses und seines Komplementärereignisses zu eins addieren, können wir jetzt die fehlenden Rand-Wahrscheinlichkeiten berechnen:

	A	$\overline{A}$	$\sum$
B	0,10		0,20
$\overline{B}$			0,80
$\sum$	0,60	0,40	1

Die Wahrscheinlichkeiten der Durchschnitte erhalten wir aus folgender Überlegung: Die Menge A lässt sich zerlegen in die Menge $A \cap B$ und die Menge $A \cap \overline{B}$. Also gilt für die Wahrscheinlichkeiten: $P(A) = P(A \cap B) + P(A \cap \overline{B})$. Diese Überlegung gilt auch analog für alle übrigen Durchschnitte:

	A	$\overline{A}$	$\sum$
B	0,10	0,10	0,20
$\overline{B}$	0,50	0,30	0,80
$\sum$	0,60	0,40	1

Die Werte in der Arbeitstabelle werden wir folgt interpretiert:

- $P(\overline{A} \cap B) = 0{,}10$; d.h. 10% besitzen zwar ein Boot, aber kein Auto.

■ $P(A \cap \overline{B}) = 0{,}50$; d.h. 50% besitzen zwar ein Auto, aber kein Boot.

■ $P(\overline{A} \cap \overline{B}) = 0{,}30$; d.h. 30% besitzen weder ein Auto noch ein Boot.

Oder als Interpretation des Gegenereignisses: $P(A \cup B) = 1 - 0{,}30 = 0{,}70 = 70\%$; d.h. 70% besitzen mindestens eines der beiden Fahrzeuge Auto, Boot.

■ $P(\overline{B}) = 0{,}80$; d.h. 80% besitzen kein Boot.

■ $P(\overline{A}) = 0{,}40$; d.h. 40% besitzen kein Auto.

⚠ Wir werden im Folgenden Wahrscheinlichkeiten zweier Ereignisse immer über eine Arbeitstabelle bestimmen.

Beispiel 4.26

In einem Land besitzen 90% aller Einwohner ein TV-Gerät, 60% aller Einwohner einen CD-Player und 93% aller Einwohner mindestens eines der beiden Geräte. Wie viel Prozent aller Einwohner besitzen

[1] kein TV-Gerät?

[2] zwar ein TV-Gerät, aber keinen CD-Player?

[3] beide Geräte?

[4] weder ein TV-Gerät noch einen CD-Player?

[5] höchstens eines der beiden Geräte?

[6] genau eines der beiden Geräte?

Lösung:

Es bezeichnen A=„zufällig ausgewählter Einwohner besitzt ein TV-Gerät" und B=„zufällig ausgewählter Einwohner besitzt einen CD-Player". Gegeben sind folgende Anteile/Wahrscheinlichkeiten:
$0{,}90 = P(A)$
$0{,}60 = P(B)$
$0{,}93 = P(A \cup B) \Leftrightarrow P(\overline{A} \cap \overline{B}) = 1 - 0{,}93 = 0{,}07$

	A	$\overline{A}$	$\sum$
B	0,57	0,03	0,60
$\overline{B}$	0,33	0,07	0,40
$\sum$	0,90	0,10	1

Jetzt können wir die gesuchten Anteile/Wahrscheinlichkeiten aus der Arbeitstabelle ablesen:

[1] $P(\overline{A}) = 0{,}10$; d.h. 10% aller Einwohner besitzen kein TV-Gerät.

[2] $P(A \backslash B) = P(A \cap \overline{B}) = 0{,}33$; d.h. 33% aller Einwohner besitzen zwar ein TV-Gerät, aber keinen CD-Player.

[3] $P(A \cap B) = 0{,}57$; d.h. 57% aller Einwohner besitzen beide Geräte.

[4] $P(\overline{A} \cap \overline{B}) = 0{,}07$; d.h. 7% aller Einwohner besitzen keines der beiden Geräte.

[5] $P(\overline{A} \cup \overline{B}) = 1 - P(A \cap B) = 1 - 0{,}57 = 0{,}43$; d.h. 43% aller Einwohner besitzen höchstens eines der beiden Geräte.

[6] $P(A \cap \overline{B}) + P(\overline{A} \cap B) = 0{,}33 + 0{,}03 = 0{,}36$; d.h. 36% aller Einwohner besitzen genau eines der beiden Geräte.

Sind mehr als zwei Ereignisse gegeben, so lassen sich Arbeitstabellen paarweise aufstellen.

Beispiel 4.27
Ein Interessent (w,m) möchte eine Anzeige in zwei der drei Zeitungen A,B,C aufgeben. Die Anzeige soll möglichst viele Leser (w,m) erreichen.

Die Herausgeber der Zeitungen geben folgende Reichweiten an:

■ Die Zeitschrift A wird von 25% der Bevölkerung gelesen, wobei 9% der Bevölkerung ausschließlich die Zeitung A lesen, 8% der Bevölkerung beide Zeitungen A,B lesen und 1% der Bevölkerung alle drei Zeitschriften lesen.

■ Die Zeitschrift B wird von 21% der Bevölkerung gelesen.

■ Die Zeitschrift C wird von 23% der Bevölkerung gelesen, wobei 11% der Bevölkerung ausschließlich die Zeitschrift C lesen.

In welche der drei Zeitungen soll die Anzeige aufgegeben werden?

Lösung:

Wir tragen die Anteile (in Prozent) in ein Venndiagramm ein:

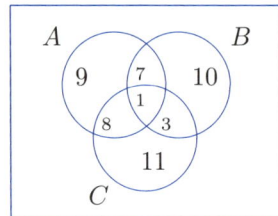

(Die Lösung wäre schon aus dem Venndiagramm ablesbar.) Als Arbeitstabellen für jeweils zwei Ereignisse ergeben sich aus dem Venndiagramm:

	A	$\overline{A}$	$\sum$
B	0,08	0,13	0,21
$\overline{B}$	0,17	0,62	0,79
$\sum$	0,25	0,75	1

	A	$\overline{A}$	$\sum$
C	0,09	0,14	0,23
$\overline{C}$	0,16	0,61	0,77
$\sum$	0,25	0,75	1

	B	$\overline{B}$	$\sum$
C	0,04	0,19	0,23
$\overline{C}$	0,17	0,60	0,77
$\sum$	0,21	0,79	1

d.h. $P(A \cup B) = 1 - 0,62 = 0,38$ und $P(A \cup C) = 1 - 0,61 = 0,39$ und $P(B \cup C) = 1 - 0,60 = 0,40$; d.h. die Anzeige sollte in den beiden Zeitungen B und C aufgegeben werden.

Bisher hatten wir Wahrscheinlichkeiten ausschließlich als Grenzwert einer relativen Häufigkeit ermittelt. Diese Herangehensweise ist nicht in jedem Zufallsexperiment machbar.

4.3.3   Wahrscheinlichkeit im Gleichmöglichkeitsmodell

In der Anwendung kann eine Wahrscheinlichkeit nicht immer durch genügend häufiges erneutes Durchführen eines Zufallsexperiments ermittelt werden. So lässt sich z.B. die Gefahr eines GAUs eines Kernkraftwerkes nicht durch jahrelange Beobachtungen bestimmen. Es gibt daher noch eine weitere Möglichkeit, eine Wahrscheinlichkeit zu berechnen.

Bevor die zweite Herangehensweise an den Wahrscheinlichkeits-Begriff definiert wird, werden wir ein Beispiel zur Herangehensweise betrachten.

Beispiel 4.28
Aus einem Gremium bestehend aus zwei Frauen F_1, F_2 und vier
Männern M_1, M_2, M_3, M_4 sollen zufällig drei Personen für einen
Ausschuss ausgelost werden. Wie groß ist die Wahrscheinlich-
keit des Ereignisses $A=$„genau eine Frau gelangt in den Aus-
schuss"?

Um die Lösung zu ermitteln, bestimmen wir zunächst die Menge S aller möglichen Ergebnisse:

F_1, F_2, M_1	F_1, M_1, M_2	F_2, M_1, M_2	M_1, M_2, M_3
F_1, F_2, M_2	F_1, M_1, M_3	F_2, M_1, M_3	M_1, M_2, M_4
F_1, F_2, M_3	F_1, M_1, M_4	F_2, M_1, M_4	M_1, M_3, M_4
F_1, F_2, M_4	F_1, M_2, M_3	F_2, M_2, M_3	M_2, M_3, M_4
	F_1, M_2, M_4	F_2, M_2, M_4	
	F_1, M_3, M_4	F_2, M_3, M_4	

Die Mächtigkeit einer Menge wird mit dem Gitter-Zeichen ♯ bezeichnet. Die Mächtigkeit der Ergebnismenge beträgt ♯$S = 20$;
d.h. die Menge S umfasst genau zwanzig Elemente/Ergebnisse.
Jedes Ergebnis aus S ist gleich möglich; d.h. jedes Ergebnis aus
S hat die Chance $1/20$.

Zu dem Ereignis A gehören genau zwölf Ergebnisse: F_1 kommt
in den Ausschuss und der Rest sind Männer oder F_2 kommt in
den Ausschuss und der Rest sind Männer. D.h. die Mächtigkeit
der Menge A beträgt ♯$A = 12$.

Da jedes Ergebnis aus S gleich möglich ist, erhalten wir die
gesuchte Wahrscheinlichkeit mit:

$$P(A) = \frac{♯A}{♯S} = \frac{12}{20} = 0{,}6$$

d.h. die Wahrscheinlichkeit, dass genau eine Frau in den Ausschuss gelangt, beträgt 60%.

Die Bestimmung der Wahrscheinlichkeit durch Auszählen wie in
Beispiel 4.28 geht zurück auf den französischen Physiker, Mathematiker, Astronom *Pierre Simon Laplace*. Wahrscheinlichkeiten in
Glücksspielen (Roulette, Münzwurf, Würfeln etc.) lassen sich so
berechnen.

Definition 4.29 (Wahrscheinlichkeit nach Laplace)
Hat jedes Ergebnis aus einer Ergebnismenge die gleiche Chan-
ce, so liegt ein sogenanntes **Gleichmöglichkeitsmodell** vor.
In einem Gleichmöglichkeitsmodell ist die Wahrscheinlichkeit

$P(A)$, dass das Ereignis A eintritt, durch den Anteil in der Ergebnismenge festgelegt:

$$P(A) = \frac{\text{Anzahl der für } A \text{ günstigen Ergebnisse}}{\text{Anzahl aller möglichen Ergebnisse}} = \frac{\sharp A}{\sharp \mathsf{S}}$$

⚠️Eine Wahrscheinlichkeit darf nur dann über die Definition 4.29 berechnet werden, wenn jedes Ergebnis aus S die gleich Chance hat.

Beispiel 4.30

Für das Zufallsexperiment „Einmaliger Münzwurf" mit der Ergebnismenge $\mathsf{S} = \{\text{Kopf, Zahl}\}$ wurde die Wahrscheinlichkeit des Ereignisses $A = \{\text{Kopf}\}$ im Beispiel 4.16 über die Mises-Wahrscheinlichkeit berechnet.

Über den Begriff der Laplace-Wahrscheinlichkeit ergibt sich ebenso:

$$P(A) = \frac{\sharp A}{\sharp \mathsf{S}} = \frac{1}{2} = 0{,}5$$

Anmerkung: Mit mathematischer Logik betrachtet ist der Begriff 4.29 der Laplace-Wahrscheinlichkeit keine Definition, sondern eine Folgerung aus der Definition 4.2 der Mises-Wahrscheinlichkeit.

Beispiel 4.31 (Fortsetzung von Beispiel 4.28)

Wie kann es sein, dass alle Ergebnisse aus S nicht gleich möglich sind?

Betrachten wir dazu noch einmal das Beispiel 4.28. Würde die Ergebnismenge nur aus den drei Ergebnissen:

$\mathsf{S}=\{$ „keine Frau kommt in den Ausschuss",
„genau eine Frau kommt in den Ausschuss",
„genau zwei Frauen kommen in den Ausschuss"$\}$

bestehen, so hätten das erste Ergebnis und das letzte Ergebnis jeweils die Chance $4/20$ und das zweite Ergebnis hätte die Chance $12/20$. Insb. wären diese drei Ergebnisse nicht mehr gleich möglich. Also könnten für diese Ergebnismenge S Wahrscheinlichkeiten nicht über das Gleichmöglichkeitsmodell mit der Definition 4.29 berechnet werden.

Die Schwierigkeit der Berechnung von Laplace-Wahrscheinlichkeiten ist das anfallende Auszählen der Elemente von A und S. Für komplexe Fragestellungen werden für das Auszählen allgemeine Abzählmethoden (vgl. Arrenberg et al. [2013]) benötigt:

Satz 4.32 (Abzählformeln)
Die Anzahl der Anordnungen beim Ziehen von k Elementen aus n unterschiedlichen Elementen beträgt:

	Berücksichtigung der Reihenfolge	Zurücklegen mit	ohne
Variation	ja	n^k	$\dfrac{n!}{(n-k)!}$
Kombination	nein	$\dbinom{n+k-1}{k}$	$\dbinom{n}{k}$

Definition 4.33
Der Term

$$\binom{n}{k} \quad (\text{lies: } n \text{ über } k)$$

aus Satz 4.32 heißt **Binomialkoeffizient** und wird wie folgt berechnet:

$$\binom{n}{k} = \frac{n!}{k! \cdot (n-k)!}$$

Zum Beispiel ergibt: $\binom{5}{3} = \dfrac{5!}{3! \cdot 2!} = \dfrac{1 \cdot 2 \cdot 3 \cdot 4 \cdot 5}{1 \cdot 2 \cdot 3 \cdot 1 \cdot 2} = 10$. Auf dem Taschenrechner lassen sich Binomialkoeffizienten mit Hilfe der Taste $\boxed{\text{nCr}}$ ausrechnen, also 5 $\boxed{\text{nCr}}$ 3 =. Einige Taschenrechner verlangen folgende Eingabe 5 ÷ 3 $\boxed{\text{nCr}}$ =. (vgl. z.B. Arrenberg et al. [2013])

Beispiel 4.34
An der medizinischen Fakultät der Universität zu K. lehrt Herr Professor Dr. Feelgood. Ab und zu hält der Assistent des Professors vertretungsweise die Vorlesung. Dies geschieht mit der Wahrscheinlichkeit $\frac{1}{2}$. Im kommenden Semester sind insgesamt zwölf Vorlesungen in Chirurgie zu halten.

■ Wie viele verschiedene Variationen gibt es, die zwölf Vorlesungen zu besetzen?

Lösung:

In der Urne liegen zwei Kugeln, Prof oder Assi. Aus dieser Urne wird jetzt für den ersten Vorlesungstermin eine Kugel herausgezogen und notiert. Anschließend wird die Kugel wieder in die Urne zurückgelegt und die Kugel für den zweiten Vorlesungstermin gezogen, usw. Also haben wir folgendes Urnenmodell vorliegen:

12 aus 2 mit Zurücklegen mit Berücksichtigung der Reihenfolge: $2^{12} = 4\,096$

d.h. es gibt 4 096 verschiedene Besetzungsmöglichkeiten der zwölf Vorlesungen durch Prof oder Assi.

■ Wie viele Möglichkeiten gibt es, bei denen nur der Prof die Vorlesungen hält?

Lösung:

Es gibt nur eine Möglichkeit.

In der Urne liegt nur der Prof und wir ziehen zwölf Kugeln mit Zurücklegen mit Berücksichtigung der Reihenfolge aus der Urne. Somit gibt es $1^{12} = 1$ verschiedene Besetzungsmöglichkeiten für die Vorlesungen.

■ Wie viele verschiedene Möglichkeiten gibt es, bei denen der Prof genau 3/4 der Vorlesungen hält?

Lösung:

3/4 von zwölf sind neun Vorlesungen.

In der Urne liegen zwölf Kugeln, die zwölf Vorlesungstermine $V_1, V_2, \ldots, V_{12}$. Aus dieser Urne wird nun die erste Kugel gezogen und notiert. Die Kugel gibt an, welche Vorlesung der Prof hält.

Anschließend wird aus den restlichen elf Kugeln die zweite Kugel gezogen. Sie gibt an, welche weitere Vorlesung der Prof hält, usw. Insgesamt werden also neun Kugeln gezogen, weil der Prof ja genau neun Vorlesungen halten soll.

9 aus 12 ohne Zurücklegen ohne Berücksichtigung der Reihenfolge: $\binom{12}{9} = 220$

d.h. es gibt 220 Möglichkeiten der Besetzung, bei denen der Prof genau 9 Vorlesungen hält.

■ Wie viele verschiedene Möglichkeiten gibt es, bei denen der Prof mindestens 3/4 der Vorlesungen hält?

Lösung:

Dieses Ereignis setzt sich zusammen aus den Ereignissen:

Der Prof hält genau 9 Vorlesungen: $\binom{12}{9} = 220$

Der Prof hält genau 10 Vorlesungen: $\binom{12}{10} = 66$

Der Prof hält genau 11 Vorlesungen: $\binom{12}{11} = 12$

Der Prof hält genau 12 Vorlesungen: $\binom{12}{12} = 1$

$$\sum \quad 299$$

d.h. es gibt 299 verschiedene Besetzungsmöglichkeiten, bei denen der Prof mindestens neun der zwölf Vorlesungen hält.

Wie viele verschiedene Möglichkeiten gibt es, bei denen sowohl der Prof als auch der Assi mindestens jeweils fünf Vorlesungen halten?

Lösung:

Anzahl der Vorlesungen												
Prof	0	1	2	3	4	5	6	7	8	9	10	11	12
Assi	12	11	10	9	8	7	6	5	4	3	2	1	0

d.h. das gesuchte Ereignis setzt sich aus den drei einander ausschließenden Ereignissen „Prof hält genau 5 Vorlesungen", „Prof hält genau 6 Vorlesungen" und „Prof hält genau 7 Vorlesungen" zusammen.

Anmerkung: An dieser Stelle treten in den Vorlesungen häufig Verständnis-Schwierigkeiten auf. Wieso, so lautet die Frage der Studierenden, wird das interessierende Ereignis nur über die Anzahl der Vorlesungen, die der Prof gibt, ermittelt? - Es ist unerheblich, ob die Anzahl der Vorlesungen des interessierenden Ereignisses entweder über die Prof-Vorlesungen oder über die Assi-Vorlesungen angegeben werden, da die Summe der beiden Zahlen sich immer zu zwölf ergänzt. In dem Moment, wo klar ist, dass der Prof z.B. genau fünf Vorlesungen hält, muss der Assi den Rest, also sieben Vorlesungen halten.

Somit haben wir:

$$\binom{12}{5} + \binom{12}{6} + \binom{12}{7} = 792 + 924 + 792 = 2\,508$$

d.h. es gibt für dieses Ereignis $2\,508$ verschiedene Besetzungsmöglichkeiten.

■ Insgesamt betragen die Laplace-Wahrscheinlichkeiten der Ereignisse, dass der Prof genau k der zwölf Vorlesungen hält:

k	0	1	2	3	4	5	6	7	8	9
Wkt.	$\frac{1}{4096}$	$\frac{12}{4096}$	$\frac{66}{4096}$	$\frac{220}{4096}$	$\frac{495}{4096}$	$\frac{792}{4096}$	$\frac{924}{4096}$	$\frac{792}{4096}$	$\frac{495}{4096}$	$\frac{220}{4096}$

k	10	11	12
Wkt.	$\frac{66}{4096}$	$\frac{12}{4096}$	$\frac{1}{4096}$

⚠ Soll zur Berechnung einer Laplace-Wahrscheinlichkeit die Anzahl der Elemente der Ergebnismenge S mit einer der Abzählformeln aus Satz 4.32 ermittelt werden, so ist darauf zu achten, S so aufzuschreiben, dass jedes Ergebnis/Element von S gleich möglich ist.

4.4   Bedingte Wahrscheinlichkeiten

Häufig ist von Interesse, eine Wahrscheinlichkeit angeben zu können, nachdem schon ein gewisses Ereignis eingetreten ist. Erfahrungsgemäß ist das Erkennen dieser Wahrscheinlichkeit am schwierigsten gemessen an den übrigen Kapiteln dieses Buches. Als Einstieg wurde deshalb ein anschauliches Beispiel gewählt, in dem zunächst absolute Werte gegeben sind:

Beispiel 4.35
Bei einer Produktion von $1\,000$ Produktionsstücken, davon 400 in Werk 1 und 600 in Werk 2, entsteht ab und zu auch Ausschuss. Es bezeichne A das Ereignis, dass ein zufällig ausgewähltes Produktionsstück Ausschuss ist. Folgende absoluten Anzahlen sind bekannt:

$$1\,000$$

Werk 1   Werk 2
400   600

A $\overline{A}$ A $\overline{A}$
8   392   42   558

Aus diesen absoluten Anzahlen lassen sich die folgenden Anteile angeben:

[1] Wie hoch ist die Ausschussquote der gesamten Produktion? Die Ausschussquote der gesamten Produktion beträgt:

$$P(A) = \frac{8 + 42}{1000} = 0{,}05 \quad \cdot \; 5\,\%$$

[2] Wie hoch ist die Ausschussquote in Werk 1?

$$\frac{8}{400} = 0{,}02 \quad 2\,\%$$

d.h. die Ausschussquote in Werk 1 beträgt 2%. Bezeichnen wir mit B das Ereignis, dass ein aus der Menge der 1 000 Stücke zufällig ausgewähltes Produktionsstück in Werk 1 gefertigt wurde, so bezeichnet $P(A \mid B)$ die Ausschussquote in Werk 1; d.h.:

$$P(A \mid B) = \frac{8}{400} = 0{,}02 \qquad B - \text{alles hergestellt in Werk 1}$$

Bevor wir den Ausdruck $P(A \mid B)$ formal in Definition 4.36 erklären, werden wir vorab weitere Verständnisbeispiele rechnen.

[3] Wie hoch ist die Ausschussquote in Werk 2? Mit $\overline{B}$ wird das Ereignis, dass ein aus der Menge der 1 000 Stücke zufällig ausgewähltes Produktionsstück in Werk 2 gefertigt wurde, bezeichnet und $P(A \mid \overline{B})$ die Ausschussquote in Werk 2. Die Ausschussquote in Werk 2 beträgt:

$$P(A \mid \overline{B}) = \frac{42}{600} = 0{,}07$$

[4] Wie viel Prozent aller Produktionsstücke werden in Werk 1 hergestellt?

$$P(B) = \frac{400}{1\,000} = 0{,}4 \qquad 40\,\%$$

d.h. 40% aller Produktionsstücke werden in Werk 1 gefertigt.

[5] Wie groß ist unter allen Produktionsstücken der Anteil der Produktionsstücke, die sowohl in Werk 1 gefertigt wurden als auch Ausschuss sind?

$$P(A \cap B) = \frac{8}{1\,000} = 0{,}008$$

d.h. greifen wir zufällig aus den 1 000 Produktionsstücken ein Produktionsstück heraus, so beträgt die Wahrscheinlichkeit 0,008, dass dieses Produktionsstück sowohl in Werk 1 gefertigt wurde als auch Ausschuss ist.

[6] Wird $P(A \cap B)$ ins Verhältnis gesetzt zu $P(B)$, so ergibt sich die Wahrscheinlichkeit $P(A \mid B)$ unter [2]:

$$\frac{P(A \cap B)}{P(B)} = \frac{0{,}008}{0{,}4} = 0{,}02 = P(A \mid B)$$

$P(B) = \frac{400}{1000} = 0{,}4$

Fazit: Wir können gemäß [2] somit $P(A \mid B)$ auch so berechnen, dass die Wahrscheinlichkeit vom Durchschnitt der Ereignisse ins Verhältnis gesetzt wird zu der Wahrscheinlichkeit der Bedingung B.

Definition 4.36
Die **bedingte Wahrscheinlichkeit** eines Ereignisses A unter der Bedingung des Eintretens des Ereignisses B (mit $P(B) > 0$) ist:

$$P(A \mid B) = \frac{P(A \cap B)}{P(B)}$$

Anmerkung: Die Berechnung aus Definition 4.36 ist alternativ auch mit einem Dreisatz möglich.

Beispiel 4.37 (Fortsetzung von Beispiel 4.35)
Die Wahrscheinlichkeit $P(A \mid B) = 2\%$ aus dem Beispiel 4.35 berechnet sich mit einem Dreisatz wie folgt:

$$40\% \; \widehat{=} \; 100\% \text{ in Werk 1}$$
$$1\% \; \widehat{=} \; \frac{100\%}{40\%} \text{ in Werk 1}$$
$$0{,}8\% \; \widehat{=} \; \frac{100\%}{40\%} \cdot 0{,}8\% = 2\% \text{ in Werk 1}$$

Die Angabe der absoluten Zahlen in Beispiel 4.35 diente nur der Veranschaulichung. Wir müssen im Folgenden in der Lage sein, nur mit Anteilen bzw. Wahrscheinlichkeiten zu rechnen.

Beispiel 4.38 (Fortsetzung von Beispiel 4.35)
Eine Unternehmung stellt 40% ihrer Produktion in Werk 1 her und 60% ihrer Produktion in Werk 2. In Werk 1 sind 2% aller hergestellten Produktionsstücke Ausschuss, in Werk 2 sind 7% aller hergestellten Produktionsstücke Ausschuss. Wie hoch ist der Ausschussanteil an der gesamten Produktion? Es bezeichnen:

$A=$ zufällig ausgewähltes Produktionsstück ist Ausschuss

$\overline{A}=$ zufällig ausgewähltes Produktionsstück ist ein Qualitätsstück

$B=$ zufällig ausgewähltes Produktionsstück wurde in Werk 1
produziert

$\overline{B}=$ zufällig ausgewähltes Produktionsstück wurde in Werk 2
produziert

Dann sind folgende Wahrscheinlichkeiten bekannt:

$P(A \mid B) = 0{,}02$
$P(A \mid \overline{B}) = 0{,}07$
$P(B) \quad = 0{,}40$
$P(\overline{B}) \quad = 0{,}60$

Und gesucht ist: $P(A) =$?

Um die Arbeitstabelle aufstellen zu können, werden Wahrscheinlichkeiten für den Durchschnitt zweier Ereignisse benötigt. Aus der Festlegung 4.36 der bedingten Wahrscheinlichkeit folgt unmittelbar:

$$P(A \mid B) = \frac{P(A \cap B)}{P(B)}$$

$\Rightarrow P(A \cap B) = P(A \mid B) \cdot P(B) = 0{,}02 \cdot 0{,}40 = 0{,}008$

Und $P(A \mid \overline{B}) = \dfrac{P(A \cap \overline{B})}{P(\overline{B})}$

$\Rightarrow P(A \cap \overline{B}) = P(A \mid \overline{B}) \cdot P(\overline{B}) = 0{,}07 \cdot 0{,}60 = 0{,}042$

Wir tragen die Wahrscheinlichkeiten 0,008, 0,042, 0,04 und 0,6 in eine Arbeitstabelle ein:

	A	$\overline{A}$	$\sum$
B	0,008	0,392	0,400
$\overline{B}$	0,042	0,558	0,600
$\sum$	0,050	0,950	1

Aus der Arbeitstabelle lässt sich $P(A)$ mit 0,05 ablesen; d.h. die Ausschussquote der gesamten Produktion beträgt 5%.

Zum Aufstellen einer Arbeitstabelle wurden in Beispiel 4.38 aus bedingten Wahrscheinlichkeiten die Wahrscheinlichkeiten für den Durchschnitt der beiden Ereignisse berechnet:

Satz 4.39 (Allgemeiner Multiplikationssatz)
Aus der Definition 4.36 ergibt sich:

$$P(A \cap B) = P(A \mid B) \cdot P(B) \text{ bzw. } P(A \cap B) = P(B \mid A) \cdot P(A)$$

⚠ Die Schwierigkeit beim Rechnen mit bedingten Wahrscheinlichkeiten ist nicht die Formel aus der Definition 4.36, sondern das Erkennen, ob eine bedingte Wahrscheinlichkeit vorliegt oder nicht.

Im nachfolgenden Beispiel werden wir das Erkennen von bedingten Wahrscheinlichkeiten üben.

Beispiel 4.40
Gemäß einer Studie „Gesundheit in Deutschland aktuell (GEDA) 2009" der Bundeszentrale für gesundheitliche Aufklärung ergeben sich für die erwachsene Bevölkerung in der BRD folgende Anteile:

[1] 26% aller erwachsenen Frauen rauchen

[2] 43% aller erwachsenen Raucher sind Frauen

[3] 13% aller Erwachsenen sind Frauen, die rauchen

[4] 34% aller Erwachsenen in der BRD, die männlich sind, rauchen

[5] unter den erwachsenen Rauchern sind 57% männlich

[6] 17% aller Erwachsenen der BRD sind männlich und rauchen

Aufgabe ist es, diese Prozentzahlen über Anteile der Ereignisse für die Ereignisse F=„weiblich", M=„männlich", R=„rauchen" anzugeben.

Lösung:

[1] $P(R \mid F) = 0{,}26$

[2] $P(F \mid R) = 0{,}43$

[3] $P(R \cap F) = 0{,}13$

[4] $P(R \mid M) = 0{,}34$

[5] $P(M \mid R) = 0{,}57$

[6] $P(R \cap M) = 0{,}17$

Bilden die Mengen $B_1, \ldots, B_k$ eine **Zerlegung** von S, d.h. es gelte $B_1 \cup \ldots \cup B_k = $ S und $B_i \cap B_j = \emptyset$ für $i \neq j$, so lässt sich ein Ereignis $A \subset $ S als Vereinigung disjunkter Mengen darstellen:

$$A = (A \cap B_1) \cup \ldots \cup (A \cap B_k)$$

Allgemein gilt dann die folgende Berechnungsformel für $P(A)$:

Satz 4.41 (Satz von der totalen Wahrscheinlichkeit)
$B_1, \ldots, B_k$ sei eine Zerlegung von S. Zudem sei $P(B_i) > 0$ für alle i. Dann gilt:

$$P(A) = P(B_1) \cdot P(A \mid B_1) + \ldots + P(B_k) \cdot P(A \mid B_k)$$

Beispiel 4.42
Bei einer Produktion werden die Produkte auf genau einer von drei Maschinen hergestellt: 20% aller Produkte auf der Maschine M_1, 30% aller Produkte auf der Maschine M_2 und der Rest auf der Maschine M_3. Ausschuss produzieren die Maschinen M_1 mit der Wahrscheinlichkeit 0,05, M_2 mit der Wahrscheinlichkeit 0,04 und M_3 mit der Wahrscheinlichkeit 0,03. Wie groß ist die Wahrscheinlichkeit, ein Ausschussprodukt zu erhalten?

Wir bezeichnen die Ereignisse mit:

$A=$ zufällig ausgewähltes Produkt ist Ausschuss

$B_1=$ zufällig ausgewähltes Produkt wird auf Maschine M_1 hergestellt

$B_2 =$ zufällig ausgewähltes Produkt wird auf Maschine M_2 hergestellt

$B_3 =$ zufällig ausgewähltes Produkt wird auf Maschine M_3 hergestellt

Gesucht ist: $P(A) =$?

Folgende Wahrscheinlichkeiten sind im Aufgabentext gegeben:

$$P(B_1) = 0{,}2 \qquad P(A \mid B_1) = 0{,}05$$
$$P(B_2) = 0{,}3 \qquad P(A \mid B_2) = 0{,}04$$
$$P(B_3) = 0{,}5 \qquad P(A \mid B_3) = 0{,}03$$

1. Lösungsweg:

Insbesondere sind die Ereignisse B_1, B_2, B_3 eine Zerlegung von S, da auf genau einer dieser drei Maschinen ein Produkt hergestellt werden muss. Somit lässt sich $P(A)$ mit Hilfe des Satzes 4.41 der totalen Wahrscheinlichkeit berechnen:

$$P(A) = P(B_1) \cdot P(A \mid B_1) + P(B_2) \cdot P(A \mid B_2)$$
$$+ P(B_3) \cdot P(A \mid B_3)$$
$$= 0{,}2 \cdot 0{,}05 + 0{,}3 \cdot 0{,}04 + 0{,}5 \cdot 0{,}03$$
$$= 0{,}010 + 0{,}012 + 0{,}015$$
$$= 0{,}037$$

d.h. 3,7% der Produktion ist Ausschuss.

2. Lösungsweg:

Plausibel und anschaulich ist ebenfalls die Berechnung von $P(A)$ mit Hilfe eines **Baumdiagramms**.

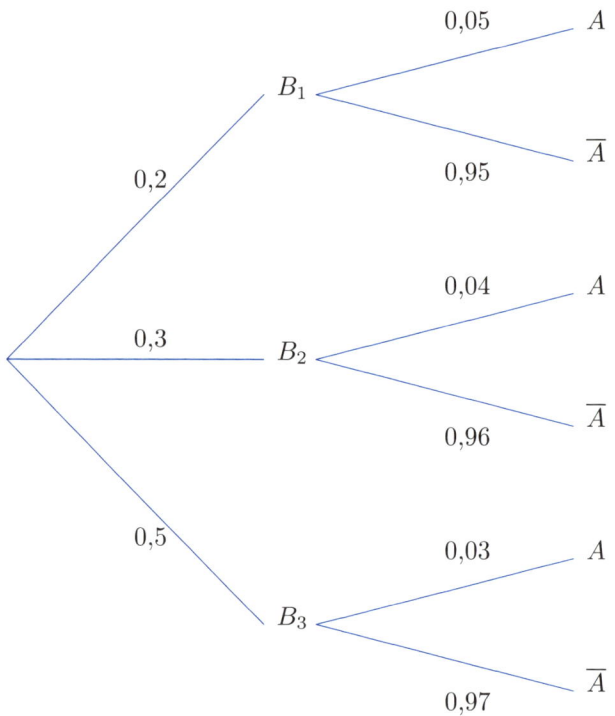

Jetzt fahren wir jeden Ast des Baumdiagramms ab, der uns zu dem Ereignis A führt und multiplizieren dabei Wahrscheinlichkeiten, die hintereinander liegen.

Dann ergibt sich $P(A)$ wie folgt:

$P(A) = 0{,}2 \cdot 0{,}05 + 0{,}3 \cdot 0{,}04 + 0{,}5 \cdot 0{,}03 = 0{,}010 + 0{,}012 + 0{,}015 = 0{,}037$

3. Lösungsweg:

⚠Liegt eine Zerlegung des Stichprobenraums vor, so lässt sich insb. eine Arbeitstabelle auch für mehr als zwei Ereignisse aufstellen:

	B_1	B_2	B_3	$\sum$
A	0,010	0,012	0,015	0,037
$\overline{A}$				
$\sum$	0,2	0,3	0,5	1

wobei sich die Wahrscheinlichkeiten 0,010, 0,012 und 0,015 ergeben gemäß der Definition 4.36 aus $P(A \cap B_i) = P(A \mid B_i) \cdot P(B_i)$.

Aus der Arbeitstabelle lesen wir ab: $P(A) = 0{,}037$.

Sind für ein interessierendes Ereignis A bei einer Zerlegung die Wahrscheinlichkeiten $P(A \mid B_1)$, $P(A \mid B_2)$, $\ldots P(A \mid B_k)$ bekannt und ist die Wahrscheinlichkeit $P(B_i \mid A)$ gesucht, so gilt:

Satz 4.43 (Formel von Bayes)
$B_1, \ldots, B_k$ sei eine Zerlegung von S, d.h. es gelte $B_1 \cup \ldots \cup B_k = \mathsf{S}$ und $B_i \cap B_j = \emptyset$ für $i \neq j$. Zudem sei $P(B_i) > 0$ für alle i. Ist zudem $P(A) > 0$, so gilt die Formel von Bayes:

$$P(B_i \mid A) = \frac{P(A \mid B_i) \cdot P(B_i)}{P(A \mid B_1) \cdot P(B_1) + \ldots + P(A \mid B_k) \cdot P(B_k)}$$

Beispiel 4.44 (Fortsetzung von Beispiel 4.42)
Uns interessiert im Beispiel 4.42 die weitere Frage, wie viel Prozent aller Ausschussstücke auf der Maschine M_1 hergestellt wurden; d.h. gesucht ist $P(B_1 \mid A) = ?$

1. Lösungsweg:

Mit Hilfe der Formel 4.43 von Bayes lässt sich diese Wahrscheinlichkeit wie folgt berechnen:

$P(B_1 \mid A) =$

$$\frac{P(A \mid B_1) \cdot P(B_1)}{P(A \mid B_1) \cdot P(B_1) + P(A \mid B_2) \cdot P(B_2) + P(A \mid B_3) \cdot P(B_3)}$$

Den Nenner können wir erneut ausrechnen oder das Ergebnis $P(A) = 0{,}037$ aus Beispiel 4.42 einsetzen. Somit ergibt sich:

$$P(B_1 \mid A) = \frac{0{,}05 \cdot 0{,}2}{0{,}037} = 0{,}270$$

d.h. 27% aller Ausschussstücke wurden auf der Maschine M_1 hergestellt.

2. Lösungsweg:

Die Wahrscheinlichkeit $P(B_1 \mid A)$ lässt sich auch mit Hilfe der Arbeitstabelle aus Beispiel 4.42 berechnen, indem wir die Wahrscheinlichkeit $P(A \cap B_1)$ für den Zähler aus der Arbeitstabelle ablesen:

$$P(B_1 \mid A) = \frac{P(A \cap B_1)}{P(A)} = \frac{0{,}010}{0{,}037} = 0{,}270$$

4.5   Unabhängigkeit zweier Ereignisse

Der Spezialfall, dass für zwei Ereignisse A, B die beiden Wahrscheinlichkeiten $P(A \mid B)$ und $P(A)$ gleich groß sind, erhält eine gesonderte Bezeichnungsweise:

Definition 4.45
Zwei Ereignisse A und B heißen **stochastisch unabhängig**, wenn gilt:

$$P(A \mid B) = P(A)$$

Beispiel 4.46
Die Ausschussquote einer gesamten Produktion beträgt 5%. Bei einer Produktion durchlaufen alle hergestellten Bauteile entweder Kontrolle I oder Kontrolle II. Die Kontrolle I überprüft 40% aller hergestellten Bauteile. Die Ausschussquote von Kontrolle I beträgt ebenfalls 5%; d.h. ein von Kontrolle I geprüftes Bauteil wird mit der Wahrscheinlichkeit 0,05 als Ausschuss identifiziert. Wir bezeichnen:

$A=$ zufällig ausgewähltes Produktionsstück ist Ausschuss

$\overline{A}=$ zufällig ausgewähltes Produktionsstück ist ein Qualitätsstück

$B=$ zufällig ausgewähltes Produktionsstück wurde von Kontrolle I geprüft

$\overline{B}=$ zufällig ausgewähltes Produktionsstück wurde von Kontrolle II geprüft

Dann sind folgende Wahrscheinlichkeiten bekannt:

$0{,}05 = P(A)$
$0{,}40 = P(B)$
$0{,}60 = P(\overline{B})$
$0{,}05 = P(A \mid B)$

D.h. insb. gilt $P(A \mid B) = P(A)$

d.h. die Ereignisse A, B sind stochastisch (wahrscheinlichkeitsrechnerisch) unabhängig.

Die stochastische Unabhängigkeit lässt sich auch im Venndiagramm erkennen. Zwei Ereignisse A, B sind genau dann stochastisch unabhängig, wenn der Anteil von A sowohl im Stichprobenraum S als auch in der Teilmenge B gleich groß ist:

$$\frac{P(A)}{1} = \frac{P(A \cap B)}{P(B)}$$

Beispiel 4.47
Beträgt im Venndiagramm die Fläche von A z.B. ein Viertel der Gesamtfläche. Und beträgt der Flächenanteil von $A \cap B$ an der Fläche von B ebenfalls ein Viertel:

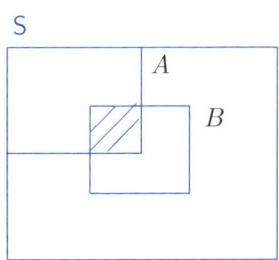

So gilt: $P(A) = 0{,}25$ und $\dfrac{P(A \cap B)}{P(B)} = 0{,}25$

Daraus ergibt sich:

$$P(A \mid B) = \frac{P(A \cap B)}{P(B)} = 0{,}25 = P(A)$$

d.h. die Ereignisse A,B sind stochastisch unabhängig.

Sind zwei Ereignisse A, B stochastisch unabhängig, so gilt neben $P(A \mid B) = P(A)$ auch $P(B \mid A) = P(B)$.

Beispiel 4.48 (Fortsetzung von Beispiel 4.46)

[1] Uns interessiert in Beispiel 4.46, wie viel Prozent der Ausschussstücke von Kontrolle I überprüft wurden.

Lösung:

Gesucht ist $P(B \mid A) = ?$

Um eine Arbeitstabelle aufstellen zu können, wird zunächst die Wahrscheinlichkeit $P(A \cap B)$ mit dem allgemeinen Multiplikationssatz 4.39 berechnet:

$$P(A \cap B) = P(A \mid B) \cdot P(B) = 0{,}05 \cdot 0{,}40 = 0{,}02$$

Somit ergibt sich die folgende Arbeitstabelle:

	A	$\overline{A}$	$\sum$
B	0,02	0,38	0,40
$\overline{B}$	0,03	0,57	0,60
	0,05	0,95	1

Daraus ergibt sich:

$$P(B \mid A) = \frac{P(A \cap B)}{P(A)} = \frac{0{,}02}{0{,}05} = 0{,}40 = P(B)$$

d.h. insb. 40% der Ausschusstücke wurden von Kontrolle I geprüft.

[2] Ferner interessiert uns in dem Beispiel 4.46, wie hoch die Ausschussquote von Kontrolle II ist?

Lösung:

Gesucht ist $P(A \mid \overline{B}) = ?$

Aus der Arbeitstabelle erhalten wir die gesuchte Wahrscheinlichkeit:

$$P(A \mid \overline{B}) = \frac{P(A \cap \overline{B})}{P(\overline{B})} = \frac{0{,}03}{0{,}60} = 0{,}05 = P(A)$$

d.h. die Ausschussquote von Kontrolle II beträgt ebenfalls 5%; d.h. insb. die Ausschussquote von Kontrolle II ist genau so groß wie die gesamte Ausschussquote der Produktion. Deshalb sind die Ereignisse A und $\overline{B}$ ebenfalls stochastisch unabhängig.

Oder anders ausgedrückt: Ist die Ausschussquote in Kontrolle I genau so groß wie die gesamte Ausschussquote der

Produktion, so muss die Ausschussquote in Kontrolle II auch ebenso groß sein wie die gesamte Ausschussquote der Produktion.

Allgemein gilt Folgendes:

Satz 4.49
Die Ereignisse A und B sind genau dann stochastisch unabhängig, wenn gilt

■ A und $\overline{B}$ sind stochastisch unabhängig oder

■ $\overline{A}$ und B sind stochastisch unabhängig oder

■ $\overline{A}$ und $\overline{B}$ sind stochastisch unabhängig.

Beispiel 4.50
Im Jahr 2003 besaßen 65 Millionen Bundesbürger mindestens ein Mobiltelefon. Bezeichnen wir mit A das Ereignis „ein zufällig ausgewählter Bundesbürger besitzt ein Mobiltelefon", so beträgt der Anteil der Mobiltelefon-Besitzer in der BRD:

$$P(A) = \frac{65\,000\,000}{80\,000\,000} = 0{,}8125 \approx 81\%.$$

In der Altersgruppe der 18 - 24-Jährigen besaßen 91% ein Mobiltelefon. Während in der Altersgruppe der 60 - 64-Jährigen 10% ein Mobiltelefon besaßen. Bezeichnen wir mit B das Ereignis, „ein zufällig ausgewählter Bundesbürger ist zwischen 18 und 24 Jahre alt", so beträgt in dieser Altersklasse der Anteil der Mobiltelefonbesitzer $P(A \mid B) = 0{,}91$.

Es gilt sogar:

$$P(A \mid B) > P(A)$$

d.h. unter den jungen Menschen gibt es überdurchschnittlich viele Mobiltelefon-Besitzer. Insb. hängt der Anteil der Mobiltelefon-Besitzer ab vom Alter, da gilt:

$$P(A \mid B) \neq P(A)$$

Also sind die Ereignisse „zufällig ausgewählter Bundesbürger gehört zur Altersgruppe der 18 - 24-Jährigen" und „zufällig ausgewählter Bundesbürger besitzt ein Mobiltelefon" stochastisch abhängig.

Unabhängigkeit in der Umgangssprache bedeutet immer kausale Unabhängigkeit, die jedoch nicht verwechselt werden darf mit stochastischer Unabhängigkeit. Genauer gilt folgender Zusammenhang: Sind die Ereignisse kausal unabhängig, so sind sie im Allgemeinen auch stochastisch unabhängig. Sind umgekehrt zwei Ereignisse stochastisch abhängig, so kann daraus kein kausaler Zusammenhang der beiden Ereignisse gefolgert werden. Ein kausaler Zusammenhang beruht vielmehr auf inhaltlichen Überlegungen.

Beispiel 4.51
Bei einer Sicherheitskontrolle an einem Flughafen wird etwa bei jedem fünfzigsten Handgepäckstück Alarm ausgelöst, dass sich ein verbotener Gegenstand in diesem Gepäckstück befindet. Bei jedem zwanzigsten Gepäckstück, bei dem Alarm ausgelöst wurde, stellt sich anschließend heraus, dass es einwandfrei ist. In etwa jedem zweitausendfünfhundertsten Gepäckstück befindet sich ein verbotener Gegenstand, aber es passiert ohne Alarm die Sicherheitskontrolle.

■ Sind die Ereignisse „zufällig ausgewähltes Gepäckstück ist einwandfrei" und „bei zufällig ausgewähltem Gepäckstück löst die Sicherheitskontrolle einen Alarm aus" stochastisch unabhängig?

■ Wie viel Prozent der Gepäckstücke mit verbotenen Gegenständen bleiben bei der Sicherheitskontrolle unentdeckt?

Lösung:

Bezeichnen die Ereignisse A=„bei zufällig ausgewähltem Gepäckstück wird Alarm ausgelöst" und E=„zufällig ausgewähltes Gepäckstück ist einwandfrei", so sind die folgenden Wahrscheinlichkeiten bekannt:

$0{,}0200 = P(A)$
$0{,}0500 = P(E \mid A)$
$0{,}0004 = P(\overline{A} \cap \overline{E})$

Somit ergibt sich:

$$P(A \cap E) = P(E \mid A) \cdot P(A) = 0{,}05 \cdot 0{,}02 = 0{,}001$$

Jetzt lässt sich eine Arbeitstabelle aufstellen:

	A	$\overline{A}$	$\sum$
E	0,001	0,9796	0,9806
$\overline{E}$	0,019	0,0004	0,0194
	0,02	0,98	1

■ $P(E \mid A) = 0{,}05 \neq 0{,}9806 = P(E)$
d.h. die Ereignisse A, E sind stochastisch abhängig voneinander.

■ $P(\overline{A} \mid \overline{E}) = \dfrac{P(\overline{A} \cap \overline{E})}{P(\overline{E})} = \dfrac{0{,}0004}{0{,}0194} = 0{,}0206$
d.h. etwa zwei Prozent der Gepäckstücke mit verbotenen Gegenständen bleiben bei der Sicherheitskontrolle unentdeckt.

Die stochastische Unabhängigkeit ist aus zwei Gründen bedeutsam. Zum einen führt der Nachweis, dass zwei Ereignisse stochastisch abhängig sind, oft dazu, auch nach einem kausalen Zusammenhang zu suchen.

Der andere Grund ist, dass sich bei unabhängigen Ereignissen A, B die Wahrscheinlichkeiten für Durchschnitte unmittelbar aus den Wahrscheinlichkeiten der einzelnen Ereignisse bestimmen lassen:

$$P(A \cap B) = \underbrace{P(A \mid B)}_{P(A)} \cdot P(B) = P(A) \cdot P(B)$$

Der allgemeine Multiplikationssatz 4.39 hat für den Fall der stochastischen Unabhängigkeit der Ereignisse folgende Gestalt:

Satz 4.52 (Spezieller Multiplikationssatz)
Zwei Ereignisse A, B sind genau dann stochastisch unabhängig, wenn gilt:

$$P(A \cap B) = P(A) \cdot P(B)$$

Beispiel 4.53
Wir nehmen an, dass die Ereignisse A=„zufällig ausgewählter Bundesbürger kauft Produkt A" und B=„zufällig ausgewählter Bundesbürger kauft Produkt B" stochastisch unabhängig voneinander sind. Ferner betrage der Anteil der Käufer von Produkt A 15% und von Produkt B 16%. Wie viel Prozent aller Bundesbürger kaufen weder Produkt A noch Produkt B?

Lösung:

Aufgrund der stochastischen Unabhängigkeit der beiden Ereignisse A, B gilt nach dem speziellen Multiplikationssatz 4.52:

$$P(A \cap B) = 0{,}15 \cdot 0{,}16 = 0{,}024$$

Somit ergibt sich die folgende Arbeitstabelle:

	A	$\overline{A}$	$\sum$
B	0,024	0,136	0,16
$\overline{B}$	0,126	0,714	0,84
	0,15	0,85	1

Daraus ergibt sich:

$$P(\overline{A} \cap \overline{B}) = 0{,}714$$

d.h. etwa 71,4% aller Bundesbürger kaufen weder Produkt A noch Produkt B.

In dem Beispiel 4.53 wurde die stochastische Unabhängigkeit zweier Ereignisse unterstellt. Diese Annahme muss gut begründet sein, um nicht zu völlig falschen Ergebnissen zu gelangen.

Beispiel 4.54
Der renommierte britische Mediziner Roy Meadow (geb. 1933) verlor im Jahr 2005 seine Approbation, weil er 1999 als Gutachter den folgenden statistischen Fehler gemacht hat. Er berechnete die Wahrscheinlichkeit, dass zwei Kinder einer Familie an einem Plötzlichen Kindstod sterben, indem er die bekannte Wahrscheinlichkeit für einen Plötzlichen Kindstod von $1/8\,543$ (in einer Nichtraucher-Familie) hoch zwei nahm. Er unterstellte also stochastische Unabhängigkeit der Ereignisse, was jedoch medizinisch betrachtet nicht korrekt ist. Es gibt ein erhöhtes Risiko für einen zweiten Fall von Plötzlichem Kindstod, wenn es bereits einen solchen Todesfall in der Familie gegeben hat. Somit war in dem Gutachten von Meadow die berechnete Wahrscheinlichkeit mit $1/8\,543 \cdot 1/8\,543 = 1/73$ Mio. zu gering. Die Mutter Sally Clark zweier Kinder wurde erst nach einem dreijährigen Gefängnisaufenthalt freigesprochen. Ihre beiden Söhne waren plötzlich und ohne offensichtliche Ursache im Babyalter gestorben.
Quelle: Süddeutsche Zeitung vom Di 26.07.2005, Seite 9 (vgl. Science, www.aaas.org)

In den 70-er Jahren, als es noch keine routinemäßigen Gepäckkontrollen an Flughäfen gab, wurde den Studierenden die stochastische Unabhängigkeit mit folgendem Beispiel erklärt:

Beispiel 4.55

Die Nonne Augusta besucht häufig mit dem Flugzeug das Mutterhaus ihres Ordens. Da sie Angst vor Bombenanschlägen hat, benutzt sie ein Flugzeug jedoch äußerst ungern. Um ihre Situation etwas zu verbessern, überlegt sie, wie sie das Risiko einer Bombe an Bord verringern könnte. Nach einigem Überlegen entschließt sie sich, selber eine Bombe mitzunehmen und in ihrer Handtasche zu verstecken; denn die Wahrscheinlichkeit, dass sich zwei Bomben an Bord befinden, sei wesentlich kleiner.

Was ist falsch an dieser Überlegung?

A=Augusta nimmt eine Bombe mit

B=Terroristen schmuggeln eine Bombe an Bord

Dann gilt:

$$P(B \mid A) = P(B)$$

d.h. die Ereignisse A, B sind stochastisch unabhängig. D.h. durch die Bombe in der Handtasche von Schwester Augusta hat sich das Risiko für eine Terroristen-Bombe an Bord nicht verändert, geschweige denn verringert.

Ebenso hat sich die Wahrscheinlichkeit dafür, dass sich neben Schwester Augustas Bombe eine weitere Bombe an Bord befindet, nicht verändert:

$$P(A \cap B) = P(B) \cdot P(A) = P(B) \cdot 1 = P(B)$$

da Schwester Augusta ja mit Sicherheit, also mit der Wahrscheinlichkeit eins, eine Bombe mitnimmt.

4.6   Zusammenfassung

Ereignisse werden mit Hilfe der Mengenlehre wie folgt ausgedrückt:

Schreib-weise	Bezeichnung für		Umgangssprache für Ereignisse
	Mengen	Ereignisse	
S	Grund-menge	sicheres Ereignis	S tritt immer ein
$\{\}, \emptyset$	leere Menge	unmögliches Ereignis	$\emptyset$ tritt nie ein
$A \subset B$	A ist Teil-menge von B	A ist Teiler-eignis von B	wenn A eintritt, tritt auch B ein
$A = B$	identische Mengen	äquivalente Ereignisse	A tritt genau dann ein, wenn B eintritt
$A \cap B$	Durch-schnitts-menge	Durch-schnitt der Ereignisse	sowohl A als auch B treten ein
$A \cap B = \emptyset$	disjunkte Mengen	disjunkte Ereignisse	A und B schlie-ßen sich aus
$A \cup B$	Vereini-gungs-menge	Vereinigung der Ereignisse A und B	entweder nur A tritt ein oder nur B tritt ein oder A, B treten gleich-zeitig ein
$\overline{A}$	Komple-ment-menge	das zu A komplemen-täre Ereignis	A tritt nicht ein
$A \backslash B$	A minus B, Differenz-menge	Differenz der Ereignisse A und B	A tritt ein, aber B tritt nicht ein
$a \in A$	a ist Element von A	das Ergeb-nis a gehört zu A	wenn a beobachtet wird, tritt A ein
$a \notin A$	a ist kein Element von A	das Ergeb-nis a gehört nicht zu A	wenn a beobachtet wird, tritt A nicht ein

Die Berechnung von Wahrscheinlichkeiten wird erleichtert, indem eine Arbeitstabelle erstellt wird.

Prüfungstipps

Prüflinge haben erfahrungsgemäß häufig große bis sehr große Schwierigkeiten, bedingte Wahrscheinlichkeiten zu erkennen; nicht nur dann, wenn Deutsch nicht die Muttersprache ist. Umgangssprachlich kann eine bedingte Wahrscheinlichkeit $P(A \mid B)$ wie folgt ausgedrückt werden:

- Wie viel Prozent der Elemente mit der Eigenschaft B besitzen die Eigenschaft A?

- Wie viel Prozent aller Elemente, die die Eigenschaft B besitzen, besitzen auch die Eigenschaft A? (*Relativsatz*)

- Ein Element besitzt die Eigenschaft B. Wie hoch ist dann die Wahrscheinlichkeit, dass es auch die Eigenschaft A besitzt?

5 Zufallsvariable

Lernziele

In diesem Kapitel lernen Sie

■ das Unterscheiden zwischen diskreten und stetigen Zufallsvariablen sowie

■ das Erkennen von stochastischer Unabhängigkeit von zwei Zufallsvariablen.

5.1 Definition Zufallsvariable

Ergebnisse von Zufallsexperimenten werden im Allgemeinen in Zahlen festgehalten.

Definition 5.1
Eine Variable X, die jedem möglichen Ergebnis $e \in \mathsf{S}$ eines Zufallsexperiments eine Zahl $X(e)$ zuordnet, wird als **Zufallsvariable** bezeichnet.

Beispiel 5.2
■ Bei dem Zufallsexperiment „Einmaliger Münzwurf" gibt es nur zwei mögliche Ergebnisse: Entweder bleibt die Münze so liegen, dass „Kopf" nach oben zeigt, oder dass „Zahl" nach oben zeigt; d.h. $\mathsf{S} = \{$ Kopf, Zahl $\}$. Gibt die Zufallsvariable X an, was nach einem Münzwurf nach oben zeigt, so setzen wir:

$X(\text{Zahl}) = 0$

$X(\text{Kopf}) = 1$

d.h. $X = $ „Anzahl der Würfe mit Kopf oben bei einem einmaligen Münzwurf".

Wir hätten auch die Zahlen 28 für „Kopf" und 47 für „Zahl" nehmen können. Wie wir später in Kapitel 10.1 sehen werden, hat es jedoch rechentechnische Vorteile, hier die Zahlen 0 und 1 zu vergeben.

■ Bei dem Zufallsexperiment „Einmaliges Würfeln" gibt es genau sechs mögliche Ergebnisse: $S = \{1, 2, 3, 4, 5, 6\}$. Bezeichnet die Zufallsvariable X die Augenzahl beim einmaligen Würfeln, so wird die folgende Zuordnung vorgenommen:

$$X(1) = 1, X(2) = 2, \ldots, X(6) = 6$$

■ Bei dem Zufallsexperiment „Zweimaliger Münzwurf" gibt es genau vier mögliche Ergebnisse. Bezeichnet die Zufallsvariable X=„Anzahl der Würfe mit Kopf oben bei einem zweimaligen Münzwurf", so ergibt sich für die vier möglichen Ergebnisse:

$X((\text{Zahl,Zahl}))=0$
$X((\text{Zahl,Kopf}))=1$
$X((\text{Kopf,Zahl}))=1$
$X((\text{Kopf,Kopf}))=2$

■ Bei dem Zufallsexperiment „Qualitätskontrolle von drei Produktionsstücken" gibt es genau acht mögliche Ergebnisse. Bezeichnet die Zufallsvariable X = die Anzahl der Ausschussstücke, so ergibt sich:

$X((\text{Qualitätsstück, Qualitätsstück, Qualitätsstück}))=0$
$X((\text{Ausschussstück, Qualitätsstück, Qualitätsstück}))=1$
$X((\text{Qualitätsstück, Ausschussstück, Qualitätsstück}))=1$
$X((\text{Qualitätsstück, Qualitätsstück, Ausschussstück}))=1$
$X((\text{Qualitätsstück, Ausschussstück, Ausschussstück}))=2$
$X((\text{Ausschussstück, Qualitätsstück, Ausschussstück}))=2$
$X((\text{Ausschussstück, Ausschussstück, Qualitätsstück}))=2$
$X((\text{Ausschussstück, Ausschussstück, Ausschussstück}))=3$

Um Wahrscheinlichkeiten von interessierenden Ereignissen ermitteln zu können, müssen aufgrund der Rechenregeln 4.22 lediglich die Wahrscheinlichkeiten für ausgewählte Ereignisse bekannt sein. Als zweckmäßig hat es sich erwiesen, als ausgewählte Ereignisse die Ereignisse der Form $\{X \leq x\}$ zu betrachten. Die Wahrscheinlichkeiten $P(X \leq x)$ dieser ausgewählten Ereignisse erhalten eine eigene abkürzende Bezeichnungsweise:

Definition 5.3
Sei X eine Zufallsvariable. Dann heißt die Funktion $F(x)$, die jedem x die Wahrscheinlichkeit $P(X \leq x)$ zuordnet:

$$F(x) = P(X \leq x), \quad x \in \mathbb{R}$$

die **theoretische Verteilungsfunktion** von X.

Die theoretische Verteilungsfunktion (vgl. Definition 5.3) gibt an, mit welcher Wahrscheinlichkeit Ereignisse der Form $\{X \leq x\}$ auftreten.

Anmerkung: Eine empirische Verteilungsfunktion bezieht sich immer auf eine Stichprobe (vgl. Definition 2.4 und Definition 2.13). Hingegen beruht eine theoretische Verteilungsfunktion (vgl. Definition 5.3) auf einer Wahrscheinlichkeitsverteilung. Da es aus dem Zusammenhang ersichtlich ist, ob es sich bei einer Verteilungsfunktion um eine empirische oder um eine theoretische Verteilungsfunktion handelt, wird häufig lediglich von der Verteilungsfunktion gesprochen.

Beispiel 5.4
Für die Zufallsvariable $X=$„Augenzahl beim einmaligen Würfeln" beträgt z.B.:

$$F(2) = P(X \leq 2) = P(X = 1) + P(X = 2) = \frac{2}{6} = 0{,}33$$

d.h. die Wahrscheinlichkeit, eine Augenzahl zu würfeln, die nicht größer als Zwei ist, beträgt 33%.

Die theoretische Verteilungsfunktion besitzt wie die empirische Verteilungsfunktion die folgenden Eigenschaften:

Satz 5.5
Für eine Verteilungsfunktion gilt:

■ $F(x)$ nimmt nur Werte zwischen 0 und 1 an:
$0 \leq F(x) \leq 1$ für alle $x \in \mathbb{R}$

■ $F(x)$ ist monoton steigend (häufig jedoch nicht streng monoton steigend):
$x_1 < x_2 \Rightarrow F(x_1) \leq F(x_2)$

■ $F(x) \xrightarrow[x \to +\infty]{} 1$

■ $F(x) \xrightarrow[x \to -\infty]{} 0$

Beispiel 5.6
Für die Zufallsvariable $X=$„Körpergröße (in cm) einer in der BRD zufällig ausgewählten Frau" betragen z.B.:

■ $P(X \leq 166) = F(166) = 0{,}50$
d.h. die Hälfte der Frauen in der BRD sind nicht größer als
166 cm.

■ $P(X \leq 160) = F(160) < F(180) = P(X \leq 180)$
d.h. der Anteil der Frauen, die höchstens 160 cm groß sind,
ist kleiner als der Anteil der Frauen, die höchstens 180 cm
groß sind.

■ $P(X \leq 250) = F(250) = 1$
d.h. hundert Prozent aller Frauen in der BRD sind höchstens 250 cm groß.

■ $P(X \leq 40) = F(40) = 0$
d.h. null Prozent aller Frauen in der BRD sind höchstens 40
cm groß.

5.2   Diskrete Zufallsvariable

Je nachdem, wie viele Werte eine Zufallsvariable annehmen kann,
werden zwei Typen unterschieden: „diskrete" und „stetige" Zufallsvariable.

Definition 5.7
Eine Zufallsvariable heißt **diskret**, wenn die Menge der Realisationsmöglichkeiten endlich oder höchstens abzählbar unendlich ist.

Werden wiederholt Werte einer diskreten Zufallsvariablen beobachtet, so kommen häufig einzelne Werte mehrmals vor.

Beispiel 5.8
■ Bezeichnet X die Anzahl der Verträge einer Versicherung,
die im kommenden Jahr einen Ausbildungszuschuss in Anspruch nehmen werden, so kann X die Werte 0,1,2,3,...600
annehmen, falls bei der Versicherung genau 600 Ausbil-
dungsverträge abgeschlossen wurden; d.h. X ist eine diskrete Zufallsvariable.

■ Bezeichnet X den Qualitätsstatus eines zufällig ausgewählten Produktionsstücks, so kann X die beiden Werte 0=„Qualitätsstück" und 1=„Ausschussstück" annehmen;
d.h. X ist eine diskrete Zufallsvariable.

■ Bezeichnet X die Anzahl der richtigen Antworten bei zufäl-
ligem Ausfüllen eines Multiple Choice Tests, der insgesamt
sieben Fragen umfasst, so kann X die Werte $0, 1, 2, 3, \ldots 7$
annehmen; d.h. X ist eine diskrete Zufallsvariable.

Die einzelnen Werte einer diskreten Zufallsvariablen X werden
mit einer positiven Wahrscheinlichkeit angenommen. Die Wahrscheinlichkeiten $P(X = x)$ erhalten eine eigene abkürzende Bezeichnung:

Definition 5.9
Die Funktion f, die jeder reellen Zahl x die Wahrscheinlichkeit
$P(X = x)$ zuordnet heißt **Wahrscheinlichkeitsfunktion** der
Zufallsvariablen X:

$$f(x) = P(X = x) \;; x \in \mathbb{R}$$

Sind $x_1, x_2, \ldots, x_i, \ldots$ die Realisationen der diskreten Zufallsvariablen X, so schreiben wir auch abkürzend:

$$f(x_i) = P(X = x_i) = p_i \;; i = 1, 2, \ldots$$

Außerhalb der Menge der Realisationsmöglichkeiten hat f den
Wert null:

$$f(x) = 0 \text{ falls } x \notin \{x_1, x_2, \ldots\},$$

so dass f für alle reellen Zahlen definiert ist.

Beispiel 5.10
■ Die diskrete Zufallsvariable $X = $ „Augenzahl beim einmaligen Würfeln" hat folgende Wahrscheinlichkeitsfunktion:

x	1	2	3	4	5	6
$P(X = x)$	$\frac{1}{6}$	$\frac{1}{6}$	$\frac{1}{6}$	$\frac{1}{6}$	$\frac{1}{6}$	$\frac{1}{6}$

■ Die diskrete Zufallsvariable $X = $ „Anzahl der Ereignisse
„Kopf liegt oben" beim zweimaligen Münzwurf" hat folgende
Wahrscheinlichkeitsfunktion:

x	0	1	2
$P(X = x)$	$\frac{1}{4}$	$\frac{1}{2}$	$\frac{1}{4}$

■ Die diskrete Zufallsvariable $X = $„Geschlecht eines in der

BRD zufällig ausgewählten Neugeborenen (1=Mädchen, 2=Junge)" hat folgende Wahrscheinlichkeitsfunktion:

x	1	2
$P(X = x)$	0,486	0,514

Im nachfolgenden Beispiel wird für eine diskrete Zufallsvariable das Rechnen mit der Verteilungsfunktion aus der Definition 5.3 erläutert.

Beispiel 5.11
Ein Multiple Choice Test bestehe aus insgesamt sieben Fragen. Die Zufallsvariable X bezeichnet die Anzahl der richtigen Antworten. Ein Prüfling versucht, durch zufälliges Ausfüllen den Multiple Choice Test zu bestehen. Die Wahrscheinlichkeiten, dass genau soundso viele Antworten richtig sind, betragen:

x	0	1	2	3	4	5	6	7
$P(X = x)$	0,059	0,205	0,307	0,256	0,128	0,038	0,006	0,001

(Im Kapitel 10.1 werden wir lernen, wie sich solche Wahrscheinlichkeiten ergeben.) Die Verteilungsfunktion $F(x) = P(X \leq x)$ beträgt an den Stellen $x = 0, 1, 2, \ldots, 7$:

x	0	1	2	3	4	5	6	7
$P(X \leq x)$	0,059	0,264	0,571	0,827	0,955	0,993	0,999	1,000

Wie hoch ist die Wahrscheinlichkeit, dass

■ höchstens drei Antworten richtig sind?
$F(3) = 0,827$
d.h. die Wahrscheinlichkeit beträgt etwa 83%.

■ mehr als zwei Antworten richtig sind?
$P(X > 2) = 1 - P(X \leq 2) = 1 - F(2) = 1 - 0,571 = 0,429$
d.h. die Wahrscheinlichkeit beträgt etwa 43%.

■ weniger als vier Antworten richtig sind?
$P(X < 4) = P(X \leq 3) = F(3) = 0,827$
d.h. die Wahrscheinlichkeit beträgt etwa 83%.

Fassen wir die Berechnungen aus dem Beispiel 5.11 zusammen, so ergeben sich allgemein für die Verteilungsfunktion einer diskreten Zufallsvariablen die folgenden Rechenregeln:

Satz 5.12
Sei $F(x)$ die Verteilungsfunktion einer diskreten Zufallsvariablen X, deren Realisationen in $\mathbb{N}_0$ liegen, so gilt für $x \in \mathbb{N}_0$:

[1] $P(X \le x) = F(x)$

[2] $P(X < x) = P(X \le x - 1) = F(x - 1)$

[3] $P(X > x) = 1 - P(X \le x) = 1 - F(x)$

[4] $P(X \ge x) = 1 - P(X < x) = 1 - F(x - 1)$

Beispiel 5.13 (Fortsetzung von Beispiel 5.11)
Wie hoch ist die Wahrscheinlichkeit, dass der Prüfling

- mehr als drei, jedoch höchstens fünf Fragen richtig errät?
  $P(3 < X \le 5) = P(X \le 5) - P(X \le 3) = F(5) - F(3) = 0{,}993 - 0{,}827 = 0{,}166$
  d.h. die Wahrscheinlichkeit beträgt etwa 17%.

- mindestens drei, jedoch weniger als fünf Fragen richtig errät?
  $P(3 \le X < 5) = P(X \le 4) - P(X \le 2) = F(4) - F(2) = 0{,}955 - 0{,}571 = 0{,}384$
  d.h. die Wahrscheinlichkeit beträgt etwa 38%.

Fassen wir die Berechnungen aus dem Beispiel 5.13 zusammen, so ergeben sich aus dem Satz 5.12 allgemein für die Verteilungsfunktion einer diskreten Zufallsvariablen die folgenden Rechenregeln:

Satz 5.14
Sei $F(x)$ die Verteilungsfunktion einer diskreten Zufallsvariablen X, deren Realisationen in $\mathbb{N}_0$ liegen, so gilt für $a, b \in \mathbb{N}_0$ mit $a < b$:

[1] $P(a < X \le b) = F(b) - F(a)$

[2] $P(a \le X \le b) = F(b) - F(a - 1)$

[3] $P(a < X < b) = F(b - 1) - F(a)$

[4] $P(a \le X < b) = F(b - 1) - F(a - 1)$

5 Zufallsvariable

5.3   Stetige Zufallsvariable

Die Realisationsmöglichkeiten einer stetigen Zufallsvariablen lassen sich - im Gegensatz zu den Realisationsmöglichkeiten einer diskreten Zufallsvariablen - nicht mehr abzählen:

Definition 5.15
Eine Zufallsvariable heißt **stetig**, wenn jede Zahl aus einem Intervall eine Realisationsmöglichkeit ist.

Werden wiederholt Werte einer stetigen Zufallsvariablen beobachtet, so sind meistens alle beobachteten Werte unterschiedlich, obwohl die Erfassung der Beobachtungswerte aufgrund der Messinstrumente nur in diskreten Sprüngen erfolgen kann.

Beispiel 5.16
■ Bezeichnet X die Körpergröße X (in cm) eines zufällig ausgewählten Studierenden, so kann X jeden Wert aus dem Intervall [50;251] annehmen; d.h. X ist eine stetige Zufallsvariable.

■ Bezeichnet X die Jahresrendite (in Prozent gegenüber dem Vorjahr) eines Wertpapiers; so kann X die Werte aus dem Intervall $[-100; \infty)$ annehmen; d.h. X ist eine stetige Variable.

■ Nach neuen medizinischen Erkenntnissen (*Quelle: Journal of the American College of Cardiology*, 2007) sind für ein Infarktrisiko nicht Übergewicht bzw. BMI ausschlaggebend, sondern eher das Fett an Bauch und Taille. Bezeichnet X das Verhältnis von Taille zu Hüfte, im Englischen mit Waist-to-hip Ratio, kurz WHR:

$$X = \text{Waist-to-hip Ratio} = \frac{\text{Taillenumfang}}{\text{Hüftumfang}} \text{ eines Menschen,}$$

so kann X jeden Wert aus dem Intervall $(0,6; 1,1)$ annehmen; d.h. X ist eine stetige Zufallsvariable.

Für Frauen sollte der WHR-Wert idealerweise 0,7 betragen und für Männer 0,9. Steigt der WHR-Wert, droht Gefahr für die Gesundheit, das Risiko für Tumore und Gefäßleiden, also das kardiovaskuläre Risiko, erhöht sich.

Die Berechnung der Wahrscheinlichkeiten von Ereignissen einer stetigen Zufallsvariablen erfolgt über Integrale, während Wahrscheinlichlichkeiten von Ereignissen einer diskreten Zufallsvariablen über Summen erklärt sind.

Definition 5.17
Sei X eine Zufallsvariable mit einer stetigen Verteilungsfunktion. Es gebe eine Funktion $f(x)$, so dass:

$$P(a < X \leq b) = \int_a^b f(x)\,d(x)$$

für alle a, b mit $a \leq b$. Dann heißt die Funktion $f(x)$ **(Wahrscheinlichkeits-)Dichte** der Zufallsvariablen X.

Eine stetige Zufallsvariable besitzt also eine Wahrscheinlichkeitsdichte, während eine diskrete Zufallsvariable eine Wahrscheinlichkeitsfunktion besitzt. Beide Funktionen, Wahrscheinlichkeitsdichte und Wahrscheinlichkeitsfunktion, werden mit $f(x)$ bezeichnet, da aus dem Zusammenhang klar ist, ob entweder eine stetige oder eine diskrete Zufallsvariable vorliegt und somit keine Verwechselung möglich ist.

Die Dichtefunktion $f(x)$ einer stetigen Zufallsvariablen X ist die Ableitung der Verteilungsfunktion $F(x)$:

$$\frac{\partial F(x)}{\partial x} = f(x) \text{ bzw. } F(b) = \int_{-\infty}^b f(x)\,d(x)$$

Beispiel 5.18
Die stetige Zufallsvariable $X =$„Abweichung (in mm) von der Norm" habe folgende Wahrscheinlichkeitsdichte:

$$f(x) = \begin{cases} \dfrac{3}{4} - \dfrac{3}{4}x^2 & ; x \in [-1; 1] \\ 0 & ; \text{sonst} \end{cases}$$

Daraus ergibt sich durch Integrieren folgende Verteilungsfunktion:

$$F(x) = \begin{cases} 0 & ; x < -1 \\ -\dfrac{1}{4}x^3 + \dfrac{3}{4}x + \dfrac{1}{2} & ; x \in [-1; 1] \\ 1 & ; x > 1 \end{cases}$$

Im nachfolgenden Beispiel wird für eine stetige Zufallsvariable das Rechnen mit der Verteilungsfunktion erläutert.

Beispiel 5.19

Es bezeichnet X den BMI $= \dfrac{\text{Körpergewicht in kg}}{(\text{Körpergröße in m})^2}$ eines Erwachsenen. Über die Verteilungsfunktion lassen sich Anteile wie folgt ausdrücken:

- $P(X \leq 19) = F(19)$ ist der Anteil der untergewichtigen Erwachsenen. Grafisch ist der Anteil der untergewichtigen Erwachsenen der Flächeninhalt unter der Dichte-Kurve links von 19:

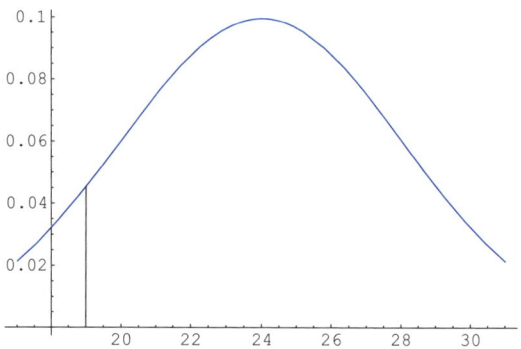

Die Kurve wurde als Verteilung des BMI im Land A unterstellt. Die Kurve ergibt sich als Annäherung aus dem Histogramm einer Stichprobe.

- $P(19 < X \leq 25) = F(25) - F(19)$ ist der Anteil der normalgewichtigen Erwachsenen.

- $P(25 < X \leq 30) = F(30) - F(25)$ ist der Anteil der nicht Therapie-bedürftigen übergewichtigen Erwachsenen.

- $P(X > 30) = 1 - F(30)$ ist der Anteil der Therapie-bedürftigen übergewichtigen Erwachsenen.

Eine Verteilung heißt **unimodal** (eingipflig), falls die Dichtefunktion nur genau eine lokale Maximalstelle besitzt. So ist z.B. die Verteilung des BMI in Beispiel 5.19 eine unimodale Verteilung.

Ein Integral ist ein Grenzwert. Für die Berechnung eines Grenzwertes ist es unerheblich, ob ein Endpunkt dazu gehört oder nicht. Deshalb ergeben sich für das Rechnen mit der Verteilungsfunktion einer stetigen Zufallsvariablen die folgenden Rechenregeln:

Satz 5.20
Sei $F(x)$ die Verteilungsfunktion einer stetigen Zufallsvariablen X, so gilt für $x \in \mathbb{R}$:

[1] $P(X \leq x) = P(X < x) = F(x)$

[2] $P(X \geq x) = P(X > x) = 1 - F(x)$

[3] $P(X = x) = P(X \leq x) - P(X < x) = 0$

Beispiel 5.21 (Fortsetzung von Beispiel 5.18)
Die stetige Zufallsvariable X =„Abweichung (in mm) von der Norm" aus Beispiel 5.18 hat die folgende Verteilungsfunktion:

$$F(x) = \begin{cases} 0 & ; x < -1 \\ -\dfrac{1}{4}x^3 + \dfrac{3}{4}x + \dfrac{1}{2} & ; x \in [-1; 1] \\ 1 & ; x > 1 \end{cases}$$

Für das Ereignis A =„X ist höchstens 0,1 mm größer als die Norm" ergibt sich die folgende Wahrscheinlichkeit:

$P(A) = P(X \leq 0{,}1) = F(0{,}1) \approx 0{,}5748$

Aus dem Satz 5.20 ergeben sich für Intervalle die folgenden Wahrscheinlichkeiten:

Satz 5.22
Sei $F(x)$ die Verteilungsfunktion einer stetigen Zufallsvariablen X, so gilt für $a, b \in \mathbb{R}$ mit $a < b$:

[1] $P(a < X \leq b) = F(b) - F(a)$

[2] $P(a \leq X \leq b) = F(b) - F(a)$

[3] $P(a < X < b) = F(b) - F(a)$

[4] $P(a \leq X < b) = F(b) - F(a)$

Beispiel 5.23 (Fortsetzung von Beispiel 5.18)
Die stetige Zufallsvariable X =„Abweichung (in mm) von der Norm" aus Beispiel 5.18 hat die folgende Verteilungsfunktion:

$$F(x) = \begin{cases} 0 & ; x < -1 \\ -\dfrac{1}{4}x^3 + \dfrac{3}{4}x + \dfrac{1}{2} & ; x \in [-1; 1] \\ 1 & ; x > 1 \end{cases}$$

Für das Ereignis $B =$„X weicht um höchstens 0,1 mm von der Norm ab" ergibt sich die folgende Wahrscheinlichkeit:

$$P(B) = P(-0,1 \leq X \leq 0,1) = F(0,1) - F(-0,1)$$
$$\approx 0,5748 - 0,4253 = 0,1495$$

5.4   Unabhängigkeit von Zufallsvariablen

Wurden die beiden Wahrscheinlichkeiten für das Eintreten eines Ereignisses $X = x$ bzw. $Y = y$ ermittelt, so ist es häufig von Interesse, auch die Wahrscheinlichkeit für das gleichzeitige Eintreten der Ereignisse $X = x$ und $Y = y$ zu kennen.

Sind die beiden Ereignisse $\{X = x\}$ und $\{Y = y\}$ stochastisch unabhängig, so ergibt sich gemäß Satz 4.52 die Wahrscheinlichkeit des gemeinsamen Eintretens der Ereignisse aus dem Produkt der Einzelwahrscheinlichkeiten $P(X = x) \cdot P(Y = y)$. Anderenfalls ist es oft fast unmöglich, eine derartige Wahrscheinlichkeit $P(X = x \cap Y = y)$ anzugeben. Die stochastische Unabhängigkeit ist also ein Hilfsmittel, um Wahrscheinlichkeiten für das gleichzeitige Eintreten zweier Ereignisse zu berechnen.

Definition 5.24

Zwei Zufallsvariablen X und Y mit der gemeinsamen Dichte oder Wahrscheinlichkeitsfunktion $f(x,y)$ heißen (stochastisch) **unabhängig**, wenn für alle x und y gilt:

$$f(x,y) = f_X(x) \cdot f_Y(y)$$

Dabei sind $f_X(x)$ und $f_Y(y)$ die Dichten bzw. Wahrscheinlichkeitsfunktionen von X und Y.

Insb. sind zwei diskrete Zufallsvariablen X, Y gemäß der Definition 5.24 stochastisch unabhängig, falls für alle $x, y \in \mathbb{R}$ die Ereignisse $\{X = x\}$ und $\{Y = y\}$ stochastisch unabhängig sind, d.h. $P(X = x, Y = y) = P(X = x) \cdot P(Y = y)$ für alle $x, y \in \mathbb{R}$.

Beispiel 5.25

Beim Zufallsexperiment „Werfen zweier Würfel" betrachten wir die beiden diskreten Zufallsvariablen:

X = Augenzahl des ersten Würfels

Y = Augenzahl des zweiten Würfels

Sind X, Y stochastisch unabhängig?

Die Wahrscheinlichkeitsfunktionen $f_X(x)$ von X und $f_Y(y)$ von Y sind:

x	1	2	3	4	5	6
$f_X(x)$	$\frac{1}{6}$	$\frac{1}{6}$	$\frac{1}{6}$	$\frac{1}{6}$	$\frac{1}{6}$	$\frac{1}{6}$

y	1	2	3	4	5	6
$f_Y(y)$	$\frac{1}{6}$	$\frac{1}{6}$	$\frac{1}{6}$	$\frac{1}{6}$	$\frac{1}{6}$	$\frac{1}{6}$

Jede der 36 Kombinationen der beiden Augenzahlen hat die Chance von $1/36$; d.h. für die gemeinsamen Ereignisse $\{X = x\} \cap \{Y = y\} = \{X = x, Y = y\}$ ergeben sich folgende Wahrscheinlichkeiten:

(x, y)	$(1,1)$	$(1,2)$	$(1,3)$	...	$(6,6)$
$P(X = x, Y = y)$	$\frac{1}{36}$	$\frac{1}{36}$	$\frac{1}{36}$	...	$\frac{1}{36}$

Insbesondere gilt daher:

$$P(X = x, Y = y) = \frac{1}{36} = \frac{1}{6} \cdot \frac{1}{6} = P(X = x) \cdot P(Y = y)$$

d.h. die beiden Zufallsvariablen X, Y sind stochastisch unabhängig.

In dem nachfolgenden Beispiel 5.26 lernen wir zwei Zufallsvariablen kennen, die nicht stochastisch unabhängig, sondern stochastisch abhängig voneinander sind.

Beispiel 5.26

Wir betrachten wieder das Würfeln mit zwei unterscheidbaren Würfeln aus dem Beispiel 5.25:

X = Augenzahl des ersten Würfels

Y = Augenzahl des zweiten Würfels

Uns interessiert bei diesem Zufallsexperiment eine dritte Zufallsvariable Z:

Z = Maximum beider Augenzahlen

Sind X, Z stochastisch abhängig?

Wir wollen dies überprüfen anhand eines Ereignisses, z.B. $\{X = 2, Z = 3\}$.

■ Die Wahrscheinlichkeit $P(X = 2)$ beträgt $\frac{1}{6}$.

■ Jetzt wird $P(Z = 3)$ gesucht. Damit das Maximum der beiden Augenzahlen drei beträgt, muss eine der fünf Kombinationen $(1; 3)$ oder $(2; 3)$ oder $(3; 3)$ oder $(3; 2)$ oder $(3; 1)$ gewürfelt werden; d.h. $P(Z = 3) = \frac{5}{36}$.

■ Jetzt wird $P(X = 2, Z = 3)$ gesucht. Der erste Würfel soll also eine Zwei zeigen und das Maximum der beiden Augenzahlen soll drei betragen. Das bedeutet, der zweite Würfel muss die Augenzahl Drei zeigen, also $Y = 3$. Somit haben wir: $P(X = 2, Z = 3) = P(X = 2, Y = 3) = \dfrac{1}{36}$

Sobald wir ein Ereignis $\{X = x, Z = z\}$ finden, dessen Wahrscheinlichkeit sich nicht über das Produkt der einzelnen Wahrscheinlichkeiten $P(X = x) \cdot P(Z = z)$ berechnen lässt, sind X, Z gemäß der Definition 5.24 stochastisch abhängig:

$$P(X = 2, Z = 3) = \frac{1}{36} \neq \frac{1}{6} \cdot \frac{5}{36} = P(X = 2) \cdot P(Z = 3)$$

d.h. die Zufallsvariablen X und Z sind nicht unabhängig; d.h. die Zufallsvariablen X und Z sind abhängig.

⚠Diese stochastische Unabhängigkeit ist nicht automatisch auch eine kausale Unabhängigkeit.

Vielmehr ermöglicht eine stochastische Unabhängigkeit die Berechnung von gemeinsamen Wahrscheinlichkeiten.

Beispiel 5.27
Zwei Autovermieter Budget Car und Hertz teilen sich einen gemeinsamen Parkplatz zur Rückgabe ihrer Mietwagen. Der Parkplatz verfügt über einen Stellplatz.

Bei Budget Car geschieht die Rückgabe gemäß der folgenden Verteilung:

zurückgegebene Autos	0	1	2	3	4	5
Wahrscheinlichkeit	0,20	0,20	0,20	0,18	0,15	0,07

Bei Hertz geschieht die Rückgabe gemäß der folgenden Verteilung:

zurückgegebene Autos	0	1	2	3	4	5
Wahrscheinlichkeit	0,10	0,30	0,25	0,20	0,10	0,05

Wie groß ist die Wahrscheinlichkeit, dass die eine Stellfläche des Parkplatz nicht ausreicht, wenn die Rückgabe bei Budget und Hertz stochastisch unabhängig voneinander geschieht?

Lösung:

Es bezeichnen $X =$ „Anzahl der zurückgegeben Mietwagen bei Budget" und $Y =$ „Anzahl der zurückgegeben Mietwagen bei Hertz". Gesucht ist $P(X + Y \geq 2) =$?

Da X und Y Werte von 0 bis 5 annehmen können, ist es einfacher, die Wahrscheinlichkeit vom Gegenereignis zu berechnen:

$$P(X + Y \geq 2) = 1 - P(X + Y < 2)$$

Weiter gilt:

$$P(X+Y < 2) = P(X+Y \leq 1) = P(X+Y = 0) + P(X+Y = 1)$$

Die Wahrscheinlichkeit vom Ereignis $\{X + Y = 0\}$ ist:

$$\begin{aligned} P(X + Y = 0) &= P(X = 0 \cap Y = 0) \\ &= P(X = 0) \cdot P(Y = 0) \\ &= 0,20 \cdot 0,10 \\ &= 0,02 \end{aligned}$$

Die Wahrscheinlichkeit vom Ereignis $\{X + Y = 1\}$ ist:

$$\begin{aligned} P(X + Y = 1) &= P(X = 0 \cap Y = 1) + P(X = 1 \cap Y = 0) \\ &= P(X = 0) \cdot P(Y = 1) + P(X = 1) \cdot P(Y = 0) \\ &= 0,20 \cdot 0,30 + 0,20 \cdot 0,10 \\ &= 0,08 \end{aligned}$$

Somit haben wir:

$$P(X + Y \geq 2) = 1 - P(X + Y = 0) - P(X + Y = 1) = 1 - 0,02 - 0,08 = 0,90$$

d.h. mit einer Wahrscheinlichkeit von 90% reicht die eine Stellfläche des Parkplatzes nicht aus.

5.5   Zusammenfassung

■ Eine Zufallsvariable ist diskret, falls sie höchstens abzählbar unendlich viele Werte annehmen kann, z.B. alle Werte aus $\mathbb{N}_0$. Hingegen ist eine Zufallsvariable stetig, wenn sie alle Werte aus einem Intervall annehmen kann.

◼ Die theoretische Verteilungsfunktion $F(x)$ einer Zufallsvariablen X (gleichgültig ob diskret oder stetig) gibt die Wahrscheinlichkeit $P(X \leq x)$ an, also $F(x) = P(X \leq x)$.

◼ Ist X eine diskrete Zufallsvariable mit Realisationen in $\mathbb{N}_0$, so beträgt $P(X < x) = P(X \leq x - 1)$.

◼ Ist X eine stetige Zufallsvariable, so sind die Wahrscheinlichkeiten $P(X < x)$ und $P(X \leq x)$ identisch, also $P(X < x) = P(X \leq x)$. Insb. ist dann $P(X = x)$ immer null.

◼ Gilt für zwei diskrete Zufallsvariablen X, Y für alle x, y : $P(X = x, Y = y) = P(X = x) \cdot P(Y = y)$, so sind X, Y stochastisch unabhängig.

◼ Die Wahrscheinlichkeitsfunktion $f(x)$ einer diskreten Zufallsvariablen gibt die Wahrscheinlichkeit der Ereignisse $\{X = x\}$ an, also $f(x) = P(X = x)$.

◼ Die Wahrscheinlichkeitsdichte $f(x)$ einer stetigen Zufallsvariablen ist die Ableitung der theoretischen Verteilungsfunktion $F(x)$, also $\dfrac{\partial F(x)}{\partial x} = f(x)$.

Prüfungstipps

Wahrscheinlichkeiten von Ereignissen einer stetigen Zufallsvariablen werden über Integrale berechnet, Wahrscheinlichkeiten von Ereignissen einer diskreten Zufallsvariablen hingegen
über Summen.

- Um für eine diskrete Zufallsvariable X mit Realisationen
  in $\mathbb{N}_0$ die Wahrscheinlichkeit $P(X \leq x)$ zu berechnen,
  sind die Einzelwahrscheinlichkeiten $P(X = x), P(X = x -
  1), P(X = x - 2), \ldots P(X = 1), P(X = 0)$ zu summieren.

- Ist X eine diskrete Zufallsvariable, so lässt sich jede Wahrscheinlichkeit $P(X \leq x)$ wie folgt über das Gegenereignis
  berechnen: $P(X \leq x) = 1 - P(X > x)$

- Ist für eine diskrete Zufallsvariable X die Wahrscheinlichkeit $P(X \leq x)$ gesucht, so sollte vor der Berechnung überlegt werden, welche der beiden Anzahlen der Summanden
  geringer ist: Die Anzahl der Summanden von $P(X \leq x)$
  oder die Anzahl der Summanden von $1 - P(X > x)$.

- Soll für zwei diskrete Zufallsvariablen X, Y geprüft werden, ob die beiden Variablen stochastisch abhängig sind,
  so ist zu überlegen, ob es mindestens ein Realisationspaar
  (x, y) gibt mit der Eigenschaft $P(X = x, Y = y) \neq P(X =
  x) \cdot P(Y = y)$. Gibt es kein solches Realisationspaar, so sind
  X, Y stochastisch unabhängig voneinander.

6   Lageparameter

Lernziele

In diesem Kapitel lernen Sie

- die empirischen Lageparameter arithmetisches Mittel, Median, Modus, geometrisches Mittel, harmonisches Mittel sowie

- den theoretischen Lageparameter Erwartungswert kennen.

Lageparameter geben die Stelle an, wo die Verteilung (empirisch oder theoretisch) in etwa auf der Zahlenskala liegt. Bezieht sich ein Lageparameter auf einen Datensatz, so heißt der Lageparameter empirischer Lageparameter. Bezieht sich ein Lageparameter auf eine Wahrscheinlichkeitsverteilung einer Zufallsvariablen, so heißt der Lageparameter theoretischer Lageparameter.

6.1   Empirische Lageparameter

Um eine zusammenfassende Information aus einem Datensatz zu erhalten, werden als Kennzahl empirische Lageparameter berechnet. Empirische Lageparameter geben das Niveau der Daten an.

Als Beispiel lässt sich der Wasserspiegel des Rheins vorstellen, der Lageparameter wäre somit der Wasserstand (in cm), der im Durchschnitt auftritt.

6.1.1   Arithmetisches Mittel

Ein arithmetisches Mittel lässt sich nur für Stichproben einer metrisch skalierten Variablen berechnen.

Der Datensatz einer metrisch skalierten Variablen kann in drei verschiedenen Formen vorliegen: Urliste/Einzelwerte oder tabellierte Daten oder klassierte Daten.

Beispiel 6.1

Eine Studentin kann auf zwei verschiedenen Strecken (Route A und Route B) zur Hochschule fahren. Sie misst mehrmals die benötigte Fahrtdauer (in Minuten):

Route A: 29,5 32,1 31,1 32,5 28,8 28,0 25,0 30,2 29,1
          28,0 30,5

Route B: 29,6 31,4 32,1 31,0 28,9 31,4 30,7 31,6 37,0
          31,5 30,5 32,3

Frage: Welche Route war im Durchschnitt die schnellere?

Zur Beantwortung der Frage können wir die durchschnittliche Fahrtdauer auf beiden Routen berechnen, also alle Werte addieren und den erhaltenen Wert durch die Anzahl der Werte dividieren. Die so erhaltenen Maßzahl heißt arithmetisches Mittel.

Definition 6.2

Das **arithmetische Mittel** (oder der Durchschnitt) $\bar{x}$ der Urliste $x_1, \ldots, x_n$ ist:

$$\bar{x} = \frac{1}{n}\left(x_1 + \ldots + x_n\right)$$

Beispiel 6.3 (Fortsetzung von Beispiel 6.1)

■ Die $n_x = 11$ Beobachtungswerte aus Beispiel 6.1 der Variablen $X = $ „Fahrtdauer für Route A" haben das arithmetische Mittel $\bar{x} = 29,5$; d.h. die durchschnittliche Fahrtdauer für Route A beträgt 29,5 Minuten.

■ Die $n_y = 12$ Beobachtungswerte aus Beispiel 6.1 der Variablen $Y = $ „Fahrtdauer für Route B" haben das arithmetische Mittel $\bar{y} = 31,5$; d.h. die durchschnittliche Fahrtdauer für Route B beträgt 31,5 Minuten.

Im Durchschnitt war die Route A schneller als die Route B.

In dem nachfolgenden Beispiel wird erläutert, wie das arithmetische Mittel aus bereits tabellierten Daten berechnet wird.

Beispiel 6.4

An dreißig Tagen wurde die tägliche Niederschlagsmenge X (in mm) festgehalten.

Die dreißig beobachteten Niederschlagsmengen sind in der nachfolgenden Häufigkeitstabelle aufgelistet:

i	x_i	n_i	$x_i \cdot n_i$
1	0	9	0
2	5	6	30
3	8	6	48
4	10	6	60
5	20	3	60
$\sum$		$n = 30$ Tage	198

Das arithmetische Mittel dieser tabellierten Daten berechnet sich wie folgt:

$$\overline{x} = \frac{1}{30}(\underbrace{x_1 + \ldots + x_1}_{\text{9-mal}} + \underbrace{x_2 + \ldots + x_2}_{\text{6-mal}} + \ldots + \underbrace{x_5 + \ldots + x_5}_{\text{3-mal}})$$

$$= \frac{1}{30}(x_1 \cdot 9 + x_2 \cdot 6 + \ldots + x_5 \cdot 3)$$

$$= \frac{1}{n}(x_1 \cdot n_1 + x_2 \cdot n_2 + \ldots + x_5 \cdot n_5) = \frac{198}{30} = 6{,}6$$

d.h. die durchschnittliche Niederschlagsmenge pro Tag beträgt 6,6 mm.

Definition 6.5
Das **arithmetische Mittel** $\overline{x}$ der tabellierten Daten $x_1, \ldots, x_m$ mit den jeweiligen absoluten Häufigkeiten $n_1, \ldots, n_m$ ist:

$$\overline{x} = \frac{1}{n}(x_1 \cdot n_1 + x_2 \cdot n_2 + \ldots + x_m \cdot n_m)$$

Liegen klassierte Daten vor, so lässt sich das arithmetische Mittel nicht exakt, sondern nur näherungsweise bestimmen, da die einzelnen Werte unbekannt sind.

Beispiel 6.6 (vgl. Mönch [1978])
Wodurch entsteht im Durchschnitt mehr Schaden, durch Bankraub oder durch Steuerkriminalität? Dazu hat der Autor Karl-Heinz Mönch (vgl. auch Schlittgen [2008]) 150 Fälle von Steuerkriminalität der Variablen X = „Schadenshöhe (in GE) bei Steuerkriminalität":

j	$x_{j-1}^* < x \le x_j^*$	n_j
1	$0 < x \le 2\,000$	30
2	$2\,000 < x \le 6\,000$	21
3	$6\,000 < x \le 10\,000$	15
4	$10\,000 < x \le 20\,000$	6
5	$20\,000 < x \le 30\,000$	6
6	$30\,000 < x \le 40\,000$	3
7	$40\,000 < x \le 50\,000$	6
8	$50\,000 < x \le 75\,000$	12
9	$75\,000 < x \le 100\,000$	12
10	$100\,000 < x \le 200\,000$	39
$\sum$		150

und 200 Fälle eines Bankraubes der Variable $Y =$ „Schadenshöhe (in GE) bei einem Bankraub" beobachtet:

j	$y_{j-1}^* < y \le y_j^*$	n_j
1	$0 < y \le 1\,000$	10
2	$1\,000 < y \le 2\,000$	36
3	$2\,000 < y \le 5\,000$	30
4	$5\,000 < y \le 8\,000$	36
5	$8\,000 < y \le 15\,000$	24
6	$15\,000 < y \le 25\,000$	40
7	$25\,000 < y \le 35\,000$	10
8	$35\,000 < y \le 50\,000$	8
9	$50\,000 < y \le 200\,000$	6
$\sum$		200

■ Es soll das arithmetische Mittel aus den Steuerkriminali-
tätsdaten bestimmt werden. Im Fall klassierter Daten kann
das arithmetische Mittel nur näherungsweise (approximativ) bestimmt werden. Die genaue Lage der Werte in den
jeweiligen Klassen ist ja nicht bekannt. Wir unterstellen daher, dass die Werte sich jeweils gleichmäßig über die Klasse verteilen, also nicht in einer Ecke klumpen. Mit dieser
Annahme ist für die Klasse j das Produkt aus **Klassen-
mitte** $x_j' = \dfrac{x_{j-1}^* + x_j^*}{2}$ und Klassenhäufigkeit n_j gleich
der Summe der Beobachtungswerte in dieser Klasse. So gilt
z.B. für die erste Klasse: $x_1' \cdot n_1 = 1\,000 \cdot 30 = 30\,000 \approx$
Summe der dreißig Werte in der ersten Klasse. Dabei ist
$x_1' = \dfrac{x_0^* + x_1^*}{2} = \dfrac{0 + 2\,000}{2} = 1\,000$ die Klassenmitte der

ersten Klasse. Näherungsweise betragen somit die Summen der Werte in den einzelnen Klassen:

	x'_j	$x'_j \cdot n_j$
1	1 000	30 000
2	4 000	84 000
3	8 000	120 000
4	15 000	90 000
5	25 000	150 000
6	35 000	105 000
7	45 000	270 000
8	62 500	750 000
9	87 500	1 050 000
10	150 000	5 850 000
$\sum$		8 499 000

Der Durchschnitt dieser Produkte $x'_j \cdot n_j$ ergibt einen Näherungswert für das arithmetische Mittel der klassierten Daten:

$$\overline{x} \approx \frac{1}{150} \cdot 8\,499\,000 = 56\,660$$

d.h. pro Delikt betrug die hinterzogene Steuersumme etwa 56 660 GE.

■ Es soll das arithmetische Mittel aus den Bankraubdaten bestimmt werden. Näherungsweise beträgt die Summe der Werte in den einzelnen Klassen 2 864 000 GE. Daraus ergibt sich das arithmetische Mittel näherungsweise wie folgt:

$$\overline{y} \approx \frac{1}{200} \cdot 2\,864\,000 = 14\,320$$

d.h. die durchschnittliche Schadenshöhe bei einem Steuerkriminalitätsfall beträgt etwa 56 660 GE, während die durchschnittliche Schadenshöhe bei einem Bankraub nur etwa 14 320 GE beträgt.

Definition 6.7

Das **arithmetische Mittel** $\overline{x}$ aus klassierten Daten mit den Klassenmitten $x'_1, \ldots, x'_k$ und den jeweiligen absoluten Klassenhäufigkeiten $n_1, \ldots, n_k$ ist:

$$\overline{x} \approx \frac{1}{n} \left(x'_1 \cdot n_1 + x'_2 \cdot n_2 + \ldots + x'_k \cdot n_k \right)$$

Liegen aus mehreren Datensätzen einer Variablen X die jeweiligen arithmetischen Mittel der einzelnen Datensätze vor, und soll ein arithmetisches Mittel der zusammengefassten Datensätze angegeben werden, so sind die einzelnen arithmetischen Mittel mit ihren Datenumfängen zu gewichten.

Beispiel 6.8
Angenommen es wurden für die Variable X=Schadenshöhe (in GE) bei Steuerkriminalität drei Datensätze erhoben. Der erste Datensatz vom Umfang 150 liefert das arithmetische Mittel $\overline{x}_1 = 56\,660$. Der zweite Datensatz vom Umfang 50 liefert das arithmetische Mittel $\overline{x}_2 = 60\,000$. Der dritte Datensatz vom Umfang 300 liefert das arithmetische Mittel $\overline{x}_3 = 50\,000$. Dann beträgt das arithmetische Mittel des zusammengefassten Datensatzes vom Umfang $150 + 50 + 300 = 500$:

$$\begin{aligned}
\overline{x} &= \frac{150}{500} \cdot \overline{x}_1 + \frac{50}{500} \cdot \overline{x}_2 + \frac{300}{500} \cdot \overline{x}_3 \\
&= \frac{150}{500} \cdot 56\,660 + \frac{50}{500} \cdot 60\,000 + \frac{300}{500} \cdot 50\,000 = 52\,998
\end{aligned}$$

d.h. die durchschnittliche Schadenshöhe der 500 Steuerkriminalitätsfälle liegt bei etwa $52\,998$ GE pro Fall.

Liegen Flügelklassen vor, so lässt sich das arithmetische Mittel eines klassierten Datensatzes nicht berechnen, da die Klassenmitte einer Flügelklasse unbekannt ist. Deshalb ist die Kenntnis weiterer Lageparameter erforderlich.

6.1.2   Median

Ein Median (Fünzigprozentpunkt, Zentralwert vgl. Definition 2.19) lässt sich nur für Stichproben einer ordinal oder metrisch skalierten Variablen berechnen und kennzeichnet den medianen Wert einer Stichprobe.

Beispiel 6.9 (Fortsetzung von Beispiel 6.6)
■ Für den Datensatz der Schadenshöhe bei Steuerkriminalität (X) aus Beispiel 6.6 fällt der Median $x_{0,50}$ in die fünfte Klasse. Gemäß Satz 2.17 ergibt sich für den Median:

$$x_{0,50} \approx 20\,000 + \frac{0,50 - 72/150}{6/150} \cdot 10\,000 = 25\,000$$

d.h. in 50% aller Schadensfälle lag die Schadenshöhe aufgrund von Steuerkriminalität bei höchstens $25\,000$ GE.

■ Für den Datensatz der Schadenshöhe bei Bankraub (Y) aus Beispiel 6.6 fällt der Median $y_{0,50}$ in die vierte Klasse. Gemäß Satz 2.17 ergibt sich für den Median:

$$y_{0,50} \approx 5\,000 + \frac{0,50 - 76/200}{36/200} \cdot 3\,000 = 7\,000$$

d.h. in 50% aller Schadensfälle lag die Schadenshöhe aufgrund von Bankraub bei höchstens 7 000 GE. Oder anders ausgedrückt: Die mediane Schadenshöhe bei Bankraub beträgt 7 000 GE.

Soll der Median aus Einzelwerten oder tabellierte Daten berechnet werden, so gibt es in der Literatur unterschiedliche Möglichkeiten, den Median zu definieren. Der Median kann z.B. als derjenige Wert erklärt werden, für den die kumulierte relative Häufigkeit erstmals mindestens 50% beträgt (vgl. Beispiel 2.6).

Beispiel 6.10 (Fortsetzung von Beispiel 6.1)
■ Werden im Beispiel 6.1 die elf Stichprobenwerte aus der Variable $X=$„Fahrtdauer Route A" aufsteigend geordnet, so ergeben sich die folgenden kumulierten relativen Häufigkeiten $F(x_i)$:

x_i	25,0	28,0	28,8	29,1	29,5	30,2	30,5	...	32,5
n_i/n	1/11	2/11	1/11	1/11	1/11	1/11	1/11	...	1/11
$F(x_i)$	1/11	3/11	4/11	5/11	6/11	...			

d.h. $x_{0,50} \approx 29,5$ bzw. in mindestens 50% der Fälle betrug die Fahrtdauer auf Route A höchstens 29,5 Minuten.

■ Werden im Beispiel 6.1 die zwölf Stichprobenwerte aus der Variable $Y=$„Fahrtdauer Route B" aufsteigend geordnet, so ergeben sich die folgenden kumulierten relativen Häufigkeiten $F(y_i)$:

y_i	28,9	29,6	30,5	30,7	31,0	31,4	31,5	...	37,0
n_i/n	1/12	1/12	1/12	1/12	1/12	2/12	1/12	...	1/12
$F(y_i)$	1/12	2/12	3/12	4/12	5/12	7/12	...		

d.h. $y_{0,50} \approx 31,4$ bzw. in mindestens 50% der Fälle betrug die Fahrtdauer auf Route B höchstens 31,4 Minuten.

Liegen in einem Datensatz im Vergleich zu den übrigen Beobachtungswerten „sehr kleine" oder „sehr große" Werte vor, so handelt es sich vermutlich um sogenannte „Ausreißer" (vgl. Definition 2.20). Während Ausreißer den Wert des arithmetischen Mittels stark verfälschen, können Ausreißer den Wert des Medians kaum beeinflussen, der Median ist unempfindlich oder **robust** gegenüber einzelnen extremen Werten.

Beispiel 6.11 (vgl. Krengel [1991] Seite 165)
Krengel: „Wenn in einem Schweizer Bergdorf fünf zugezogene Multimillionäre und fünfzig Einheimische leben, ist es für die Einheimischen wenig befriedigend, wenn man ihnen erklärt, das durchschnittliche Einkommen in diesem Ort sei doch recht hoch."

■ Hier bietet sich als Maßzahl des Einkommenniveaus der Median an. Zur Berechnung des Medians werden die fünfundfünfzig Werte aufsteigend geordnet. Der in der Mitte liegende achtundzwanzigste Wert ist dann der Median, der wie folgt interpretiert wird: Mindestens 50% aller Einwohner haben ein Einkommen von höchstens ... Franken.

■ Würden in dem Schweizer Bergdorf nicht 55, sondern 56 Menschen wohnen, so gebe es keinen Wert, der in der Mitte der aufsteigend geordneten Einkommen-Werte liegen würde. Der Median wäre dann der achtundzwanzigste Wert, da $28/56 = 50\%$ sind. (In der Literatur wird in einem solchen Fall auch als Median das arithmetische Mittel aus dem 28. Wert und dem 29. Wert vorgeschlagen.)

Wie zu Beginn dieses Abschnitts erwähnt lässt sich ein Median auch berechnen für einen Datensatz einer ordinal skalierten Variablen:

Beispiel 6.12
■ Von insgesamt fünf Prüflingen wurden die Noten einer Klausur erfragt: 3 2 1 1 2. Werden die Werte aufsteigend geordnet, so ergibt sich: 1 1 2 2 3. Der Wert in der Mitte ist die Zahl Zwei. Also ist der Median die Zahl Zwei. D.h. mindestens 50% (hier sogar exakt $F(2) = 4/5 = 80\%$) der Prüflinge haben die Note „gut" oder besser erzielt.

■ Wird hingegen von vier Prüflingen die Klausurnote erfragt: 3 2 1 1. Und werden anschließend die Werte aufsteigend geordnet, so ergibt sich: 1 1 2 3. Es gibt keinen Wert in der Mitte, der Wert 1 vor der Mitte ist der Median, da $F(1) = 2/4 = 50\%$. D.h. 50% aller Prüflinge haben die

Note „sehr gut" erzielt. Oder anders ausgedrückt: 50% der Prüflinge haben eine schlechtere Note als „sehr gut" erzielt.

6.1.3   Modus

Neben dem arithmetischen Mittel und dem Median ist der am häufigsten vorkommende Wert im Datensatz eine geeignete Maßzahl zur Beschreibung der Lage der Daten.

Definition 6.13
Der häufigste Wert in einem Datensatz wird auch als **Modus** bezeichnet.

Der Modus lässt sich berechnen für Datensätze von nominal skalierten Variablen, von ordinal skalierten Variablen und von metrisch skalierten Variablen.

Beispiel 6.14 (Fortsetzung von Beispiel 6.1)
Für die beiden Datensätze aus Beispiel 6.1 der metrischen Variablen $X=$„Fahrtdauer Route A" und $Y=$„Fahrtdauer Route B" ist

- der häufigste Wert der X-Daten der Wert $x_{\text{Modus}}=28{,}0$; dieser Wert wird genau zweimal genannt, während alle übrigen Werte nur einmal vorkommen.

- der häufigste Wert der Y-Daten der Wert $y_{\text{Modus}}=31{,}4$.

D.h. die häufigste Fahrtdauer waren auf der Route A 28,0 Minuten und auf der Route B 31,4 Minuten.

Der Modus empfiehlt sich bei nominal skalierten Variablen als Lageparameter, weil bei nominal skalierten Variablen weder der Median (es gibt ja keine Ordnung unter den Werten) noch das arithmetische Mittel (es gibt weder eine Anordnung, noch einen Abstand der Werte) berechnet werden können.

Beispiel 6.15
Bei einer Umfrage unter 1 000 Studierenden, welches Getränk zum Frühstück bevorzugt wird, wurde „Kaffee" 541-mal genannt, 306-mal „Tee", 127-mal „Saft" usw. Das am häufigsten genannte Getränk (nominal skaliert) war in dieser Umfrage „Kaffee", also $x_{\text{Modus}}=$Kaffee.

Ist der Datensatz klassiert, so ist der Modus die Klassenmitte der Klasse mit der größten Häufigkeitsdichte $\dfrac{n_j/n}{b_j}$. Haben die Klassen eines klassierten Datensatzes alle dieselbe Breite, liegen also sogenannte **äquidistante** Klassen vor, so lässt sich der Modus interpretieren als Klassenmitte der Klasse, welche die meisten Fälle aufweist. D.h. im Datensatz sind Werte nahe dem Modus am häufigsten anzutreffen.

Beispiel 6.16 (Fortsetzung von Beispiel 6.6)
In dem Beispiel 6.6 Schadenshöhe bei Steuerkriminalität (X) und Bankraub (Y) hat die erste Klasse der X-Werte die größte Dichte, nämlich $\dfrac{30/150}{2\,000}$. Der Modus der X-Werte ist somit die Klassenmitte der ersten Klasse und beträgt folglich 1 000 GE. Bei den Y-Werten hat die zweite Klasse die größte Dichte, nämlich $\dfrac{36/200}{1\,000}$. Der Modus der Y-Werte ist somit die Klassenmitte der zweiten Klasse und beträgt folglich 1 500 GE. Da keine äquidistanten Klassen vorliegen, wird bei der Interpretation der beiden Modi 1 000 und 1 500 lediglich angenommen, dass am häufigsten Werte in der Nähe von 1 000 GE bzw. 1 500 GE beobachtet wurden.

Der Modus braucht nicht eindeutig zu sein. Falls mehrere Realisationsmöglichkeiten die gleiche größte Häufigkeit aufweisen, so ist jeder dieser Werte ein Modus.

6.1.4   Geometrisches Mittel

Bei prozentualen Veränderungen über einen Zeitraum wird unterschieden zwischen der **Rate** der Veränderung in Prozent und dem **Faktor** der Veränderung.

Satz 6.17
Zwischen einem Faktor der Veränderung und der Rate (in Prozent) der Veränderung besteht der folgende Zusammenhang:

Faktor $= 1 + $ Rate

Beispiel 6.18

Im Zeitraum von 12/2009 bis 12/2013 wurde der Preis (in GE pro ME) eines Produkts festgehalten:

Jahr	Preis (in GE)	Rate	Faktor
2009	200	-	-
2010	100	−50%	0,50
2011	175	+75%	1,75
2012	350	+100%	2
2013	175	−50%	0,5

■ Im Zeitraum von 2009 bis 2013 ist der Preis von 200 GE gesunken auf 175 GE. In Prozent ausgedrückt entspricht diese Preissenkung:

1. Lösungsweg:

$$\frac{175}{200} = 0,875$$

Rate = Faktor - 1 = 0,875 − 1 = −0,125 $\widehat{=}$ − 12,5%.

2. Lösungsweg:

Die prozentuale Preissenkung im Zeitraum von 2009 bis 2013 kann auch über die Faktoren berechnet werden.

$0,5 \cdot 1,75 \cdot 2 \cdot 0,5 = 0,875$

Rate = Faktor - 1 = 0,875 − 1 = −0,125 $\widehat{=}$ − 12,5%;

d.h. der Preis ist im Zeitraum von 2009 bis 2013 um 12,5% insgesamt gesunken.

■ Im Zeitraum von 2009 bis 2013 ist der Preis durchschnittlich pro Jahr gesunken um:

1. Lösungsweg:

$$\sqrt[2013-2009]{\frac{175}{200}} = \sqrt[4]{0,875} = 0,9672$$

Rate = Faktor - 1 = 0,9672 − 1 = −0,0328 $\widehat{=}$ − 3,28%.

2. Lösungsweg:

Die durchschnittliche prozentuale jährliche Preissenkung im Zeitraum von 2009 bis 2013 kann auch über die Faktoren berechnet werden.

$$\sqrt[2013-2009]{0,50 \cdot 1,75 \cdot 2 \cdot 0,5} = \sqrt[4]{0,875} = 0,9672$$

Rate = Faktor - 1 = 0,9672 − 1 = −0,0328 $\widehat{=}$ − 3,28%;

d.h. der Preis ist im Zeitraum 2009 bis 2013 durchschnittlich um 3,28% pro Jahr gesunken.

Wir rechnen die Probe:

Probe: 200 $\quad\cdot\ 0,9672\ =\ 193,44$
$\qquad\quad 193,44 \cdot 0,9672 = 187,0952 \approx 187,10$
$\qquad\quad 187,10 \cdot 0,9672 = 180,96$
$\qquad\quad 180,96 \cdot 0,9672 = 175,02$

Die Vorgehensweise beim 2. Lösungsweg, die n-te Wurzel aus dem Produkt der n Faktoren zu ziehen, wird auch als „geometrisches Mittel" bezeichnet.

Definition 6.19
Das **geometrische Mittel** der positiven Werte $x_1, \ldots, x_n$ ist definiert durch:

$$x_G = \sqrt[n]{x_1 \cdot \ldots \cdot x_n}$$

Soll für einen Datensatz die durchschnittliche Veränderung in Prozent angegeben werden, so ergibt sich die gesuchte Prozentzahl über das geometrische Mittel der Veränderungsfaktoren.

Beispiel 6.20
Bei dem Bundesschatzbrief Typ A (Quelle: www.deutsche-finanzagentur.de am 24.07.2012) wird eine Anlage jeweils am Ende eines Jahres zu unterschiedlichen Zinssätzen verzinst:

Zeitpunkt	Rate	Faktor
1. Jahr	0,000 1%	1,000 001
2. Jahr	0,000 1%	1,000 001
3. Jahr	0,000 1%	1,000 001
4. Jahr	0,000 1%	1,000 001
5. Jahr	0,5%	1,005
6. Jahr	1,5%	1,015

Wie hoch ist die durchschnittliche jährliche Rendite einer Anlage über sechs Jahre?

Das geometrische Mittel aus den sechs Faktoren der Veränderung ergibt:

$$\sqrt[6]{1,000\,001 \cdot 1,000\,001 \cdot 1,000\,001 \cdot 1,000\,001 \cdot 1,005 \cdot 1,015} =$$

$$\sqrt[6]{1{,}020\,079} = 1{,}003\,319$$

d.h. bei einer sechsjährigen Anlage beträgt die durchschnittliche jährliche Rendite 0,33%. (vgl. auch Arrenberg [2011] Kapitel 6.3)

Eine durchschnittliche jährliche Rendite berechnet sich über das geometrische Mittel der Veränderungsfaktoren.

⚠Eine prozentuale jährliche Veränderung kann <u>nicht</u> über das arithmetische Mittel der Raten berechnet werden.

Beispiel 6.21

Angenommen in diesem Jahr kostet ein Pkw 40 000 GE. Im Jahr nächsten Jahr findet eine Preissteigerung von 20% statt, im übernächsten Jahr eine Preissenkung von 20%. Dann kostet der Pkw im nächsten Jahr $40\,000 \cdot 1{,}20 = 48\,000$ GE. Und im übernächsten Jahr: $48\,000 \cdot 0{,}80 = 38\,400$ GE.

Würde das arithmetische Mittel der beiden Veränderungsraten von +20% und −20% als Maßzahl für die durchschnittliche jährliche Preissteigerung hergezogen, so hätte über die zwei Jahre betrachtet keine Preisveränderung stattgefunden, da mit $0{,}5 \cdot (0{,}2 - 0{,}2) = 0$ das arithmetische Mittel der beiden Raten null beträgt.

Tatsächlich ist jedoch der Preis in den zwei Jahren von 40 000 GE auf 38 400 GE gesunken; die durch durchschnittliche prozentuale jährliche Preissenkung beträgt somit:

$$\sqrt[2]{1{,}2 \cdot 0{,}8} = \sqrt[2]{0{,}96} = 0{,}979\,796$$

Rate = Faktor - 1 = $0{,}979\,796 - 1 = -0{,}020\,204$;

d.h. in den zwei Jahren sinkt der Preis um durchschnittlich 2,02% pro Jahr.

⚠Eine Steigerung in Prozent lässt sich weder bei einem negativen Vorjahreswert noch bei einem Vorjahreswert von null GE angeben:

Beispiel 6.22

■ Für zwei aufeinanderfolgende Jahre wurde der Gewinn (in GE) eines Unternehmens ermittelt:

Zeitpunkt	Gewinn (in GE)	Rate	Faktor
Vorjahr	0	−	−
aktuelles Jahr	300	nicht erklärt	nicht erklärt

- Für zwei aufeinanderfolgende Jahre wurde der Gewinn (in GE) eines Unternehmens ermittelt:

Zeitpunkt	Gewinn (in GE)	Rate	Faktor
Vorjahr	-100	$-$	$-$
aktuelles Jahr	200	nicht erklärt	nicht erklärt

Liegen klassierte Daten mit k Klassen vor, so berechnet sich das geometrische Mittel mit Hilfe der Klassenmitten:

Definition 6.23
Das **geometrische Mittel** für einen klassierten Datensatz vom Umfang n mit k Klassen, den Klassenmitten $x'_1, \ldots, x'_k$ und den absoluten Häufigkeiten $n_1, \ldots, n_k$ ist wie folgt erklärt:

$$x_G = \sqrt[n]{(x'_1)^{n_1} \cdot \ldots \cdot (x'_k)^{n_k}}$$

6.1.5   Harmonisches Mittel

Ein harmonisches Mittel lässt sich nur für Stichproben einer metrisch skalierten Variablen berechnen.

Bevor die Definition des harmonischen Mittels angegeben wird, soll anhand eines Beispiels ihr Sinn erläutert werden:

Beispiel 6.24
- Nach einer längeren Autofahrt stellt Herr A. fest, dass er ein Fünftel der Fahrtdauer mit der Durchschnittsgeschwindigkeit von 80 km/h unterwegs war und den Rest der Fahrtdauer mit einer Durchschnittsgeschwindigkeit von 100 km/h. Wie hoch ist die Durchschnittsgeschwindigkeit bezogen auf die gesamte Strecke?

1. Lösungsweg:

Zuerst soll die Durchschnittsgeschwindigkeit mit dem Dreisatz ausrechnet werden. Da die Dauer der Fahrt unerheblich ist, können wir als Rechen-Erleichterung die Fahrtdauer mit fünf Stunden annehmen. Ein Fünftel der Fahrtdauer sind dann eine Stunde und in dieser Stunde hat Herr A. 80 km zurückgelegt. In dem Rest der Fahrtdauer, nämlich vier Stunden, hat Herr A. 400 km zurückgelegt. Also ist Herr

A. für die 480 km insgesamt fünf Stunden unterwegs. Das
ergibt folgende Durchschnittsgeschwindigkeit:

$$\frac{\text{Strecke (in km)}}{\text{Dauer (in h)}} = \frac{480}{5} = 96;$$

d.h. die Durchschnittsgeschwindigkeit beträgt 96 km/h.

2. Lösungsweg:

Soll die Durchschnittsgeschwindigkeit mit dem arithmetischen Mittel berechnet werden, so liegt der Datensatz
$x_1, \ldots, x_5 = 80, 100, 100, 100, 100$ vor. Somit ergibt das
arithmetische Mittel ebenfalls 96 km/h:

$$\overline{x} = \frac{1}{5} \cdot 80 + \frac{4}{5} \cdot 100 = 96.$$

Nach einer längeren Autofahrt stellt Frau B. fest, dass sie ein
Fünftel der Strecke mit der Durchschnittsgeschwindigkeit
von 80 km/h gefahren ist und den Rest der Strecke mit einer
Durchschnittsgeschwindigkeit von 100 km/h. Wie hoch ist
die Durchschnittsgeschwindigkeit bezogen auf die gesamte
Strecke?

1. Lösungsweg:

Zuerst soll die Durchschnittsgeschwindigkeit mit dem Dreisatz berechnet werden. Da die Länge der Strecke unerheblich ist, kann als Rechen-Erleichterung die Länge der Strecke
mit 800 km angenommen werden. Ein Fünftel der Strecke
sind dann 160 km und für diese 160 km braucht Frau B.
zwei Stunden. Für den Rest der Strecke, nämlich 640 km,
braucht Frau B. 6,4 Stunden. Also ist Frau B. für die 800
km insgesamt 8,4 Stunden unterwegs. Das ergibt folgende
Durchschnittsgeschwindigkeit:

$$\frac{\text{Strecke (in km)}}{\text{Dauer (in h)}} = \frac{800}{8,4} = 95,24;$$

d.h. die Durchschnittsgeschwindigkeit beträgt 95,24 km/h.

2. Lösungsweg:

Für den Datensatz $x_1, \ldots, x_5 = 80, 100, 100, 100, 100$ lässt
sich die Durchschnittsgeschwindigkeit auch wie folgt berechnen:

$$\frac{5}{\frac{1}{80} + \frac{1}{100} + \frac{1}{100} + \frac{1}{100} + \frac{1}{100}} = \frac{5}{\frac{1}{80} + \frac{4}{100}} = \frac{5}{\frac{21}{400}} = 95,24$$

Diese Maßzahl heißt „harmonisches Mittel".

Definition 6.25
Sind die Daten $x_1, \ldots, x_n$ eines Datensatzes entweder alle positiv oder alle negativ, so ist das **harmonische Mittel** der Daten wie folgt erklärt:

$$x_H = \frac{n}{\frac{1}{x_1} + \ldots + \ldots \frac{1}{x_n}}$$

⚠Statt die Formel 6.25 für das harmonische Mittel zu benutzen, sollte besser die Lösung mit dem gesunden Menschenverstand bestimmt werden. So hat das Beispiel 6.24 gezeigt, dass der Lösungsweg über den Dreisatz jeweils zur richtigen Lösung führt.

6.2   Theoretische Lageparameter

Theoretischen Lageparametern liegt keine Stichprobe zugrunde, sondern die Wahrscheinlichkeitsverteilung einer Zufallsvariablen. Theoretische Lageparameter beschreiben die Position/Lage der theoretischen Verteilung einer Zufallsvariablen (diskret oder stetig) auf der Zahlenskala.

6.2.1   Erwartungswert

Soll ein theoretischer Lageparameter einer Zufallsvariablen berechnet werden, so muss die Wahrscheinlichkeitsverteilung der Zufallsvariablen bekannt sein.

Beispiel 6.26
Auf einem mittelalterlichen Markt werden in Abhängigkeit vom Wetter erfahrungsgemäß die folgenden Anzahlen von Besuchern erwartet:

	kein Regen	leichter Regen	starker Regen
Besucher	4 000	3 000	1 000

Das Wetter wird wie folgt kalkuliert:

	kein Regen	leichter Regen	starker Regen
Wahrscheinlichkeit	80%	15%	5%

Von fünf Besuchern trinken im Schnitt drei einen Becher Met.

Ein Becher Met kostet 2,50 GE. Mit welchem Umsatz ist zu rechnen?

Um die Antwort auf die Frage zu erhalten, muss zunächst berechnet werden, welche Anzahl von Besuchern zu erwarten ist.

Der Erwartungswert einer diskreten Zufallsvariablen ist die Summe der mit den Wahrscheinlichkeiten gewichteten Realisationsmöglichkeiten:

Definition 6.27
X sei eine diskrete Zufallsvariable mit den Realisationsmöglichkeiten x_i und der zugehörigen Wahrscheinlichkeitsfunktion $f(x_i) = P(X = x_i)$. Dann heißt:

$$E[X] = \sum_i x_i \, f(x_i)$$

der **Erwartungswert** von X.

Beispiel 6.28 (Fortsetzung von Beispiel 6.26)
Bezeichnet in dem Beispiel 6.26 die Zufallsvariable X die Anzahl der Besucher, so beträgt der Erwartungswert:

$$E[X] = 4\,000 \cdot 0{,}8 + 3\,000 \cdot 0{,}15 + 1\,000 \cdot 0{,}05 = 3\,700$$

d.h. es sind auf dem Markt 3 700 Besucher zu erwarten.

Folglich ist damit zu rechnen, dass insgesamt $3\,700 \cdot 0{,}6 = 2\,220$ Becher Met konsumiert werden.

Schließlich ist somit ein Umsatz von $2\,220 \cdot 2{,}5 = 5\,550$ GE zu erwarten.

⚠Nicht immer ist der Erwartungswert auch gleichzeitig eine Realisation der Zufallsvariable; so beträgt z.B. beim Würfeln die erwartete Augenzahl 3,5. Dennoch sollte das Ergebnis nicht gerundet werden, da sonst weitere Berechnungen ungenau werden können.

Der Erwartungswert einer stetigen Zufallsvariablen ist über ein Integral zu berechnen:

Definition 6.29
X sei eine stetige Zufallsvariable mit der Dichtefunktion $f(x)$. Dann heißt

6 Lageparameter

$$E[X] = \int_{-\infty}^{+\infty} x \cdot f(x)\,d(x)$$

der **Erwartungswert** von X.

Häufig wird der Erwartungswert $E[X]$ auch mit dem griechischen Buchstaben μ (lies: mü) bezeichnet.

> **Beispiel 6.30 (Fortsetzungvon Beispiel 5.23)**
> Die Zufallsvariable $X =$ „Abweichung (in mm) von der Norm"
> aus dem Beispiel 5.23 hat folgenden Erwartungswert:
>
> $$\begin{aligned} E[X] &= \int_{-\infty}^{+\infty} x \cdot f(x)\,d(x) \\ &= \int_{-1}^{+1} x \cdot (\tfrac{3}{4} - \tfrac{3}{4}x^2)\,d(x) \\ &= \int_{-1}^{+1} (\tfrac{3}{4}x - \tfrac{3}{4}x^3)\,d(x) \\ &= [\tfrac{3}{8}x^2 - \tfrac{3}{16}x^4]_{-1}^{+1} = \tfrac{3}{8} - \tfrac{3}{16} - \tfrac{3}{8} + \tfrac{3}{16} = 0 \end{aligned}$$
>
> d.h. bei der Produktion ist im Mittel mit keiner Abweichung von der Normgröße zu rechnen.

Der Erwartungswert hat folgende Eigenschaften:

> **Satz 6.31**
> - $E[a + bX] = a + b\,E[X];\ a, b \in \mathbb{R}$
> - $E[X + Y] = E[X] + E[Y]$

> **Beispiel 6.32 (Fortsetzung von Beispiel 5.27)**
> In dem Beispiel 5.27 bezeichnen $X =$ „Anzahl der zurückgegeben Mietwagen bei Budget" und $Y =$ „Anzahl der zurückgegeben Mietwagen bei Hertz".
>
> - Die erwartete Anzahl zurückgegebener Mietwagen bei Budget lautet:
>
> $$E[X] = 0\cdot0{,}2 + 1\cdot0{,}2 + 2\cdot0{,}2 + 3\cdot0{,}18 + 4\cdot0{,}15 + 5\cdot0{,}07 = 2{,}09$$
>
>   d.h. pro betrachteter Zeiteinheit werden bei Budget im Mittel 2,09 Mietwagen zurückgegeben.
>
> - Die erwartete Anzahl zurückgegebener Mietwagen bei Hertz lautet:

$$E[Y] = 0 \cdot 0{,}1 + 1 \cdot 0{,}3 + 2 \cdot 0{,}25 + 3 \cdot 0{,}2 + 4 \cdot 0{,}1 + 5 \cdot 0{,}05 = 2{,}05$$

d.h. pro betrachteter Zeiteinheit werden bei Hertz im Mittel 2,05 Mietwagen zurückgegeben.

■ Wie hoch ist die erwartete Anzahl zurückgegebener Mietwagen auf dem Parkplatz?

$$E[X + Y] = E[X] + E[Y] = 2{,}09 + 2{,}05 = 4{,}14$$

d.h. pro betrachteter Zeiteinheit werden auf dem Parkplatz im Mittel 4,14 Mietwagen zurückgegeben.

6.3   Vergleich: Modus, Median, arithmetisches Mittel

Ob der Modus, der Median oder das arithmetische Mittel als Kennzahl der Lage eines Datensatzes berechnet werden, ist die Entscheidung des Statistikers (w,m). Es gibt keine Vorschrift, welcher Lageparameter besser ist.

Ein empirischer Lageparameter gibt diejenige Zahl an, zu der alle Stichprobenwerte die geringste „Entfernung" haben. Der Median ist entstanden, indem die Entfernung zwischen zwei Zahlen mit dem Absolutbetrag gemessen wurde. Das arithmetische Mittel ist entstanden, indem die Entfernung zwischen zwei Zahlen mit der quadrierten Differenz der beiden Zahlen gemessen wurde. Der Modus ist entstanden, indem die Entfernung zwischen zwei Zahlen mit der Ja/Nein-Größe „Übereinstimmung der Zahlen" oder „keine Übereinstimmung der Zahlen" gemessen wurde. Mathematisch betrachtet sind alle drei Arten der Entfernungsmessung zugelassen.

Bei einseitig beschränkten Daten wie z.B. Gehältern treten vereinzelt sehr hohe Werte auf. Sind Ausreißer in einem Datensatz vorhanden, so ist zur Kennzeichnung der Lage der Daten der Median geeigneter als das arithmetische Mittel. Der Median ist robust gegen Ausreißer.

Ist eine theoretische Verteilung unimodal und symmetrisch, so stimmen Modus, Median und Erwartungswert überein. Bei symmetrischen empirischen Verteilungen ist die Übereinstimmung der Lageparameter nicht immer gegeben.

Beispiel 6.33

Der Datensatz 8,9,10,10,11,12 hat eine symmetrische Vertei-lung. Die Lageparameter betragen:

$\overline{x} = 10$

$x_{0,50} \approx 10$

$x_{\text{Modus}} = 10$

d.h. für diesen Datensatz stimmen Modus, Median und arith-metisches Mittel überein.

Ist eine theoretische Verteilung unimodal und linkssteil (rechts-schief); d.h. Schiefemaß > 0 (vgl. Kapitel 15.2), so gilt: Modus $<$ Median $<$ Erwartungswert. Bei linkssteilen empirischen Vertei-lungen ist diese Anordnung der drei Lageparameter nicht immer gegeben.

Beispiel 6.34

Der Datensatz 8,8,9,10,11,14 hat eine linkssteile Verteilung. Die Lageparameter betragen:

$\overline{x} = 10$

$x_{0,50} = 9$

$x_{\text{Modus}} = 8$

d.h. für diesen Datensatz gilt: Modus $<$ Median $<$ arithmeti-sches Mittel.

Ist eine theoretische Verteilung unimodal und rechtssteil (links-schief); d.h. Schiefemaß < 0 (vgl. Kapitel 15.2), so gilt: Modus $>$ Median $>$ Erwartungswert. Bei rechtssteilen empirischen Vertei-lungen ist diese Anordnung der drei Lageparameter nicht immer gegeben.

Beispiel 6.35

Der Datensatz 4,9,11,12,12,12 hat eine rechtssteile Verteilung. Die Lageparameter betragen:

$\overline{x} = 10$

$x_{0,50} = 11$

$x_{\text{Modus}} = 12$

d.h. für diesen Datensatz gilt: Modus $>$ Median $>$ arithmeti-sches Mittel.

6.4   Zusammenfassung

Der Erwartungswert ist ein theoretischer Lageparameter, insb. wird für seine Berechnung eine Wahrscheinlichkeitsverteilung benötigt.

Für einen Datensatz haben wir zusammengefasst folgende empirischen Lageparameter zur Verfügung:

	Skalierung		
	nominal	ordinal	metrisch
arithm. Mittel			×
Median		×	×
Modus	×	×	×
geom. Mittel			×
harm. Mittel			×

Prüfungstipps

Die Schwierigkeit in einer Klausur einen empirischen Lageparameter zu berechnen, ist nicht das Einsetzen der Werte in eine Formel, sondern das Erkennen, welcher Lageparameter zu berechnen ist.

■ Maßzahlen für das Niveau eines Datensatzes sind das arithmetische Mittel, der Median und der Modus. Liegen bei klassierten Daten Flügelklassen vor, so ist die Berechnung des arithmetischen Mittels nicht möglich.

■ Soll in einer Klausur ein arithmetisches Mittel berechnet werden, so könnte die Frage danach lauten: „Wie hoch ist der/die/das durchschnittliche . . . .“

■ Soll in einer Klausur ein Median berechnet werden, so könnte die Frage danach lauten: „Welcher Wert wird in 50% aller Fälle nicht überschritten?“

■ Soll in einer Klausur ein Modus berechnet werden, so könnte die Frage danach lauten: „Welcher Wert kommt in der Stichprobe am häufigsten vor?“

■ Eine Maßzahl für die durchschnittliche prozentuale Veränderung über einen bestimmten Zeitraum ist das geometrische Mittel.

6 Lageparameter

- Das harmonische Mittel sollte sicherheitshalber nicht über die Formel, sondern über den Dreisatz berechnet werden.

- Soll in einer Klausur ein Erwartungswert berechnet werden, so könnten die Fragen danach lauten: „Welcher Wert ist zu erwarten?" Oder: „Mit welchem Wert ist im Mittel zu rechnen?". Oder: „Wie hoch ist der/die/das mittlere ...."

7 Streuungsparameter

Lernziele

In diesem Kapitel lernen Sie

- die empirischen Streuungsparameter Varianz, Standardabweichung, Quartilsabstand, Variationskoeffizient, relativer Quartilsabstand, Spannweite sowie

- die theoretischen Streuungsparameter Varianz und Standardabweichung kennen.

Streuungsparameter geben die Größe des Bereichs an, in dem die Verteilung (empirisch oder theoretisch) in etwa auf der Zahlenskala liegt. Bezieht sich ein Streuungsparameter auf einen Datensatz, so heißt der Streuungsparameter empirischer Streuungsparameter. Bezieht sich ein Streuungsparameter auf eine Wahrscheinlichkeitsverteilung einer Zufallsvariablen, so heißt der Streuungsparameter theoretischer Streuungsparameter.

7.1 Empirische Streuungsparameter

Um eine zusammenfassende Information aus einem Datensatz zu erhalten, werden als Kennzahlen empirische Streuungsparameter berechnet. Empirische Streuungsparameter geben die Stärke der Unterschiede, d.h. die Stärke der Schwankungen in den Daten an.

Als Beispiel lässt sich der Wasserstand des Rheins vorstellen, so interessiert die (jahreszeitlich bedingte) Höhe der Schwankungen des Wasserstandes. Bliebe der Wasserstand immer unverändert, so hätte der Streuungsparameter den Wert null. Wir wissen aber, dass der Rhein sowohl Hoch- als auch Niedrigwasser führen kann.

Zur Messung der Schwankungen eines Datensatzes gibt es verschiedene Maßzahlen.

7.1.1   Varianz

Eine empirische Varianz lässt sich nur für Stichproben einer metrisch skalierten Variablen berechnen. Die Definition der Varianz orientiert sich daran, wie der Datensatz vorliegt: Urliste/Einzelwerte oder tabellierte Daten oder klassierte Daten.

> **Beispiel 7.1**
> Ein Student kann über zwei verschiedene Routen zur FH fahren. Für die beiden unterschiedlichen Strecken hat er jeweils fünfmal die Fahrtdauer (gemessen in Stunden) festgehalten:
>
> Erste Strecke: 2 2 2 3 1   mit $\bar{x} = 2$
>
> Zweite Strecke: 1 5 2 1 1   mit $\bar{y} = 2$
>
> d.h. im Durchschnitt benötigt er auf beiden Strecken gleich viel Zeit, nämlich zwei Stunden. Jedoch unterscheiden sich die beiden Datensätze dadurch, dass im zweiten Datensatz die Werte extremer sind, d.h. sie liegen weiter auseinander als dies im ersten Datensatz der Fall ist.
>
> Welche der beiden Strecken würden Sie bevorzugen? Und wieso?
>
> Die Fahrtdauern der ersten Strecke liegen dichter um das arithmetische Mittel als die Fahrtdauern der zweiten Strecke. Oder anders ausgedrückt: Die Fahrtdauern der zweiten Strecke liegen weiter entfernt vom arithmetischen Mittel als die Fahrtdauern der ersten Strecke.
>
> Um das Weiter-Auseinander-Liegen messen zu können, wird ein Abstandsmaß benötigt. Eine mögliche Messung der Abstände ist: $(x_1 - \bar{x})^2, \ldots, (x_n - \bar{x})^2$.
>
> Als Abstandsmaß nehmen wir das arithmetische Mittel dieser quadrierten Abstände und bezeichnen es mit s^2 oder s_x^2 und nennen es „empirische Varianz" des Datensatzes $x_1, \ldots, x_n$.

> **Definition 7.2**
> Die **empirische Varianz** des Datensatzes $x_1, \ldots, x_n$ ist folgende Maßzahl:
> $$s^2 = \frac{1}{n} \left[(x_1 - \bar{x})^2 + \ldots + (x_n - \bar{x})^2 \right]$$

Beispiel 7.3 (Fortsetzung von Beispiel 7.1)

■ Die empirische Varianz des Datensatzes (2,2,2,3,1) beträgt
$$s_x^2 = 2/5 = 0,4 \text{ h}^2$$

■ Die empirische Varianz des Datensatzes (1,5,2,1,1) beträgt
$$s_y^2 = 12/5 = 2,4 \text{ h}^2$$

Die Varianz/Streuung im ersten Datensatz ist geringer als im zweiten Datensatz. Jemand, der auf Risiko setzt, würde die zweite Strecke bevorzugen. Mit Glück schafft er dann die Strecke in einer Stunde.

Die empirische Varianz ist eine komparative Maßzahl. Das bedeutet, die Varianz eines Datensatzes sagt nur etwas aus im Vergleich mit der Varianz eines zweiten Datensatzes.

Beispiel 7.4 (Fortsetzung von Beispiel 7.1)
Würde im Beispiel 7.1 die Fahrtdauer nicht in Stunden, sondern in Minuten gemessen, so würde sich ergeben:

■ $s_x^2 = 0,4 \cdot 60^2 = 1\,440 \text{ Min}^2$

■ $s_y^2 = 2,4 \cdot 60^2 = 8\,640 \text{ Min}^2$

Oft erfordert es einen hohen Rechenaufwand, die quadrierten Abstände vom arithmetischen Mittel zu summieren, insb. wenn das arithmetische Mittel keine ganze Zahl ist. Einfacher lässt sich die empirische Varianz wie folgt berechnen:

Satz 7.5
Für die empirische Varianz aus einer Urliste gilt:

$$s_x^2 = \left(\frac{1}{n} \sum_{i=1}^{n} x_i^2 \right) - \overline{x} \cdot \overline{x}$$

Sind die Daten schon tabelliert, dann müssen die einzelnen quadrierten Abstände mit den Häufigkeiten gewichtet werden, so dass sich die empirische Varianz aus tabellierten Daten wie folgt berechnet:

Definition 7.6
Die **empirische Varianz** aus den Daten $x_1, \ldots, x_m$ mit den jeweiligen absoluten Häufigkeiten $n_1, \ldots, n_m$ ist folgende Maßzahl:

$$s^2 = \frac{1}{n} \left[(x_1 - \overline{x})^2 \cdot n_1 + \ldots + (x_m - \overline{x})^2 \cdot n_m \right]$$

Beispiel 7.7 (Fortsetzung von Beispiel 6.4)
An dreißig Tagen wurde in einem Ort Werte der Variablen $X =$ „tägliche Niederschlagsmenge (in mm)" beobachtet:

i	x_i	n_i	$x_i \cdot n_i$	$(x_i - \overline{x})^2$	$n_i \cdot (x_i - \overline{x})^2$
1	0	9	0	43,56	392,04
2	5	6	30	2,56	15,36
3	8	6	48	1,96	11,76
4	10	6	60	11,56	69,36
5	20	3	60	179,56	538,68
		$n = 30$	198		1 027,2

Somit hat der Datensatz folgende Kennzahlen:

$$\overline{x} = \frac{198}{30} = 6{,}6$$

$$s_x^2 = \frac{1\,027{,}2}{30} = 34{,}24$$

d.h. durchschnittlich hat es 6,6 mm am Tag geregnet und die Varianz betrug 34,24 mm^2.

Definition 7.8
Liegen klassierte Daten vor, so berechnet sich die **empirische Varianz** näherungsweise aus den Klassenmitten $x_1', \ldots, x_k'$ und den zugehörigen absoluten Häufigkeiten $n_1, \ldots, n_k$ wie folgt:

$$s^2 \approx \frac{1}{n} \left[(x_1' - \overline{x})^2 \cdot n_1 + \ldots + (x_k' - \overline{x})^2 \cdot n_k \right].$$

Beispiel 7.9 (Fortsetzung von Beispiel 6.6)

■ Für den Datensatz der Variablen X = „Schadenshöhe (in GE) bei Steuerkriminalität" aus dem Beispiel 6.6 ergibt sich mit $\overline{x} = 56\,660$ folgende empirische Varianz:

$$s_x^2 \approx \frac{1}{150}\left[(x_1' - \overline{x})^2 \cdot n_1 + \ldots + (x_{10}' - \overline{x})^2 \cdot n_{10}\right]$$
$$= 3\,712\,984\,400$$

d.h. die Varianz beträgt etwa $3\,712\,984\,400$ GE^2.

■ Für den Datensatz der Variablen Y = „Schadenshöhe (in GE) bei Bankraub" aus dem Beispiel 6.6 ergibt sich mit $\overline{y} = 14\,320$ folgende empirische Varianz:

$$s_y^2 \approx \frac{1}{200}\left[(y_1' - \overline{y})^2 \cdot n_1 + \ldots + (y_9' - \overline{y})^2 \cdot n_9\right]$$
$$= 486\,667\,600$$

d.h. gemessen mit der Varianz schwankt die Schadenshöhe bei Steuerkriminalität fast um das Achtfache gegenüber der Schadenshöhe bei Bankraub.

7.1.2 Standardabweichung

Die Messeinheit der Varianz ist die ursprüngliche Messeinheit zum Quadrat. Wurden die Daten z.B. in kg erhoben, so hat die Varianz die Messeinheit kg · kg.

Wird aus der Varianz die Wurzel gezogen, so hat diese Maßzahl dieselbe Messeinheit wie der Datensatz.

Definition 7.10
Die **empirische Standardabweichung** s ist die Wurzel aus der empirischen Varianz:

$$s = \sqrt{s^2}$$

Beispiel 7.11

■ Die empirische Standardabweichung des Datensatzes $(2,2,2,3,1)$ aus Beispiel 7.1 beträgt $s_x = \sqrt{0{,}4} = 0{,}632\,456$ Stunden.

■ Die empirische Standardabweichung des Datensatzes $(1,5,2,1,1)$ aus Beispiel 7.1 beträgt $s_y = \sqrt{2{,}4} = 1{,}549\,193$ Stunden.

- Die empirische Standardabweichung des Datensatzes der Variablen $X=$„tägliche Niederschlagsmenge (in mm)" aus Beispiel 7.7 beträgt $s = \sqrt{34{,}24} = 5{,}85$ mm.

- Die empirische Standardabweichung des Datensatzes der Variablen $X=$ „Schadenshöhe bei Steuerkriminalität" aus Beispiel 6.6 beträgt $s_x \approx \sqrt{3\,712\,984\,400} = 60\,934$ GE.

- Die empirische Standardabweichung des Datensatzes der Variablen $Y=$ „Schadenshöhe bei Bankraub" aus Beispiel 6.6 beträgt $s_y \approx \sqrt{486\,667\,600} = 22\,061$ GE.

Die Standardabweichung ist als Maßzahl für die Schwankungen eines Datensatzes plausibler zu interpretieren als die Varianz, da die Standardabweichung dieselbe Messeinheit (z.B. €, kg, usw.) hat wie die statistische Variable, während die Messeinheit der Varianz €², kg², usw. ist.

7.1.3   Quartilsabstand

Liegen in einem klassierten Datensatz Flügelklassen vor, d.h. die erste Klassenuntergrenze und/oder die letzte Klassenobergrenze sind unbekannt, so lässt sich die empirische Varianz nicht berechnen. Um aber dennoch die Schwankungen der Daten beurteilen zu können, werden die beiden Werte ermittelt, zwischen denen die mittigen 50 Prozent aller Beobachtungswerte liegen:

Definition 7.12
Als **Quartilsabstand**

$$x_{0,75} - x_{0,25}$$

eines Datensatzes wird die Differenz zwischen dem 75 Prozentpunkt und dem 25 Prozentpunkt bezeichnet.

Sollte jedoch einer der beiden Quartile in einer Flügelklasse liegen, so lässt sich der Quartilsabstand nicht berechnen.

Beispiel 7.13
Es wurden fünfundzwanzig Studierende befragt, wie viele Stunden sie pro Woche zur Nachbereitung der Mathematik-Vorlesungen einsetzen.

Weiter wurden zwanzig Studierende befragt, wie viele Stunden sie pro Woche für die Nachbereitung der Statistik-Vorlesungen einsetzen.

Es ergaben sich folgende Daten:

Nachbereitungszeit (in Stunden)	Mathematik Anzahl	Statistik Anzahl
bis 5	5	5
über 5 bis 10	8	5
über 10 bis 12	7	8
über 12	5	2

In welchem Fach sind die Unterschiede in der Nachbereitungszeit stärker?

Für X = „wöchentliche Nachbereitungszeit (in h) eines Studierenden für Mathematik-Vorlesungen" und Y = „wöchentliche Nachbereitungszeit (in h) eines Studierenden für Statistik-Vorlesungen" ergeben sich folgende kumulierten relativen Häufigkeiten:

Klasse	n_j^X	n_j^X/n	$F(x_j)$	n_j^Y	n_j^Y/n	$F(y_j)$
≤ 5	5	0,20	0,20	5	0,25	0,25
$5-10$	8	0,32	0,52	5	0,25	0,50
$10-12$	7	0,28	0,80	8	0,40	0,90
>12	5	0,20	1,00	2	0,10	1,00
$\sum$	25	1,00		20	1,00	

Mit der Formel 2.17 ergeben sich die folgenden Quartile für die Variable X:

$$x_{0,25} \approx 5 + \frac{0,25 - 0,20}{0,32} \cdot 5 \approx 5{,}7813$$

$$x_{0,75} \approx 10 + \frac{0,75 - 0,52}{0,28} \cdot 2 \approx 11{,}6429$$

Somit beträgt der Quartilsabstand:

$$x_{0,75} - x_{0,25} \approx 11{,}6429 - 5{,}7813 = 5{,}8616$$

Mit der Formel 2.17 ergeben sich die folgenden Quartile für die Variable Y:

$$y_{0,25} \approx 5$$

$$y_{0,75} \approx 10 + \frac{0,75 - 0,50}{0,40} \cdot 2 = 11{,}25$$

Somit beträgt der Quartilsabstand:

$$y_{0,75} - y_{0,25} \approx 11{,}25 - 5 = 6{,}25$$

d.h. die individuellen Nachbereitungszeiten in Statistik unterscheiden sich mehr als die in Mathematik.

Grafisch können die Schwankungen eines Datensatzes in einem Boxplot (vgl. Kapitel 2.6) dargestellt werden.

7.1.4   Variationskoeffizient

Die Schwankungen eines Datensatzes lassen sich auch in Prozent angeben, statt wie bisher in der ursprünglichen Messeinheit.

Beispiel 7.14

■ Ein US-Amerikaner geht im Durchschnitt pro Tag 200 m zu Fuß. (Im Vergleich: Ein Bundesbürger geht im Durchschnitt pro Tag etwa 750 m zu Fuß, also das 3,75-Fache.) Ein Rate-Team von fünf Personen soll diese Gehstrecke erraten. Das Rate-Team rät wie folgt:

$$x_1, \ldots, x_5 = 190, 210, 200, 220, 180$$

d.h. im Durchschnitt hat das Rate-Team die Gehstrecke richtig erraten:

$$\overline{x} = 200$$

Das Team rät den unbekannten Wert mit Abweichungen zwischen 5 und 10 Prozent.

Wird als Maß für die Treffsicherheit die empirische Standardabweichung dieses Datensatzes berechnet, so ergibt sich:

$$s_x = \sqrt{\frac{1}{5}\left[(-10)^2 + 10^2 + 0 + 20^2 + (-20)^2\right]} = \sqrt{200} = 14{,}14 \text{ m.}$$

■ Ein zweites Rate-Team soll die durchschnittliche tägliche Gehstrecke von 2 000 m in einem anderen Land erraten. Das fünf-köpfige Rate-Team rät wie folgt:

$$y_1, \ldots, y_5 = 1\,990, 2\,010, 2\,000, 2\,020, 1\,980$$

d.h. im Durchschnitt hat das Rate-Team die Gehstrecke richtig erraten:

$$\overline{y} = 2\,000$$

Das Team rät den unbekannten Wert mit Abweichungen zwischen 0,5 und 1 Prozent.

Wird als Maß für die Treffsicherheit die empirische Standardabweichung dieses Datensatzes berechnet, so erhalten wir ebenfalls den Wert 14,14 m:

$$s_y = \sqrt{\frac{1}{5}\left[(-10)^2 + 10^2 + 0 + 20^2 + (-20)^2\right]} = \sqrt{200} = 14{,}14 \text{ m}.$$

d.h. die empirische Standardabweichung (und ebenso die empirische Varianz) ist nicht geeignet aufzuzeigen, dass das zweite Rate-Team mit Abweichungen von 0,5 bis 1 Prozent eine höhere Treffsicherheit hat als das erste Team.

Definition 7.15
Wird die empirische Standardabweichung ins Verhältnis zum arithmetischen Mittel gesetzt:

$$v_x = \frac{s_x}{\overline{x}}$$

so heißt diese Maßzahl **Variationskoeffizient**.

Der Variationskoeffizient gibt die Streuung eines Datensatzes prozentual vom arithmetischen Mittel an. Statt v_x schreiben wir auch kurz v.

Beispiel 7.16 (Fortsetzung von Beispiel 7.14)
■ Für den Datensatz 190,210,200,220,180 aus Beispiel 7.14 ergibt sich der folgende Variationskoeffizient:

$$v_x = \frac{14{,}14}{200} = 0{,}0707 \approx 7{,}1\%$$

d.h. das erste Rate-Team rät mit Schwankungen von etwa 7,1 Prozent des arithmetischen Mittelwertes.

■ Für den Datensatz 1 990,2 010,2 000,2 020,1 980 aus Beispiel 7.14 ergibt sich der folgende Variationskoeffizient:

$$v_y = \frac{14{,}14}{2\,000} = 0{,}0071 \approx 0{,}7\%$$

d.h. das zweite Rate-Team rät mit Schwankungen von etwa 0,7 Prozent des arithmetischen Mittelwertes. Insb. ist die relative Streuung ist im zweiten Datensatz geringer als im ersten Datensatz.

⚠Als Maßzahl für die Schwankungen eines Datensatzes ist der Variationskoeffizient der Standardabweichung vorzuziehen, wenn zwei Datensätze vorliegen, bei denen die arithmetischen Mittel „weit" auseinander liegen.

Beispiel 7.17
Der sogenannte Gender-Gap ist auch in der BRD anzutreffen. Laut Statistischen Bundesamt in Wiesbaden betrug im Jahr 2009 der durchschnittliche Stundenlohn weiblicher Beschäftigter 14,90 Euro, während männliche Beschäftigte 19,40 Euro erhielten. D.h. Frauen bekamen im Schnitt einem um 23,2 Prozent geringeren Arbeitslohn als Männer.

Sollen die Schwankungen der Stundenlöhne von Frauen und Männern verglichen werden, so ist der Variationskoeffizient als Maßzahl heranzuziehen.

7.1.5   Relativer Quartilsabstand

Sollen die Schwankungen eines klassierten Datensatzes prozentual gemessen werden, so lässt sich der Variationskoeffizient nicht berechnen, wenn Flügelklassen vorliegen. Hier ist der sogenannte „relative Quartilsabstand" hilfreich:

Definition 7.18
Der **relative Quartilsabstand** ist:

$$\frac{x_{0,75} - x_{0,25}}{x_{0,50}}$$

Der relative Quartilsabstand wird auch als **Quartils-Dispersionskoeffizient** bezeichnet.

Beispiel 7.19 (Forsetzung von Beispiel 7.13)
- Der 50 Prozentpunkt in dem Datensatz der Variablen $X =$ „wöchentliche Nachbereitungszeit (in h) für Mathematik-Vorlesungen" aus Beispiel 7.13 beträgt gemäß der Formel 2.17:

$$x_{0,50} \approx 5 + \frac{0,5 - 0,2}{0,32} \cdot 5 = 9,6875$$

Somit beträgt der relative Quartilsabstand:

$$\frac{x_{0,75} - x_{0,25}}{x_{0,50}} = \frac{11,6429 - 5,7813}{9,6875} = 0,6051$$

d.h. die Schwankungen der Nachbereitungszeit für Mathematik betragen in etwa 61 Prozent des Medians.

■ Der 50 Prozentpunkt in dem Datensatz der Variablen $Y =$ „wöchentliche Nachbereitungszeit (in h) für Statistik-Vorlesungen" aus Beispiel 7.13 beträgt gemäß der Formel 2.17:

$$y_{0,50} = 10$$

Somit beträgt der relative Quartilsabstand:

$$\frac{y_{0,75} - y_{0,25}}{y_{0,50}} = \frac{11{,}25 - 5}{10} = 0{,}625$$

d.h. gemessen mit dem relativen Quartilsabstand sind die Unterschiede in den Nachbereitungszeiten für Statistik größer.

⚠ Als Maßzahl für die Schwankungen eines Datensatzes ist der relative Quartilsabstand der Standardabweichung vorzuziehen, wenn zwei Datensätze vorliegen, bei denen die Mediane „weit" auseinander liegen.

7.1.6   Spannweite

Eine sehr anschauliche Maßzahl für die Stärke des Schwankens von Daten in einem Datensatz einer metrisch skalierten Variablen ist die sogenannte „Spannweite":

Definition 7.20
Die Differenz

$$x_{\max} - x_{\min}$$

zwischen dem größten und dem kleinsten Wert in einem Datensatz wird als **Spannweite** bezeichnet.

Beispiel 7.21
Für den Datensatz $5, 8, 9, 3, 12, -2, 8$ (gemessen in Grad Celsius) beträgt die Spannweite:

$$x_{\max} - x_{\min} = 12 - (-2) = 14$$

d.h. die Spannweite der Temperatur in dem Datensatz beträgt 14 Grad Celsius.

Die Spannweite lässt sich aus klassierten Daten nicht berechnen.

7.2   Theoretische Streuungsparameter

Theoretischen Streuungsparametern liegt keine Stichprobe zugrunde, sondern die Wahrscheinlichkeitsverteilung einer Zufallsvariablen. Theoretische Streuungsparameter geben auf der Zahlenskala in etwa die Größe des relevanten Bereichs für die theoretische Verteilung der Zufallsvariablen an.

7.2.1   Varianz

Soll ein theoretischer Streuungsparameter einer Zufallsvariablen berechnet werden, so muss die Wahrscheinlichkeitsverteilung der Zufallsvariablen bekannt sein.

Definition 7.22
X sei eine diskrete Zufallsvariable mit den Realisationsmöglichkeiten x_i und der zugehörigen Wahrscheinlichkeitsfunktion $f(x_i) = P(X = x_i)$. Dann heißt:

$$V[X] = \sum_i (x_i - \mu)^2 \cdot f(x_i)$$

die **(theoretische) Varianz** von X.

Ist die Varianz einer Zufallsvariablen klein, so schwanken die Realisationsmöglichkeiten nicht so stark.

Beispiel 7.23
Für drei Wertpapiere soll geklärt werden, welches Wertpapier das risikoärmste Wertpapier ist. Dabei bezeichnen die Zufallsvariablen $X=$ „Rendite (in %) von Wertpapier I" und $Y=$ „Rendite (in %) von Wertpapier II" und $Z=$ „Rendite (in %) von Wertpapier III". In einem einfachen Modell sollen die Renditen wie folgt vom (steigenden ↑ oder fallenden ↓) Dollarkurs und Ölpreis abhängen:

	Ölpreis ↑ Dollarkurs ↑ Wkt.=0,3	Ölpreis ↓ Dollarkurs ↑ Wkt.=0,2	Ölpreis ↑ Dollarkurs ↓ Wkt.=0,3	Ölpreis ↓ Dollarkurs ↓ Wkt.=0,2
x_i	19	7	13	10
y_i	14	10	12	11
z_i	16	8	12	10

Welches Wertpapier ist risikoärmer?

Zur Beantwortung der Frage berechnen wir die theoretische Varianz. Sie misst die Abweichungen nach unten und nach oben von der im Mittel zu erwartenden Rendite. (Abweichungen nach oben stellen für ein Wertpapier kein Risiko dar, trotzdem berechnen wir vorerst die Varianz zur Beantwortung der Frage, bevor wir weitere Risikomaße kennen lernen).

Der Erwartungswert von Wertpapier I beträgt:

$$E[X] = 19 \cdot 0{,}3 + 7 \cdot 0{,}2 + 13 \cdot 0{,}3 + 10 \cdot 0{,}2 = 13$$

Als Varianz ergibt sich somit:

$$\begin{aligned} V[X] &= (19 - 13)^2 \cdot 0{,}3 + (7 - 13)^2 \cdot 0{,}2 \\ &+ (13 - 13)^2 \cdot 0{,}3 + (10 - 13)^2 \cdot 0{,}2 = 19{,}8 \end{aligned}$$

Insgesamt erhalten wir folgende Werte:

	Erwartungswert	Varianz
X	13	19,8
Y	12	2,2
Z	12	8,8

d.h. Wertpapier II birgt das kleinste Risiko.

Ausblick: Die Wahrscheinlichkeit, eine Rendite kleiner als die erwartete Rendite zu erhalten, beträgt für alle drei Wertpapiere $0{,}2 + 0{,}2 = 0{,}4 = 40\%$. Diese Maßzahl wird auch als zeroth **lower partial moment** bezeichnet, kurz LPM(0).

Werden bei der Formel zur Berechnung der Varianz nur Renditen berücksichtigt, die unter der erwarteten Rendite liegen, so ergibt sich:

Wertpapier I: $(7 - 13)^2 \cdot 0{,}2 + (10 - 13)^2 \cdot 0{,}2 = 9$

Wertpapier II: $(10 - 12)^2 \cdot 0{,}2 + (11 - 12)^2 \cdot 0{,}2 = 1$

Wertpapier III: $(8 - 12)^2 \cdot 0{,}2 + (10 - 13)^2 \cdot 0{,}2 = 4$

Diese Maßzahlen werden auch als second lower partial moments bezeichnet, kurz LPM(2). Gemessen mit dieser Maßzahl hat ebenfalls das Wertpapier II die geringsten Abweichungen; d.h. das geringste Risiko.

Die Varianz einer stetigen Zufallsvariablen ist über ein Integral zu berechnen:

Definition 7.24
X sei eine stetige Zufallsvariable mit der Dichtefunktion $f(x)$.
Dann heißt

$$V[X] = \int_{-\infty}^{+\infty} (x - \mu)^2 \cdot f(x)\, d(x)$$

die **(theoretische) Varianz** von X.

Beispiel 7.25 (Fortsetzung von Beispiel 5.18)
Die Zufallsvariable $X = $ „Abweichung (in mm) von der Norm"
aus Beispiel 5.18 mit dem Erwartungswert null besitzt folgende
Varianz:

$$\begin{aligned}
V[X] &= \int_{-\infty}^{+\infty} (x - \mu)^2 f(x)\, d(x) \\
&= \int_{-1}^{+1} (x - 0)^2 (\frac{3}{4} - \frac{3}{4}x^2)\, d(x) \\
&= \int_{-1}^{+1} x^2 (\frac{3}{4} - \frac{3}{4}x^2)\, d(x) \\
&= \int_{-1}^{+1} (\frac{3}{4}x^2 - \frac{3}{4}x^4)\, d(x) \\
&= \left[\frac{1}{4}x^3 - \frac{3}{20}x^5 \right]_{-1}^{+1} \\
&= \tfrac{1}{4} - \tfrac{3}{20} + \tfrac{1}{4} - \tfrac{3}{20} \\
&= \tfrac{2}{10}
\end{aligned}$$

d.h. die quadrierten Abweichungen vom Erwartungswert betragen im Mittel 0,2 mm^2.

Allgemein hat die Varianz folgende Eigenschaften:

Satz 7.26
- $V[a + bX] = b^2 \cdot V[X];\ b \in \mathbb{R}$

- $V[X + Y] = V[X] + V[Y]$, falls X, Y stochastisch unabhängig sind.

Beispiel 7.27 (Fortsetzung von Beispiel 5.18)
Würde die Zufallsvariable $X = $ „Abweichung (in mm) von der
Norm" aus Beispiel 5.18 nicht in Millimetern, sondern in Zenti-

metern erfasst, also $Y = $ „Abweichung (in cm) von der Norm",
so betrüge die Varianz (vgl. Beispiel 7.25):

$$V[Y] = V[0{,}1 \cdot X] = 0{,}1^2 \cdot V[X] = 0{,}01 \cdot 0{,}2 = 0{,}002 \text{ cm}^2.$$

Die Messeinheit einer Varianz ist die ursprüngliche Messeinheit
zum Quadrat.

7.2.2 Standardabweichung

Als weitere theoretische Maßzahl für die Schwankungen der Verteilung einer Zufallsvariablen wird die Wurzel aus der Varianz
betrachtet:

Definition 7.28
X sei eine Zufallsvariable mit der Varianz $V[X]$. Dann wird die
Wurzel aus der Varianz:

$$\sqrt{V[X]}$$

als (**theoretische**) **Standardabweichung** bezeichnet.

Häufig wird für die theoretische Standardabweichung $\sqrt{V[X]}$ auch
der griechische Buchstabe σ (lies: sigma) verwendet.

Beispiel 7.29 (Fortsetzung von Beispiel 7.23)
- Die Standardabweichung der Rendite des ersten Wertpa-
  piers aus Beispiel 7.23 lautet: $\sigma = \sqrt{19{,}8} = 4{,}45$ Prozent.

- Die Standardabweichung der Rendite des zweiten Wertpapiers aus Beispiel 7.23 lautet: $\sigma = \sqrt{2{,}2} = 1{,}48$ Prozent.

- Die Standardabweichung der Rendite des dritten Wertpapiers aus Beispiel 7.23 lautet: $\sigma = \sqrt{8{,}8} = 2{,}97$ Prozent.

Die Standardabweichung hat dieselbe Messeinheit wie die Zufallsvariable X, während die Varianz die quadrierte Messeinheit aufweist.

7.3 Zusammenfassung

Zur Berechnung einer theoretischen Varianz oder einer theoretischen Standardabweichung wird eine Wahrscheinlichkeitsverteilung benötigt.

Für einen Datensatz haben wir zusammengefasst folgende empirischen Streuungsparameter zur Verfügung:

	Skalierung		
	nominal	ordinal	metrisch
Spannweite			×
emp. Standardabw.			×
emp. Varianz			×
Quartilsabstand			×
Variationskoeff.			×
rel. Quartilsabstand			×

Prüfungstipps

Wird in einer Klausur nach den Schwankungen oder der Streuung einer Verteilung gefragt, so ist ein Streuungsparameter zu berechnen.

■ Die Stärke der Unterschiede in einem Datensatz berechnen die Streuungsparameter empirische Standardabweichung, empirische Varianz, Quartilsabstand, Spannweite. Liegen bei klassierten Daten Flügelklassen vor, so kann von diesen Streuungsparametern lediglich der Quartilsabstand berechnet werden.

■ Die Streuungsparameter relativer Quartilsabstand und Variationskoeffizient vergleichen die Unterschiede zweier Datensätze miteinander in Prozent. Liegen bei klassierten Daten Flügelklassen vor, so kann der Variationskoeffizient nicht berechnet werden.

8 Parameter bivariater Verteilungen

Lernziele

In diesem Kapitel lernen Sie

■ für einen bivariaten Datensatz die Zusammenhangsmaße Kovarianz, Korrelationskoeffizient und Bestimmtheitsmaß sowie

■ die einfache lineare Regression und die Umkehrregression kennen.

Wir wissen bereits, wie für einen univariaten Datensatz (das sind Datensätze, bei denen Beobachtungen aus genau einer Variable vorliegen) Kennzahlen bestimmt werden. Wünschenswert ist es, auch für bivariate Datensätze (das sind Datensätze, bei denen pro Merkmalsträger Beobachtungen aus genau zwei Variablen vorliegen) zusammenfassende Parameter angeben zu können.

Ein bivariater Datensatz darf nicht verwechselt werden mit zwei univariaten Datensätzen. Wurden z.B. Frauen und Männer befragt, wie groß sie sind, so liegen zwei univariate Datensätze vor: Einmal ein Datensatz mit den beobachteten Körpergrößen der Frauen und einmal ein Datensatz mit den beobachteten Körpergrößen der Männer. Wurden hingegen von einer Frau z.B. Körpergröße und Schuhgröße erfragt, so hat jede befragte Frau zwei Antworten gegeben, d.h. pro Frau/pro Merkmalsträger liegen zwei Werte vor, die einen bivariaten Datensatz darstellen.

8.1 Empirische Kovarianz

Ein bivariater Datensatz lässt sich übersichtlich in einem Streudiagramm darstellen (vgl. Kapitel 3.1). Im Wesentlichen werden in einem Streudiagramm drei Formen unterschieden:

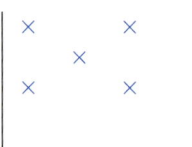

Streudiagramm	Streudiagramm	Streudiagramm

kleine x-Werte
gehen sowohl mit
kleinen als auch
mit großen y-Wer-
ten einher; d.h.
„kein" linearer
Zusammenhang

kleine x-Werte
gehen einher
mit kleinen
y-Werten,
große x-Werte
gehen einher
mit großen
y-Werten; d.h.
„positiver"
linearer
Zusammenhang

kleine x-Werte
gehen einher
mit großen
y-Werten,
große x-Werte
gehen einher
mit kleinen
y-Werten; d.h.
„negativer"
linearer
Zusammenhang

Gesucht ist ein Maß für den Zusammenhang der x-Werte und der y-Werte in einem bivariaten Datensatz $(x_1, y_1), \ldots, (x_n, y_n)$.

Beispiel 8.1 (Fortsetzung von Beispiel 3.1)

Für das Beispiel 3.1 $X =$„Anteil junger Führerscheininhaber" und $Y = $„Anteil tödlicher Unfälle" interessiert, ob mit wachsendem Anteil junger Fahrer der Anteil tödlicher Unfälle zunimmt. Zur Beantwortung der Frage wird das Streudiagramm aus Beispiel 3.1 in vier Quadranten unterteilt, indem die arithmetischen Mittel $\bar{x} = \frac{149}{12} = 12{,}41\overline{6} \approx 12{,}4$ und $\bar{y} = \frac{24{,}6}{12} = 2{,}05 \approx 2{,}1$ als Hilfslinien eingezeichnet werden:

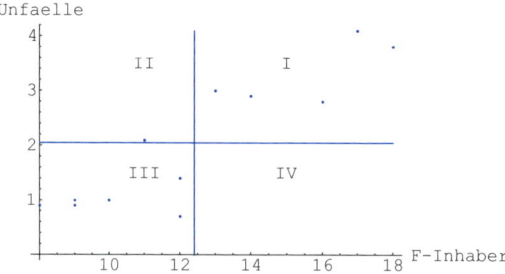

Streudiagramm mit Hilfsgrößen $\bar{x}$ und $\bar{y}$

Die vier Quadranten werden nummeriert, hier gegen den Uhrzeigersinn. Je nachdem in welchem Quadranten ein Beobachtungspaar (x_i, y_i) liegt, hat das Produkt $(x_i - \overline{x}) \cdot (y_i - \overline{y})$ ein positives oder negatives Vorzeichen:

Quadrant I   : $x_i > \overline{x}, y_i > \overline{y} \Rightarrow (x_i - \overline{x})(y_i - \overline{y}) > 0$
Quadrant II   : $x_i < \overline{x}, y_i > \overline{y} \Rightarrow (x_i - \overline{x})(y_i - \overline{y}) < 0$
Quadrant III : $x_i < \overline{x}, y_i < \overline{y} \Rightarrow (x_i - \overline{x})(y_i - \overline{y}) > 0$
Quadrant IV : $x_i > \overline{x}, y_i < \overline{y} \Rightarrow (x_i - \overline{x})(y_i - \overline{y}) < 0$

Werden die Produkte aufsummiert, so hat die Summe das folgende Vorzeichen:

- Liegen die Punkte hauptsächlich in den Quadranten I und III, so ist die Summe der Produkte positiv.

- Liegen die Punkte hauptsächlich in den Quadranten II und IV, so ist die Summe der Produkte negativ.

- Sind die Punkte gleichmäßig über alle vier Quadranten verteilt, so heben sich positive und negative Summanden weitgehend auf. Die Summe der Produkte wird ungefähr null.

Fazit: Nach der oben eingeführten Bezeichnung „positiver" und „negativer" Zusammenhang deuten im Beispiel 8.1 Punkte im ersten und dritten Quadranten (I und III) auf einen positiven Zusammenhang hin, Punkte im zweiten und vierten Quadranten (II und IV) dagegen auf einen negativen.

Das arithmetische Mittel dieser Produkte ist daher ein plausibles Zusammenhangsmaß:

Definition 8.2
Die **empirische Kovarianz** der Variablen X und Y ist der aus den Daten $(x_1, y_1), \ldots, (x_n, y_n)$ berechnete Parameter:

$$s_{xy} = \frac{1}{n} \sum_{i=1}^{n} (x_i - \overline{x})(y_i - \overline{y})$$

Der Parameter s_{xy} wird auch als die die Kovarianz der x- und y-Werte bezeichnet. Die Kovarianz liegt im Intervall $(-\infty; +\infty)$.

Einfacher lässt sich die empirische Kovarianz mit folgender Formel berechnen:

Satz 8.3
Für den bivariaten Datensatz $(x_1, y_1), (x_2, y_2), \ldots, (x_n, y_n)$ gilt:

$$s_{xy} = \frac{1}{n} \left(\sum_{i=1}^{n} x_i \cdot y_i \right) - \overline{x} \cdot \overline{y}$$

Beispiel 8.4 (Fortsetzung von Beispiel 8.1)
In dem Beispiel 8.1 mit dem Anteil junger Führerscheininhaber und dem Anteil tödlicher Unfälle ergibt sich der folgende Wert für die Kovarianz:

$$s_{xy} = \frac{1}{12} [13 \cdot 3{,}0 + 12 \cdot 0{,}7 + \ldots + 9 \cdot 0{,}9] - 12{,}416\,67 \cdot 2{,}05$$

$$= \frac{345{,}1}{12} - 25{,}45417 = 3{,}304\,167$$

d.h. es liegt ein positiver linearer Zusammenhang vor; je mehr junge Fahrer desto mehr tödliche Unfälle.

Das Vorzeichen einer Kovarianz gibt die Richtung des linearen Zusammenhangs an.

Beispiel 8.5
Für ein Produkt wurden an fünf Tagen die beiden Variablen $X=$„Preis des Produkts in GE pro ME" und $Y=$„Absatz des Produkts in ME" beobachtet: $(2,11), (3,10), (4,10), (5,8), (6,7)$.

Wird mit steigendem Preis weniger abgesetzt?

Als arithmetische Mittel ergeben sich:

$$\overline{x} = \frac{20}{5} = 4$$

$$\overline{y} = \frac{46}{5} = 9{,}2$$

Als Kovarianz ergibt sich somit:

$$s_{xy} = \frac{1}{5}[2 \cdot 11 + 3 \cdot 10 + 4 \cdot 10 + 5 \cdot 8 + 6 \cdot 7] - 4 \cdot 9{,}2 = \frac{174}{5} - 36{,}8 = -2$$

d.h. es gibt einen negativen linearen Zusammenhang zwischen dem Preis und der Absatzmenge; d.h. je höher der Preis, desto weniger wurde von dem Produkt abgesetzt.

Für tabellierte Datensätze ist die Kovarianz wie folgt erklärt:

Definition 8.6
Die **empirische Kovarianz** der tabellierten Daten mit den jeweiligen absoluten Häufigkeiten n_{ij} ist:

$$s_{xy} = \frac{1}{n} \sum_{i=1} \sum_{j=1} (x_i - \overline{x})(y_j - \overline{y}) n_{ij}$$

Einfacher lässt sich die Kovarianz für tabellierte Daten wie folgt berechnen:

Satz 8.7
Für einen tabellierten bivariaten Datensatz mit den absoluten Häufigkeiten n_{ij} gilt:

$$s_{xy} = \left(\frac{1}{n} \sum_{i=1} \sum_{j=1} x_i \cdot y_j \cdot n_{ij} \right) - \overline{x} \cdot \overline{y}$$

Beispiel 8.8
Einhundert Konsumenten der beiden Produkte A, B wurden befragt, wie hoch ihre monatlichen Ausgaben (in GE) für die beiden Produkte sind. Mit den Variablen $X = $ „monatliche Ausgaben (in GE) eines Konsumenten für Produkt A" und $Y = $ „monatliche Ausgaben (in GE) eines Konsumenten für Produkt B" ergaben sich die folgenden Daten:

X	Y 4,0	5,0	5,5	6,0	$\sum$
6,0	10	8	2	0	20
6,5	8	10	4	2	24
7,0	5	8	10	5	28
7,5	2	6	12	8	28
$\sum$	25	32	28	15	100

Als arithmetische Mittel ergeben sich:

$$\overline{x} = \frac{1}{100} [6 \cdot 20 + 6,5 \cdot 24 + 7 \cdot 28 + 7,5 \cdot 28] = \frac{682}{100} = 6,82$$

$$\overline{y} = \frac{1}{100} [4 \cdot 25 + 5 \cdot 32 + 5,5 \cdot 28 + 6 \cdot 15] = \frac{504}{100} = 5,04$$

d.h. im Durchschnitt betragen die monatlichen Ausgaben 6,82 GE für Produkt A und 5,04 GE für Produkt B. Als Kovarianz ergibt sich:

$$
\begin{aligned}
s_{xy} &= \frac{1}{100}\,(6 \cdot 4 \cdot 10 + 6 \cdot 5 \cdot 8 + 6 \cdot 5{,}5 \cdot 2 + \\
&\quad \ldots + 7{,}5 \cdot 6 \cdot 8) - 6{,}82 \cdot 5{,}04 \\
&= 0{,}1772
\end{aligned}
$$

d.h. es liegt ein positiver Zusammenhang vor, je mehr Geld für Produkt A ausgegeben wird, umso mehr Geld wird auch für Produkt B ausgegeben.

⚠Durch die Veränderung der Messeinheit (z.B. von kg in g) ändert sich auch der Wert der empirischen Kovarianz, so dass die Kovarianz als Maß für die Stärke eines linearen Zusammenhangs nicht geeignet ist.

8.2   Empirischer Korrelationskoeffizient

Um eine Maßzahl für den linearen Zusammenhang zu erhalten, die neben der Richtung (positiv oder negativ) auch die Stärke angibt, wird die Kovarianz dividiert durch die beiden Standardabweichungen:

Definition 8.9
Der **empirische Korrelationskoeffizient** (von Bravais-Pearson) r_{xy} der Variablen X und Y ist der aus den Daten $(x_1, y_1), \ldots, (x_n, y_n)$ berechnete Parameter:

$$
r_{xy} = \frac{s_{xy}}{s_x \cdot s_y}
$$

Der Parameter r_{xy} wird auch als Korrelationskoeffizient der x- und y-Werte bezeichnet. Statt r_{xy} schreiben wir auch kurz r.

Die Division durch die Standardabweichungen bewirkt, dass der Korrelationskoeffizient in dem Intervall [-1;+1] liegt:

Satz 8.10
Der empirische Korrelationskoeffizient hat folgende Eigenschaften:

- $-1 \leq r_{xy} \leq 1$

- $r_{xy} = \pm 1$ genau dann, wenn alle Punkte (x_i, y_i) auf einer Geraden liegen

- r_{xy} ist invariant gegenüber linearen Transformationen (also insb. bei Veränderung der Messeinheit von z.B. g in kg verändert sich der Wert des Korrelationskoeffizienten nicht)

Üblicherweise wird die Stärke einer Korrelation anhand des Wertes des empirischen Korrelationskoeffizienten wie folgt interpretiert:

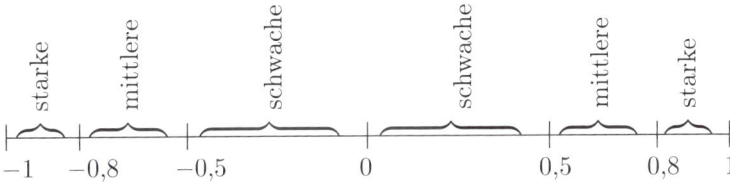

Eine hohe Korrelation zwischen zwei Variablen X, Y sagt nichts darüber aus, ob die Variable X linear abhängt von der Variablen Y oder ob umgekehrt Y linear abhängt von X. Diese Entscheidung muss aufgrund inhaltlicher Überlegungen getroffen werden.

Beispiel 8.11 (Fortsetzung von Beispiel 8.1)
Die Korrelation für den Datensatz aus Beispiel 3.1 bzw. 8.1 der Variablen X=„Anteil junger Führerscheininhaber" und Y=„Anteil tödlicher Unfälle" beträgt:

$$r = \frac{3{,}304\,167}{\sqrt{9{,}909\,722} \cdot \sqrt{1{,}379\,167}} = 0{,}893\,764$$

d.h. es gibt einen starken positiven linearen Zusammenhang zwischen dem Anteil junger Führerscheininhaber und dem Anteil tödlicher Unfälle.

D.h. aus inhaltlichen Überlegungen kann festgehalten werden, dass mit steigendem Anteil junger Fahrer die tödlichen Unfälle zunehmen.

Der Korrelationskoeffizient lässt sich auch wie folgt berechnen:

Satz 8.12

Für den Korrelationskoeffizienten r nach Bravais-Pearson gilt:

$$r = \frac{n \cdot \left(\sum\limits_{i=1}^{n} x_i \cdot y_i \right) - \left(\sum\limits_{i=1}^{n} x_i \right) \cdot \left(\sum\limits_{i=1}^{n} y_i \right)}{\sqrt{\left[n \cdot \sum\limits_{i=1}^{n} x_i^2 - \left(\sum\limits_{i=1}^{n} x_i \right)^2 \right] \cdot \left[n \cdot \sum\limits_{i=1}^{n} y_i^2 - \left(\sum\limits_{i=1}^{n} y_i \right)^2 \right]}}$$

Es empfiehlt sich, für die Berechnung einer Korrelation eine Arbeitstabelle aufzustellen:

Beispiel 8.13 (Fortsetzung von Beispiel 8.5)
Für ein Produkt wurden an fünf Tagen die beiden Variablen $X=$„Preis des Produkts in GE pro ME" und $Y=$„Umsatz des Produkts in GE" beobachtet: (2,11),(3,10),(4,10), (5,8),(6,7).

Um für den bivariaten Datensatz $(x_1, y_1), \ldots (x_5, y_5)$ die Korrelation berechnen zu können, wird die folgende Arbeitstabelle aufgestellt:

i	x_i	y_i	$x_i \cdot y_i$	x_i^2	y_i^2
1	2	11	22	4	121
2	3	10	30	9	100
3	4	10	40	16	100
4	5	8	40	25	64
5	6	7	42	36	49
$\sum$	20	46	174	90	434

Mit der Arbeitstabelle ergibt sich die Korrelation gemäß Satz 8.12 wie folgt:

$$r = \frac{5 \cdot 174 - 20 \cdot 46}{\sqrt{5 \cdot 90 - 20^2} \cdot \sqrt{5 \cdot 434 - 46^2}} = -0{,}962\,250\,4$$

d.h. es liegt eine starke negative Korrelation vor; d.h. es gibt eine starke Tendenz dafür, dass mit steigendem Preis der Absatz des Produkts sinkt.

Wir werden in Satz 8.28 sehen, wie sich die Korrelation etwas einfacher als in Satz 8.12 dargestellt berechnen lässt.

⚠ Eine hohe Korrelation bedeutet nicht automatisch, dass es einen kausalen Zusammenhang zwischen den beiden Variablen geben muss.

Beispiel 8.14
Wird für Männer in der BRD die Korrelation zwischen Haardichte (gemessen in Haarfollikeln pro cm^2) und Einkommen (in GE pro Monat) berechnet, so ergibt sich eine starke negative Korrelation.

Eine Umfrage unter zehn Männern ergab folgende Daten:

Alter	Haardichte	Einkommen
25	600	0
50	250	4 000
50	300	3 000
50	200	4 000
40	400	3 500
30	600	2 800
60	100	7 000
60	120	5 000
25	600	1 200
28	550	1 500

Der Korrelationskoeffizient nach Bravais-Pearson beträgt $-0{,}887$.

Da mit steigendem Alter das Einkommen zunimmt und die Haardichte abnimmt, sollte zur Berechnung der Korrelation zwischen Einkommen und Haardichte der Einfluss des Alters ausgeschaltet werden.

Werden nur Männer im gleichen Alter betrachtet, so ist die Korrelation nach Bravais-Pearson zwischen Haardichte und Höhe des Einkommens sehr schwach.

D.h. die starke Korrelation in Höhe von $-0{,}887$ ist auf das Alter zurückzuführen. Bei der berechneten Korrelation von $-0{,}887$ handelt es sich um eine sogenannte **Scheinkorrelation**.

Anmerkung: Um den Einfluss von Ausreißern (vgl. Definition 2.20) auszuschalten, kann auch die Korrelation zwischen den Rängen der Stichprobenwerte berechnet werden:

Beispiel 8.15

Im Jahr 2011 betrugen für die zehn Umsatz-stärksten Unternehmen der Welt der Umsatz (in Mrd. US-$) und der Gewinn (in Mrd. US-$) (Quelle: Fortune Global 500):

		Umsatz		Gewinn	
Unternehmen	Land	Mrd. US-$	Rang	Mrd. US-$	Rang
Royal Dutch Shell	NL	484,489	1	30,918	2
ExxonMobil	US	452,926	2	41,060	1
Walmart	US	446,950	3	15,699	6
BP	GB	386,463	4	25,700	4
Sinopec	CN	375,214	5	9,453	8
China National P.	CN	352,338	6	16,317	5
State Grid	CN	259,142	7	5,678	9
Chevron	US	245,621	8	26,895	3
ConocoPhillips	US	237,272	9	12,436	7
Toyota Motor	JP	235,364	10	3,591	10

Für den Datensatz der Ränge (1,2), (2,1), (3,6), (4,4), (5,8), (6,5), (7,9), (8,3), (9,7), (10,10) beträgt der Korrelationskoeffizient von Bravais-Pearson:

$$r = 0,673$$

Jedoch ist der Korrelationskoeffizient von Bravais-Pearson nur erklärt, wenn beide Variablen metrisch skaliert sind. Ränge sind ordinal skaliert. Die Korrelation 0,673 zwischen den Rangwerten wird als **Rangkorrelation nach Spearman** bezeichnet. Der Wert 0,673 besagt, es gibt eine mittelstarke Tendenz dafür, dass hohe Umsätze einher gehen mit hohen Gewinnen.

Ausblick: Die Berechnung von Assoziationsmaßen wie Rangkorrelation nach Spearman, Kendall-tau-b, Gamma oder Kontingenzkoeffizient (vgl. Agresti [2002]) orientiert sich an der Skalierung:

■ Rangkorrelation nach Spearman, falls X, Y metrisch oder ordinal oder dichotome Variablen sind.

■ Kendall-tau-b, falls X, Y metrisch oder ordinal oder dichotome Variablen sind.

■ Gamma-Koeffizient, falls X, Y metrisch oder ordinal oder dichotome Variablen sind.

■ Kontingenzkoeffizient, falls X, Y metrisch oder ordinal oder nominale Variablen sind.

8.3   Empirische Regressionsgerade

Wird für einen bivariaten Datensatz eine Gerade berechnet, die im Streudiagramm die Datenpunkte „gut" beschreibt, so lassen sich mit Hilfe der Geraden Prognosewerte angeben.

Gut beschreibt eine Gerade die Datenpunkte, wenn die Abweichungen der Punkte von der Geraden insgesamt möglichst klein sind. Es gibt verschiedene Ansätze, diese Abweichungen zu erfassen. Auf jeden Fall sollte so vorgegangen werden, dass sich positive und negative Abweichungen nicht gegenseitig aufheben.

Die **Methode der kleinsten Quadrate** legt eine Gerade derart durch die Datenpunkte, dass auf der Senkrechten die Summe der quadrierten Abstände der Datenpunkte von der Geraden minimal ist. Die so erhaltene Gerade wird als **Regressionsgerade** bezeichnet:

Satz 8.16
Die Methode der kleinsten Quadrate ergibt für die Regressionsgerade $f(x) = a_1 + b_1 x$ folgende Werte der Koeffizienten:

- $b_1 = \dfrac{s_{xy}}{s_x^2}$

- $a_1 = \overline{y} - b_1 \overline{x}$

Bemerkung: Der Beweis zu dem Satz 8.16 ist die Lösung der folgenden Optimierungsaufgabe: $\sum\limits_{i=1}^{n} [y_i - (a_1 + b_1 x_i)]^2 \overset{!}{=}$ minimal

Die Koeffizienten a_1 und b_1 der Regressionsgeraden werden als **Regressionskoeffizienten** bezeichnet und lassen sich wie folgt interpretieren:

- a_1 gibt den durch die Regressionsgerade berechneten y-Wert an für den Fall $x = 0$.

- b_1 gibt die Veränderung des y-Wertes in Einheiten an, wenn x um eine Einheit gesteigert wird.

Beispiel 8.17 (Fortsetzung von Beispiel 8.1)
Für den Datensatz der Variablen X = „Anteil junger Führerscheininhaber" und Y = „Anteil tödlicher Unfälle" aus dem Beispiel 8.1 soll ein Prognosewert berechnet werden.

■ Es ergeben sich die folgenden Regressionskoeffizienten:

$$b_1 = \frac{3{,}304\,167}{9{,}909\,722} \approx 0{,}333\,427$$

$$a_1 \approx 2{,}05 - 0{,}333\,427 \cdot 12{,}416\,67 = -2{,}090\,049$$

Die Regressionsgerade $f(x) = -2{,}090 + 0{,}333x$ verläuft wie folgt durch die Datenpunkte:

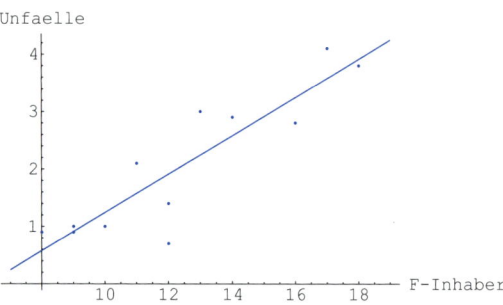

Streudiagramm mit Regressionsgeraden

■ Der Regressionskoeffizient $a_1 = -2{,}090$ lässt sich nicht interpretieren, weil es keine negativen Anteile tödlicher Unfälle geben kann.

■ Der Regressionskoeffizient $b_1 = 0{,}333$ lässt sich wie folgt interpretieren: Steigt der Anteil junger Führerscheininhaber um einen Prozentpunkt, so ereignet sich pro 3 000 Führerscheinlizenzen etwa ein tödlicher Unfall mehr.

■ Mit Hilfe der Regressionsgeraden wird für eine Stadt mit einem Anteil junger Fahrer von z.B. fünfzehn Prozent die folgende Anzahl tödlicher Unfälle pro 1 000 Führerscheinlizenzen prognostiziert:

$$f(15) = -2{,}090 + 0{,}333 \cdot 15 = 2{,}905 \approx 2{,}9$$

d.h. etwa 2,9 tödliche Unfälle.

Am einfachsten lässt sich eine lineare Regressionsgerade mit Hilfe einer Arbeitstabelle berechnen. Dazu werden für die Berechnung der Regressionskoeffizienten direkt die Summen aus der Arbeitstabelle eingesetzt.

Welche Summen erforderlich sind, zeigt der nachfolgende Satz 8.18:

Satz 8.18

Die Regressionskoeffizienten der linearen Regressionsgerade $f(x) = a_1 + b_1 x$ lassen sich auch wie folgt berechnen:

$$b_1 = \frac{n \cdot \left(\sum_{i=1}^{n} x_i \cdot y_i\right) - \left(\sum_{i=1}^{n} x_i\right) \cdot \left(\sum_{i=1}^{n} y_i\right)}{n \cdot \left(\sum_{i=1}^{n} x_i^2\right) - \left(\sum_{i=1}^{n} x_i\right)^2}$$

$$a_1 = \frac{\left(\sum_{i=1}^{n} y_i\right) - b_1 \cdot \left(\sum_{i=1}^{n} x_i\right)}{n}$$

Beispiel 8.19

Achtmal wurden für die beiden Variablen $X = $ „Ausgaben für Werbung (in 1 000 €)" und $Y = $ „Jahresumsatz (in 100 000 €)" Werte erhoben. Es ergab sich der Datensatz: $(x_1; y_1)$, ..., $(x_8; y_8) = $ (4;4), (4;5), (5;6), (6;6), (8;8), (8;10), (10;12), (11;13).

◼ Um Jahresumsätze in Abhängigkeit von Werbeausgaben prognostizieren zu können, soll die Regressionsgerade bestimmt werden. Dazu wird die Arbeitstabelle aufgestellt:

i	x_i	y_i	$x_i \cdot y_i$	x_i^2
1	4	4	16	16
2	4	5	20	16
3	5	6	30	25
4	6	6	36	36
5	8	8	64	64
6	8	10	80	64
7	10	12	120	100
8	11	13	143	121
$\sum$	56	64	509	442

Aus der Arbeitstabelle ergeben sich die Regressionskoeffizienten gemäß Satz 8.18 wie folgt:

$$b_1 = \frac{8 \cdot 509 - 56 \cdot 64}{8 \cdot 442 - 56^2} = \frac{488}{400} = 1{,}22$$

$$a_1 = \frac{64 - 1{,}22 \cdot 56}{8} = -0{,}54$$

d.h. die Regressionsgerade lautet $f(x) = -0{,}54 + 1{,}22x$.

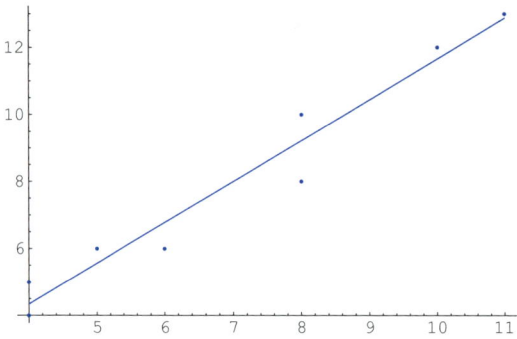

Streudiagramm mit Regressionsgeraden,Ausgaben für Werbung (Horizontal), Jahresumsatz (Vertikal)

Eine Steigerung der Ausgaben für Werbung um 1 000 Euro bewirkt eine Erhöhung des Jahresumsatzes um etwa 122 000 Euro.

■ Werden 7 000 Euro für Werbung zur Verfügung gestellt, so ist gemäß der Regressionsgeraden mit welchem Umsatz zu rechnen?

$f(7) = -0{,}54 + 1{,}22 \cdot 7 = 8$

d.h. werden 7 000 Euro für Werbung zur Verfügung gestellt, so ist mit einem Jahresumsatz von 800 000 Euro zu rechnen.

Da $x = 7$ im Bereich der erhobenen Daten $[x_{\min}; x_{\max}] = [4; 11]$ für Werbung liegt, wird der Wert $f(7) = 8$ auch als **interpolierter** Wert bezeichnet.

■ Werden 12 000 Euro für Werbung zur Verfügung gestellt, so ist gemäß der Regressionsgeraden mit welchem Umsatz zu rechnen?

$f(12) = -0{,}54 + 1{,}22 \cdot 12 = 14{,}1$

d.h. werden 12 000 Euro für Werbung zur Verfügung gestellt, so ist mit einem Jahresumsatz von 1 410 000 Euro zu rechnen.

Da $x = 12$ außerhalb des Bereich der erhobenen Daten $[x_{\min}; x_{\max}] = [4; 11]$ für Werbung liegt, wird der Wert $f(12) = 14{,}1$ auch als **extrapolierter** Wert bezeichnet.

Wie zuverlässig sind prognostizierte Werte? Damit ein Prognosewert als verlässlich eingestuft wird, müssen zwei Kriterien (starke

Korrelation sowie Interpolation) erfüllt sein:

Prognosetyp	Zuverlässigkeit bei Korrelation		
	schwach	mittel	stark
Interpolation	nein	nein	ja
Extrapolation	nein	nein	nein

Beispiel 8.20 (Fortsetzung von Beispiel 8.19)
Um in dem Beispiel 8.19 die aufgrund der Werbeausgaben prognostizierten Jahresumsätze bzgl. der Zuverlässigkeit einstufen zu können, muss zunächst die Korrelation berechnet werden.

■ Mit der Arbeitstabelle

i	x_i	y_i	$x_i \cdot y_i$	x_i^2	y_i^2
1	4	4	16	16	16
2	4	5	20	16	25
3	5	6	30	25	36
4	6	6	36	36	36
5	8	8	64	64	64
6	8	10	80	64	100
7	10	12	120	100	144
8	11	13	143	121	169
$\sum$	56	64	509	442	590

ergibt sich die Korrelation gemäß Satz 8.12 wie folgt:

$$r = \frac{8 \cdot 509 - 56 \cdot 64}{\sqrt{8 \cdot 442 - 56^2} \cdot \sqrt{8 \cdot 590 - 64^2}} = \frac{488}{\sqrt{400} \cdot \sqrt{624}} =$$
$$0,976\,781\,7$$

d.h. die Korrelation ist stark.

■ Der Jahresumsatz von 800 000 Euro ist ein zuverlässiger Prognosewert, da es sich um einen interpolierten Wert bei gleichzeitig starker Korrelation handelt.

■ Der Jahresumsatz von 1 410 000 Euro ist kein zuverlässiger Prognosewert, da es sich um einen extrapolierten Wert handelt.

8.4   Bestimmtheitsmaß

Liegt ein lineares Regressionsmodell vor, so gibt es die beobachteten Werte $y_1, y_2, \ldots, y_n$ und die aufgrund der Methode der kleinsten Quadrate vorhergesagten Werte $a_1 + b_1 x_1, a_1 + b_1 x_2, \ldots, a_1 + b_1 x_n$. Die beobachteten Werte liegen im Allgemeinen nicht auf der Regressionsgeraden, während alle vorhergesagten Werte auf der Regressionsgeraden liegen.

Satz 8.21
Die Varianz der vorhergesagten Werte $a_1 + b_1 x_1, a_1 + b_1 x_2, \ldots, a_1 + b_1 x_n$ beträgt:

$$b_1^2 \cdot s_x^2$$

Für den Fall der perfekten Korrelation, dass alle beobachteten Werte auf der Regressionsgeraden liegen, ist die Varianz der vorhergesagten Werte genau so groß wie die Varianz der y-Werte. Für den Fall nicht perfekter Korrelation ist die Varianz der vorhergesagten Werte kleiner als die Varianz der y-Werte. Je kleiner die Varianz der vorhergesagten Werte im Verhältnis zur Varianz s_y^2 ist, desto weiter entfernt liegen die y-Werte von der Regressionsgeraden. Das Verhältnis $\frac{b_1^2 \cdot s_x^2}{s_y^2}$ ist ein Wert im Intervall $[0;100\%]$ und ferner ein Gütemaß für die Korrelation:

Definition 8.22
Der Anteil der Varianz der vorhergesagten Werte an der Varianz der beobachteten Werte wird als **Bestimmtheitsmaß** bezeichnet:

$$B = \frac{b_1^2 \cdot s_x^2}{s_y^2}$$

Beispiel 8.23 (Fortsetzung von Beispiel 8.1)
Für den Datensatz der beiden Variablen $X=$„Anteil junger Führerscheininhaber" und $Y=$„Anteil tödlicher Unfälle" aus dem Beispiel 3.1 beträgt das Bestimmtheitsmaß:

$$B = \frac{0{,}333\,4268^2 \cdot 9{,}909\,722}{1{,}379\,167} = 0{,}798\,814 \approx 0{,}80$$

d.h. etwa 80 Prozent der Streuung der y-Werte wird erklärt durch die Streuung der vorhergesagten Werte; d.h. etwa 80 Prozent der Streuung der y-Werte wird erklärt durch die Streuung der Regressionsgeraden.

Eine weitere Interpretation des Bestimmtheitsmaßes ergibt sich aus dem folgenden Zusammenhang:

Satz 8.24
Das Bestimmtheitsmaß entspricht dem quadrierten Korrelationskoeffizienten:

$$B = (r_{xy})^2$$

Da der Wert von B im Intervall $[0;1]$ liegt, ergeben sich mit den quadrierten Schwellenwerten $0,5^2$ und $0,8^2$ der Interpretation von r:

■ Liegt B im Intervall $[0;0,25]$, so ist die Korrelation schwach.

■ Liegt B im Intervall $[0,25;0,64]$, so ist die Korrelation mittelstark.

■ Liegt B im Intervall $[0,64;1]$, so ist die Korrelation stark.

Beispiel 8.25 (Fortsetzung von Beispiel 8.19)
In dem Beispiel 8.19 mit den beiden Variablen $X=$„Werbeausgaben" und $Y=$„Jahresumsatz" beträgt das Bestimmtheitsmaß:

$$B = (0,976\,781\,7)^2 = 0,954$$

d.h. es liegt eine starke Korrelation vor. Oder anders ausgedrückt: Etwa 95 Prozent der Gesamtstreuung wird erklärt durch die Streuung der Regressionsgeraden.

Bisher haben wir Prognosen in einem Regressionsmodell in der Form betrachtet, dass der y-Wert anhand eines gegebenen x-Wertes vorhergesagt werden soll. Dies geschieht, indem mit dem x-Wert der Prognosewert $a_1 + b_1 \cdot x$ berechnet wird.

Häufig ist es auch von Interesse, dass der x-Wert anhand eines gegebenen y-Wertes vorhergesagt werden soll. Damit es nicht zu Verwechselungen kommt, nehmen wir keine Umbenennung der Variablen vor, sondern betrachten die sogenannte Umkehrregression:

Satz 8.26

Die Regressionskoeffizienten der linearen Regressionsgerade $g(y) = a_2 + b_2 y$ werden wir folgt berechnet:

$$b_2 = \frac{n \cdot \left(\sum_{i=1}^{n} x_i \cdot y_i\right) - \left(\sum_{i=1}^{n} x_i\right) \cdot \left(\sum_{i=1}^{n} y_i\right)}{n \cdot \left(\sum_{i=1}^{n} y_i^2\right) - \left(\sum_{i=1}^{n} y_i\right)^2}$$

$$a_2 = \frac{\left(\sum_{i=1}^{n} x_i\right) - b_2 \cdot \left(\sum_{i=1}^{n} y_i\right)}{n}$$

Beispiel 8.27 (Fortsetzung von Beispiel 8.19)

In dem Beispiel 8.19 wurden acht Werte der beiden Variablen $X=$„Werbeausgaben (in $1\,000$ €)" und $Y=$„Jahresumsatz (in $100\,000$ €)" betrachtet.

Wie viel Geld ist in die Werbung zu stecken, damit ein Jahresumsatz $900\,000$ € erzielt werden kann?

Gesucht ist der Funktionswert $a_2 + b_2 \cdot 9$.

Gemäß Satz 8.26 betragen die Regressionskoeffizienten der Umkehrregression:

$$b_2 = \frac{488}{8 \cdot 590 - 64^2} = 0{,}782\,051\,3$$

$$a_2 = \frac{56 - 0{,}782\,051\,3 \cdot 64}{8} = 0{,}743\,589\,7$$

Der Prognosewert ergibt sich somit zu:

$$0{,}743\,589\,7 + 0{,}782\,051\,3 \cdot 9 = 7{,}782\,051 \approx 7{,}8$$

d.h. um einen Jahresumsatz von $900\,000$ € zu erzielen, sind $7\,800$ € in die Werbung zu stecken.

⚠️Die Steigung der Regressionsgeraden und die Steigung der Umkehr-Regressionsgeraden müssen dasselbe Vorzeichen haben; ansonsten haben Sie sich verrechnet.

Aus den Steigungen der Regressionsgeraden und der Umkehr-

Regressionsgeraden lässt sich gemäß Satz 8.24 der Korrelationskoeffizient wie folgt berechnen:

Satz 8.28
Der Korrelationskoeffizient von Bravais-Pearson lässt sich
aus den beiden Steigungen b_1 der Regressionsgeraden und
b_2 der Umkehrregressionsgeraden wie folgt berechnen:

- Sind sowohl b_1 als auch b_2 positiv, so gilt: $r = \sqrt{b_1 \cdot b_2}$.

- Sind sowohl b_1 als auch b_2 negativ, so gilt: $r = -\sqrt{b_1 \cdot b_2}$.

- Der Fall $b_1 < 0$ und $b_2 > 0$ ist nicht möglich.

- Der Fall $b_1 > 0$ und $b_2 < 0$ ist nicht möglich.

Für das Bestimmtheitsmaß ergibt sich aus den Sätzen 8.24 und
8.28, dass gilt: $B = b_1 \cdot b_2$.

Beispiel 8.29 (Fortsetzung von Beispiel 8.19)
Im Beispiel 8.19 ergab sich als Steigung der Regressionsgeraden
$b_1 = 1,22$. Im Beispiel 8.27 ergab sich die Steigung der Umkehrregressionsgeraden mit $b_2 = 0,782\,051\,3$. Somit lässt sich
die Korrelation gemäß Satz 8.28 auch wie folgt berechnen:

$$r = \sqrt{1,22 \cdot 0,782\,051\,3} = 0,976\,781\,7$$

d.h. die Korrelation beträgt etwa 0,977 (vgl. auch Beispiel 8.20).

8.5   Zusammenfassung

Für einen bivariaten Datensatz haben wir zusammengefasst folgende empirischen Maßzahlen zur Verfügung:

	Skalierung		
	nominal	ordinal	metrisch
Kovarianz			×
Korrelationskoeffizient			×
Bestimmtheitsmaß			×

Einige dieser Maßzahlen können die Richtung (positiv oder negativ) messen, andere die Stärke (schwach, mittel, stark) des linearen
Zusammenhangs:

Maßzahl	Richtung	Stärke
Kovarianz	ja	nein
Korrelationskoeffizient	ja	ja
Bestimmtheitsmaß	nein	ja

Prüfungstipps

Regressionsaufgaben sind einfache Klausuraufgaben.

- Die Entscheidung, welche der beiden Variablen X heißt und welche der beiden Variablen Y heißt, darf willkürlich getroffen werden.

- Soll ein Prognosewert berechnet werden und ist der x-Wert gegeben, so ist der Prognosewert $a_1 + b_1 \cdot x$.

- Soll ein Prognosewert berechnet werden und ist der y-Wert gegeben, so ist der Prognosewert $a_2 + b_2 \cdot y$.

- Ein Prognosewert ist nur dann verlässlich, wenn es sich um einen interpolierten Wert bei gleichzeitig starker Korrelation handelt. In allen übrigen Fällen ist der Prognosewert als nicht verlässlich einzustufen.

9   Indizes

Lernziele

In diesem Kapitel lernen Sie

- reale und nominale Wachstumsveränderungen zu messen sowie

- die Inflationsrate zu berechnen.

In der Ökonomie werden für Wachstumsveränderungen Kennzahlen, sogenannte Index-Werte berechnet. Dabei ist die Berechnung eines Index genau festgelegt, um Vergleiche zu ermöglichen. Welcher Index als Kennzahl herangezogen werden muss, richtet sich nach dem Vorhaben, welcher Wachstumsvorgang beschrieben werden soll.

9.1   Preisindizes

Preisentwicklungen sind nicht nur für den Verbraucher von großem Interesse. Preisindizes sind Maßzahlen, die die Preisentwicklung wiedergeben sollen.

Hat der Joghurt im letzten Jahr noch $p^0 = 50$ Cent gekostet und kostet jetzt $p^t = 55$ Cent, so ist der Preis pro Joghurt-Packung mit dem Faktor $\frac{p^t}{p^0} = \frac{55}{50} = 1{,}10$ <u>auf</u> das 1,1-Fache gestiegen, d.h. <u>um</u> die Rate von zehn Prozent gestiegen. Solche Preisverhältnisse $\frac{p^t}{p^0}$ lassen sich pro Packung für jede einzelne Ware berechnen.

Wird die Preisentwicklung für mehrere Waren gemeinsam beurteilt, so werden auch die Mengen, in denen die Waren konsumiert wurden, berücksichtigt.

Soll z.B. erfasst werden, wie stark die Kosten für die Ausrichtung einer Geburtstagsfeier gestiegen sind, so wird ein typischer „Warenkorb" zusammengestellt. Ein **Warenkorb** besteht aus gewissen Mengen besonders ausgewählter Waren. Welche Waren in welchem Umfang zu einem Warenkorb gehören, ist Entscheidung des Statistikers (w,m).

Dann werden die Kosten für den Warenkorb zum Vergleichszeit-
punkt t, dem sogenannten **Berichtsjahr** verglichen mit den Kosten zum früheren Zeitpunkt null, dem sogenannten **Basisjahr**.

Definition 9.1
Sind das Basisjahr null und das Vergleichsjahr (Berichtsjahr)
t sowie die m Güter des Warenkorbes festgelegt, so müssen
folgende Werte ermittelt werden:

p_i^0 Preis für eine ME des Guts i im Basisjahr 0
p_i^t Preis für eine ME des Guts i im Jahr t
q_i^0 Menge des Guts i im Basisjahr 0
q_i^t Menge des Guts i im Jahr t

für $i = 1, 2, 3, \ldots, m$.

Beispiel 9.2
Es soll die Preisentwicklung von Geburtstagsfeiern gemessen
werden. Basisjahr ist das Jahr 2009, Berichtsjahr ist das Jahr
2013. Für den Warenkorb sind die jeweiligen Mengen und Preise
(pro Mengeneinheit in Euro) in folgender Tabelle festgehalten:

	2009 Preis	2009 Verbrauch	2013 Preis	2013 Verbrauch
Getränke	1,50	40 l	1,60	45 l
Knabberzeug	2,00	10 Packungen	2,10	9 Packungen
Süßkram	2,50	5 Packungen	2,60	6 Packungen
Tiefkühlpizza	1,40	5 Stück	1,50	5 Stück
Ausgaben		99,50€		114€

Es gibt verschiedene Maßzahlen für die Preisentwicklung. Die wich-
tigsten sind der Preisindex von Paasche und der Preisindex von
Laspeyres. Um zur Berechnung der Preisentwicklung den Einfluss
der Mengen auszuschalten, werden entweder nur die Mengen aus
dem Basisjahr oder alternativ nur die Mengen aus dem Berichtsjahr berücksichtigt.

Definition 9.3
Der **Preisindex von Paasche** verwendet nur die Mengen aus
dem Berichtsjahr:

$$P_{0t}^{Pa} = \frac{\sum_{i=1}^{m} p_i^t q_i^t}{\sum_{i=1}^{m} p_i^0 q_i^t}$$

Der Preisindex von Paasche vergleicht die Kosten für einen Warenkorb im Berichtsjahr mit den Kosten, die für diesen Warenkorb im Basisjahr hätten aufgebracht werden müssen.

Definition 9.4

Der **Preisindex von Laspeyres** verwendet nur die Mengen aus dem Basisjahr:

$$P_{0t}^{La} = \frac{\sum_{i=1}^{m} p_i^t q_i^0}{\sum_{i=1}^{m} p_i^0 q_i^0}$$

Der Preisindex von Laspeyres vergleicht die Kosten für einen Warenkorb im Basisjahr mit den Kosten, die für diesen Warenkorb im Berichtsjahr aufgebracht werden müssten.

Beispiel 9.5 (Fortsetzung von Beispiel 9.2)

Für den Warenkorb Geburtstagsfeier aus Beispiel 9.2 ergeben sich folgende Preisindizes:

■ $P_{0t}^{Pa} = \dfrac{1{,}60 \cdot 45 + 2{,}10 \cdot 9 + 2{,}60 \cdot 6 + 1{,}50 \cdot 5}{1{,}50 \cdot 45 + 2{,}00 \cdot 9 + 2{,}50 \cdot 6 + 1{,}40 \cdot 5} = \dfrac{114}{107{,}5} = 1{,}0605$

d.h. gemäß dem Preisindex von Paasche sind die Kosten für eine Geburtstagsfeier in dem Zeitraum 2009 bis 2013 um 6,05 Prozent insgesamt gestiegen.

■ $P_{0t}^{La} = \dfrac{1{,}60 \cdot 40 + 2{,}10 \cdot 10 + 2{,}60 \cdot 5 + 1{,}50 \cdot 5}{1{,}50 \cdot 40 + 2{,}00 \cdot 10 + 2{,}50 \cdot 5 + 1{,}40 \cdot 5} = \dfrac{105{,}5}{99{,}5} = 1{,}0603$

d.h. gemäß dem Preisindex von Laspeyres sind die Kosten für eine Geburtstagsfeier in dem Zeitraum 2009 bis 2013 um 6,03 Prozent insgesamt gestiegen.

Beide Preisindizes sagen aus, dass die Kosten für eine Geburtstagsfeier von 2013 im Vergleich zu 2009 um etwa 6% gestiegen sind.

Satz 9.6
Der Preisindex von Laspeyres lässt sich auch wie folgt berechnen:

$$P_{0t}^{La} = \sum_{i=1}^{n} \frac{p_i^t}{p_i^0} \cdot \left(\frac{p_i^0 q_i^0}{\sum_{j=1}^{m} p_j^0 q_j^0} \right)$$

Der Vorteil der Berechnung des Laspeyres-Preisindex wie in Satz 9.6 ist, dass bei Verwendung mehrerer Berichtsjahre nur die Preisverhältnisse $\frac{p_i^t}{p_i^0}$ neu berechnet werden müssen, während die Ausgabenanteile $\frac{p_i^0 q_i^t}{\sum_{j=1}^{m} p_j^0 q_j^t}$ aus dem Basisjahr unverändert sind.

Beispiel 9.7 (Fortsetzung von Beispiel 9.5)
In dem Beispiel 9.5 betragen die Ausgaben für eine Geburtstagsfeier im Basisjahr im Einzelnen:

Waren	Getränke	K-Zeug	Süßkram	T-Pizza	$\sum$
Ausgaben in €	60	20	12,50	7	99,5
Ausgaben in %	60,30	20,10	12,56	7,04	100

Die Preisverhältnisse $\frac{p_i^t}{p_i^0}; i = 1, \ldots, m$ (auch Preismessziffern genannt) betragen:

Waren	Getränke	K-Zeug	Süßkram	T-Pizza
Preisverh.	$1,0\overline{6}$	1,05	1,04	1,0714

Gemäß Satz 9.6 ergibt sich daraus der Preisindex nach Laspeyres wie folgt:

$$P_{0t}^{La} = 1,0\overline{6} \cdot 0,6030 + 1,05 \cdot 0,2010 + 1,04 \cdot 0,1256 + 1,0714 \cdot 0,0704 \approx 1,0603$$

Als Indikator für die Kosten der Lebenshaltung berechnet das Statistische Bundesamt in Wiesbaden (www.destatis.de) den **Verbraucherpreisindex**:

Beispiel 9.8
In der nachfolgenden Tabelle ist der Verbraucherpreisindex nach Bedarfsgruppen getrennt im Jahr 2013 (Basisjahr

2010=100) angegeben (Quelle: Statistisches Bundesamt):

Bedarfsgruppe	Gewicht (in %)	Index
Nahrungsmittel, alk.f.Getränke	10,271	110,4
Alk. Getränke, Tabakwaren	3,759	107,0
Kleidung, Schuhe	4,493	104,4
Wohnungsmieten, Energie	31,729	107,5
Einrichtungsgegenstände	4,978	102,1
Gesundheitspflege	4,444	99,4
Verkehr	13,473	107,5
Nachrichtenübermittlung	3,010	93,4
Freizeit, Unterhaltung	11,492	103,1
Bildungswesen	0,880	95,1
Gaststättendienstl.	4,467	106,0
Andere Waren und Dienstl.	7,004	104,3

■ Wie hoch ist in Deutschland die Preissteigerung für die Lebenshaltung im Zeitraum von 2010 bis 2013 gewesen?

Der Verbraucherpreisindex (VPI) ist das gewichtete arithmetische Mittel aus den obigen Teil-Preisindizes, wobei die Gewichte die Ausgabenanteile sind:

$$
\begin{aligned}
\text{VPI} = \ & 0{,}10271 \cdot 110{,}4 + 0{,}03759 \cdot 107{,}0 + 0{,}04493 \cdot 104{,}4 \\
& + 0{,}31729 \cdot 107{,}5 + 0{,}04978 \cdot 102{,}1 + 0{,}04444 \cdot 99{,}4 \\
& + 0{,}13473 \cdot 107{,}5 + 0{,}03010 \cdot 93{,}4 + 0{,}11492 \cdot 103{,}1 \\
& + 0{,}00880 \cdot 95{,}1 + 0{,}04467 \cdot 106{,}0 + 0{,}07004 \cdot 104{,}3 \\
= \ & 105{,}6807
\end{aligned}
$$

d.h. im Jahr 2013 betrug der Verbraucherpreisindex 105,7. Insbesondere sind die Kosten für die private Lebenshaltung im Zeitraum von 2010 bis 2013 um 5,7 Prozent insgesamt gestiegen.

■ Wie hoch ist in Deutschland die durchschnittliche jährliche Preissteigerung für die Lebenshaltung im Zeitraum von 2010 bis 2013 gewesen?

$$
\sqrt[2013-2010]{\frac{105{,}6807}{100}} = \sqrt[3]{1{,}056807} = 1{,}018588
$$

d.h. im Zeitraum von 2010 bis 2013 betrug die durchschnittliche Preissteigerung der Lebenshaltungskosten etwa 1,9 Prozent pro Jahr. Das entspricht einer durchschnittlichen jährlichen Inflationsrate von 1,9 Prozent.

■ Wie hoch ist im Zeitraum 2010 bis 2013 die Preissteigerung ohne Wohnungsmieten und Energie gewesen?

1. Lösungsweg:

$100\% - 31{,}729\% = 68{,}271\%$

Jetzt wird der Index neu berechnet ohne die Bedarfsgruppe „Wohnungsmieten/Energie", indem alle Gewichte normiert werden, d.h. durch 68,271 Prozent dividiert werden:

$$x = \frac{0{,}10271}{0{,}68271} \cdot 110{,}4 + \frac{0{,}03759}{0{,}68271} \cdot 107{,}0 + \frac{0{,}04493}{0{,}68271} \cdot 104{,}4$$
$$+ \frac{0{,}04978}{0{,}68271} \cdot 102{,}1 + \frac{0{,}04444}{0{,}68271} \cdot 99{,}4$$
$$+ \frac{0{,}13473}{0{,}68271} \cdot 107{,}5 + \frac{0{,}03010}{0{,}68271} \cdot 93{,}4 + \frac{0{,}11492}{0{,}68271} \cdot 103{,}1$$
$$+ \frac{0{,}00880}{0{,}68271} \cdot 95{,}1 + \frac{0{,}04467}{0{,}68271} \cdot 106{,}0 + \frac{0{,}07004}{0{,}68271} \cdot 104{,}3$$
$$= 104{,}8352$$

d.h. ohne Wohnungsmieten und Energie betrug im Zeitraum 2010 bis 2013 die Preissteigerung der Lebenshaltungskosten 4,8 Prozent.

2. Lösungsweg:

$105{,}6807 = 0{,}31729 \cdot 107{,}5 + 0{,}68271 \cdot x \Leftrightarrow x = 104{,}8352$

9.2   Kaufkraft

Die Frage, welcher Nutzen sich mit Geld kaufen lässt, wird mit der Berechnung der „Kaufkraft" beantwortet.

Definition 9.9
Die **Kaufkraft** ist der Kehrwert des Preisindex P:

$$\text{Kaufkraft} = \frac{1}{P}$$

Beispiel 9.10 (Fortsetzung von Beispiel 9.8)
Der Verbraucherpreisindex für den Zeitraum 2010 bis 2013 wurde in Beispiel 9.8 mit 5,7 Prozent berechnet. Demnach beträgt die Kaufkraft:

$$\frac{1}{\text{VPI}} = \frac{1}{1{,}057} = 0{,}9460738 \approx 0{,}946$$

$94{,}6\% - 100\% = -5{,}4\%$

d.h. im Zeitraum 2010 bis 2013 ist die Kaufkraft um 5,4 Prozent insgesamt gesunken; d.h. mit der Geldmenge von 2010 lässt sich im Jahr 2013 nur noch 94,6 Prozent der Güter erwerben.

9.3   Mengenindizes

Mengenindizes sollen die Veränderungen der Mengen eines Warenkorbes angeben. Dazu werden wieder ein Basisjahr null und ein Berichtsjahr t festgelegt. Der Einfluss der Preise des Warenkorbes muss ausgeschaltet werden. Das wird dadurch erreicht, dass entweder nur die Preise im Berichtsjahr benutzt werden:

Definition 9.11
Der **Mengenindex von Paasche** lautet:

$$Q_{0t}^{Pa} = \frac{\sum_{i=1}^{m} p_i^t q_i^t}{\sum_{i=1}^{m} p_i^t q_i^0}$$

oder aber nur die Preise im Basisjahr benutzt werden:

Definition 9.12
Der **Mengenindex von Laspeyres** lautet:

$$Q_{0t}^{La} = \frac{\sum_{i=1}^{m} p_i^0 q_i^t}{\sum_{i=1}^{m} p_i^0 q_i^0}$$

Beispiel 9.13 (Fortsetzung von Beispiel 9.2)
Für den Warenkorb einer Geburtstagsfeier aus dem Beispiel 9.2 betragen:

- Mengenindex nach Paasche:

$$Q_{0t}^{Pa} = \frac{1{,}60 \cdot 45 + 2{,}10 \cdot 9 + 2{,}60 \cdot 6 + 1{,}50 \cdot 5}{1{,}60 \cdot 40 + 2{,}10 \cdot 10 + 2{,}60 \cdot 5 + 1{,}50 \cdot 5} = \frac{114}{105{,}5} = 1{,}0806$$

  d.h. im Zeitraum 2009 bis 2013 ist der Verbrauch im Warenkorb Geburtstagsfeier um 8,06 Prozent insgesamt gestiegen.

- Mengenindex nach Laspeyres:

$$Q_{0t}^{La} = \frac{1{,}50 \cdot 45 + 2{,}00 \cdot 9 + 2{,}50 \cdot 6 + 1{,}40 \cdot 5}{1{,}50 \cdot 40 + 2{,}00 \cdot 10 + 2{,}50 \cdot 5 + 1{,}40 \cdot 5} = \frac{107{,}5}{99{,}5} = 1{,}0804$$

d.h. im Zeitraum 2009 bis 2013 ist der Verbrauch im Warenkorb Geburtstagsfeier um 8,04 Prozent insgesamt gestiegen.

9.4   Wertindex

Werden lediglich die Ausgaben für den Warenkorb im Berichtsjahr verglichen mit den Ausgaben für den Warenkorb im Basisjahr, so ergibt sich:

Definition 9.14
Der **Wertindex** lautet:

$$W_{0t} = \frac{\sum_{i=1}^{m} p_i^t q_i^t}{\sum_{i=1}^{m} p_i^0 q_i^0}$$

Der Wertindex wird auch als Umsatzindex bezeichnet.

Beispiel 9.15 (Fortsetzung von Beispiel 9.2)
Für den Warenkorb einer Geburtstagsfeier aus dem Beispiel 9.2 betragen die Ausgaben im Basisjahr 99,5 Euro und die Ausgaben im Berichtsjahr 114 Euro. Somit beträgt der Wertindex:

$$W_{0t} = \frac{114}{99,5} = 1,1457$$

d.h. die Ausgaben für eine Geburtstagsfeier sind im Zeitraum von 2009 bis 2013 um 14,57 Prozent insgesamt gestiegen.

Satz 9.16
Zwischen Preis-, Mengen- und Wertindex besteht der folgende Zusammenhang:

$$P^{Pa} \cdot Q^{La} = W = P^{La} \cdot Q^{Pa}$$

Beispiel 9.17 (Fortsetzung der Beispiele 9.5 und 9.13)
Für den Warenkorb einer Geburtstagsfeier ergibt sich mit den Preisindizes aus Beispiel 9.5 und den Mengenindizes aus Beispiel 9.13:

■ Gemäß Satz 9.16 beträgt der Wertindex:

$$W_{0t} = P^{Pa} \cdot Q^{La} = \frac{114}{107,5} \cdot \frac{107,5}{99,5} = \frac{114}{99,5} = 1,1457$$

■ Gemäß Satz 9.16 beträgt der Wertindex:

$$W_{0t} = P^{La} \cdot Q^{Pa} = \frac{105{,}5}{99{,}5} \cdot \frac{114}{105{,}5} = \frac{114}{99{,}5} = 1{,}1457$$

Bei Wachstumsvorgängen werden verschiedene Typen unterschieden:

Definition 9.18

■ Als **nominales** Wachstum wird das Wachstum bezeichnet, das durch Mengen- und Preisveränderungen entsteht.

■ Als **reales** Wachstum wird das Wachstum bezeichnet, das durch Mengenveränderungen bei unterstellter Konstanz des Preisniveaus entsteht.

■ Der Prozess der Geldentwertung (Inflation) wird mit dem prozentualen Anstieg des Preisindex in einem bestimmten Zeitraum gemessen. Diese Maßzahl heißt **Inflationsrate**. Bei negativen Inflationsraten wird auch von Deflation gesprochen.

Für die Indexzahlen ergibt sich somit:

Satz 9.19

■ Der Wertindex misst das nominale Wachstum.

■ Der Mengenindex misst das reale Wachstum.

■ Anhand des Preisindex wird die Inflationsrate berechnet.

Beispiel 9.20 (Fortsetzung von Beispiel 9.2)
Die Daten der Ausgaben für eine Geburtstagsfeier aus dem Beispiel 9.2 lassen sich auch wie folgt zusammenfassen:

	Ausgaben in €	
Jahr	in Preisen von 2009	in jeweiligen Preisen
2009	99,5	99,5
2013	107,5	114

■ Um wie viel Prozent sind die Ausgaben für eine Geburtstagsfeier im Zeitraum von 2009 bis 2013 im Durchschnitt pro Jahr nominal gestiegen?

$$W = \frac{\text{Ausgaben}^{2013}_{\text{in Preisen von 2013}}}{\text{Ausgaben}^{2009}_{\text{in Preisen von 2009}}} = \frac{114}{99{,}5} = 1{,}1457$$

$$\sqrt[2013-2009]{1{,}1457} = \sqrt[4]{1{,}1457} = 1{,}0346$$

d.h. die Ausgaben für eine Geburtstagsfeier sind im Zeitraum von 2009 bis 2013 im Durchschnitt um 3,46 Prozent pro Jahr nominal gestiegen.

■ Um wie viel Prozent sind die Ausgaben für eine Geburtstagsfeier im Zeitraum von 2009 bis 2013 im Durchschnitt pro Jahr real gestiegen?

$$Q^{La} = \frac{\text{Ausgaben}^{2013}_{\text{in Preisen von 2009}}}{\text{Ausgaben}^{2009}_{\text{in Preisen von 2009}}} = \frac{107{,}5}{99{,}5} = 1{,}0804$$

$$\sqrt[2013-2009]{1{,}0804} = \sqrt[4]{1{,}0804} = 1{,}0195$$

d.h. die Ausgaben für eine Geburtstagsfeier sind im Zeitraum von 2009 bis 2013 im Durchschnitt um 1,95 Prozent pro Jahr real gestiegen.

■ Wie hoch ist die durchschnittliche jährliche Inflationsrate im Zeitraum 2009 bis 2013?

1. Lösungsweg:

$$P^{Pa} = \frac{\text{Ausgaben}^{2013}_{\text{in Preisen von 2013}}}{\text{Ausgaben}^{2013}_{\text{in Preisen von 2009}}} = \frac{114}{107{,}5} = 1{,}0605$$

$$\sqrt[2013-2009]{1{,}0605} = \sqrt[4]{1{,}0605} = 1{,}0148$$

d.h. im Zeitraum von 2009 bis 2013 betrug die durchschnittliche jährliche Inflationsrate 1,48 Prozent.

2. Lösungsweg:

Gemäß Satz 9.16 ergibt sich:

$$P^{Pa} = \frac{W}{Q^{La}} = \frac{1{,}0346}{1{,}0195} = 1{,}0148$$

9.5   Human Development Index

Wie lässt sich der Reichtum bzw. die Armut eines Landes messen? Häufige Antworten sind: Mit dem **Bruttonationaleinkommen** (BNE) in GE pro Einwohner (Englisch: GNI, GNP) oder mit dem **Bruttoinlandsprodukt** (BIP).

Kritik: Das BNE und das BIP erlauben nur Rückschlüsse auf das durchschnittlich erzielte Einkommen. Das Pro-Kopf-Einkommen sagt jedoch nichts darüber aus, wofür die Einkommen verwandt werden, ob für den Bau von Schulen, Autobahnen, Krankenhäusern. Des Weiteren spiegelt der Durchschnittswert pro Kopf nicht wider, wie die Einkommen innerhalb einer Gesellschaft verteilt sind.

Also muss nach alternativen Indikatoren für den Status eines Landes gesucht werden. Um die Entwicklung eines Landes beurteilen und mit anderen Ländern vergleichen zu können, veröffentlichen die Vereinten Nationen den sogenannten **Human Development Index, HDI**, der neben dem Pro-Kopf Einkommen auch die Bildung und die Lebenserwartung berücksichtigt.

Beispiel 9.21
In der nachfolgenden Tabelle ist der Entwicklungsstand, gemessen am HDI, einiger ausgewählter Länder wiedergegeben:

Land	2005	2009	2010	2012
Norwegen	0,944	0,971	0,938	0,955
Schweden	0,941	0,963	0,885	0,916
USA	0,937	0,956	0,902	0,937
Japan	0,932	0,960	0,884	0,912
Österreich	0,929	0,955	0,851	0,895
Frankreich	0,925	0,961	0,872	0,893
Deutschland	0,921	0,947	0,885	0,920
Italien	0,916	0,951	0,854	0,881
Polen	0,841	0,870	0,795	0,821
Brasilien	0,777	0,807	0,699	0,730
China	0,721	0,777	0,663	0,699
Sierra Leone	0,275	0,365	0,317	0,359

Tatsächlich aber reicht der HDI nicht weit genug. „Der HDI ist sinnvoll, wenn es darum geht, ein armes Land von einem mit vielen McDonald's-Restaurants zu unterscheiden", spottet der britische Wirtschaftsforscher Andrew Oswald von der Universität Warwick. Problem: Der HDI erfasst nicht die feinen Unterschiede zwischen den prosperierenden Ländern. Die Industrieländer liegen mit einem Wert nahe eins beim HDI kaum unterscheidbar beieinander.

Weitere Indikatoren zur Messung des Entwicklungsstandes eines Landes sind die Säuglingssterblichkeitsrate (1996 betrug in Deutschland die Rate 6,9; d.h. je 1 000 lebendgeborener Kinder starben 6,9 im Säuglingsalter, im Jahr 2013 betrug die Säuglings-sterblichkeitsrate 3,5), die Analphabetenquote, die Wohnfläche pro Einwohner usw. Ein hohes Volkseinkommen bedeutet nicht unbedingt ein längeres Leben. Obwohl die USA beim BNE weit vor Deutschland liegt, ist in Deutschland die Lebenserwartung höher. Das liegt vor allem an der unterschiedlichen medizinischen Versorgung und Ernährung.

Um festzustellen, wie gut es den Deutschen im Vergleich z.B. zu den US-Amerikanern, Franzosen oder Japanern tatsächlich geht, bräuchte man daher einen komplizierteren multidimensionalen Wirtschaftsindikator. Solange der nicht entwickelt ist, bleibt nur der Blick auf die einzelnen Faktoren.

9.6   Aktienindex Dax 30

Der Dax-Performanceindex (deutscher Aktienindex Dax 30) enthält als wichtigster Börsenindex dreißig Aktien der führenden deutschen Unternehmen, die an den deutschen Börsen gehandelt werden. Der Dax 30 gibt während der gesamten Handelszeit an der Frankfurter Wertpapierbörse regelmäßig (zurzeit von 9:00 bis 17:30 Uhr jede Sekunde) die aktuelle Marktentwicklung wieder. Der Dax 30 wurde am 31.12.1987 zur Normierung auf den Wert 1 000 festgesetzt.

Beispiel 9.22
In der nachfolgenden Grafik sind die Jahresendwerte bis zum 31.12.2011 dargestellt:

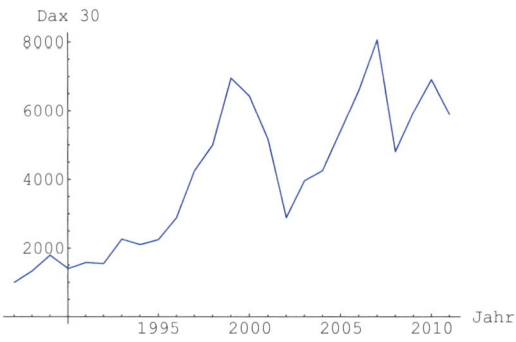

Durch das Platzen der sogenannten Internetblase (dot-com bubble) lässt sich sehr deutlich der Einschnitt in dem Jahr 2002 erkennen. Durch die Finanzkrise, der die US-Immobilienkrise und die Insolvenz der Bank Lehman Brothers voraus gingen, ist ein weiterer Tiefpunkt sichtbar in dem Jahr 2008.

Während der Finanzkrise ist der Dax 30 z.B. von Freitag 24.10.2008 20:00 Uhr bis Montag 27.10.2008 20:00 Uhr um 0,9 Prozent gestiegen. Außer VW (+123,7%) und Kali + Salz (+0,8%) verzeichneten alle 28 übrigen AGs Kursverluste, so dass der Anstieg des Dax 30 auf den spektakulären Kursgewinn von VW zurückzuführen ist: Ohne die VW-Aktie wäre der Dax 30 um neun Prozent gefallen. (vgl. Süddeutsche Nr. 251 vom 28.10.2008, Seite 31: „Die Kursexplosion bei Volkswagen hat den Dax am Montag vor einem erneuten Kursrutsch bewahrt. Der Index beendete den Xetra-Handel 0,9 Prozent höher bei 4334,64 Zählern. Rechnet man allerdings das VW-Kursplus heraus, ergibt sich ein Minus von neun Prozent.")

Der Dax 30 ist ein leicht modifizierter Laspeyres-Preisindex aus den Performance-Zahlen der einzelnen Aktien. Um den Netto-Effekt einer Teilgruppe der dreißig Unternehmen zu berechnen, wird für die übrigen AGs Konstanz im Wachstum unterstellt. Wir betrachten dazu ein Beispiel:

Beispiel 9.23

Am Jahresende 1999 stand der Dax auf 6 958,14. Bis zum 5. Mai 2000 stieg der Dax 30 um 6,8% auf 7 431,17. Dabei wies unter den dreißig Dax-Werten den größten Kursanstieg mit +114,8% die Siemens-Tochter „Epcos AG" auf, die allerdings mit einer Börsenkapitalisierung von 10,3 Mrd. € nur einen Anteil von rund 1% an der gesamten Börsenkapitalisierung der dreißig Dax-Werte von insgesamt 981,0 Mrd. € ausmachte. Dagegen ist der Aktienkurs des Indexschwergewichts „Deutsche Telekom AG" (Börsenkapitalisierung: 202,15 Mrd. €; d.h. rund 21%) seit dem Jahresende 1999 bis zum 5. Mai 2000 um 2,4 Prozent gesunken.

Betrachten wir die Kursveränderungen von Epcos und Deutsche Telekom zusammen: Hat der Netto-Effekt der beiden Kursveränderungen dazu beigetragen, dass der Dax 30 im Zeitraum 31.12.1999 bis 05.05.2000 gestiegen ist, oder war der Netto-Effekt der beiden Kursveränderungen insgesamt negativ? Und wie hoch war der Netto-Effekt?

Für den Zeitraum 31.12.1999 bis 05.05.2000 ergeben sich folgende Werte:

AG	Anteil am Dax 30	Rate	Faktor
Epcos AG	1%	+114,8%	2,148
Telekom AG	21%	−2,4%	0,976
übrige AGs	78%	Annahme :0	Annahme :1
$\sum$	100%		

Unter der Annahme, dass die übrigens AGs einen unveränderten Kurs haben, entwickelte sich der Dax wie folgt:

Epcos AG:	$0,01 \cdot 2,148$	$=$	$+\,0,02148$
Telekom AG:	$0,21 \cdot 0,976$	$=$	$+\,0,20496$
übrige AGs:	$0,78 \cdot 1$	$=$	$+\,0,78$
$\sum$			$+\,1,00644$

d.h. Anstieg von Epcos und Rückgang von Telekom führte zu einem Anstieg des Dax 30 um etwa 0,644 Prozent.

D.h. der Netto-Effekt war positiv und betrug 0,644 Prozent.

9.7   Umbasierung von Indizes

Der Vergleich zweier Indexreihen ist nicht unmittelbar möglich, wenn die beiden Indexreihen unterschiedliche Basisjahre aufweisen. Wegen der Übersichtlichkeit des Vergleichs kann deshalb eine der beiden Indexreihen „umbasiert" werden, damit beide Indexreihen dasselbe Basisjahr haben:

Definition 9.24
Als **Umbasierung** einer Zeitreihe $P_{01}, P_{02}, P_{03}, \ldots$ von Indexwerten mit dem Basisjahr 0 auf ein neues Basisjahr τ wird die Bildung der Zeitreihe

$$\frac{P_{0t}}{P_{0\tau}} \text{ mit } t = 1, 2, 3, \ldots$$

bezeichnet.

Eine Umbasierung wird mit einem Dreisatz berechnet.

Beispiel 9.25
In der nachfolgenden Tabelle sind die Preisindizes von Land A zum Basisjahr 2011 und von Land B zum Basisjahr 2010 angegeben:

Jahr	Land A	Land B
2009	92	98
2010	96	100
2011	100	102
2012	105	105
2013	106	110

Soll die Entwicklung der Preisindizes der beiden Länder im Zeitraum 2011 bis 2013 miteinander verglichen werden, so kann als gemeinsame Basisjahr z.B. das Jahr 2011 gewählt werden; d.h. 102 von Land B entspricht 100 von Land A. Gemäß der Dreisatz-Rechnung werden für die Umbasierung der Preisindizes von Land B alle Indexwerte von Land B durch den Preisindex 102 des gewünschten Basisjahres 2011 dividiert und anschließend mit 100 multipliziert. Diese Rechnung entspricht einer Division der Indexwerte von Land B durch 1,02:

Jahr	Land A	Land B
2009	92	98 : 1,02 = 96,1
2010	96	100 : 1,02 = 98
2011	100	102 : 1,02 = 100
2012	105	105 : 1,02 = 102,9
2013	106	110 : 1,02 = 107,8

d.h. im Zeitraum 2011 bis 2013 ist in Land A der Preisindex um sechs Prozent insgesamt gestiegen, während der Preisindex in Land B in diesem Zeitraum sogar um knapp acht Prozent (7,8%) gestiegen ist.

9.8   Verkettung von Indizes

Zusammenfassende Indexwerte lassen sich mit Hilfe einer „Verkettung" näherungsweise berechnen:

Definition 9.26
Als **Verkettung** von Indexwerten $P_{01}, P_{12}, P_{23}, \ldots$ über benachbarte Zeitperioden wird die Bildung eines Indexwertes:

$$P_{0t} \approx P_{01} \cdot P_{12} \cdot P_{23} \cdot \ldots \cdot P_{t-1,t}$$

mit dem Basisjahr 0 und dem Berichtsjahr t bezeichnet.

Beispiel 9.27

Gesucht ist der Preisindex P_{03} mit dem Basisjahr 2010 und dem Berichtsjahr 2013. Zur Berechnung von P_{03} stehen lediglich die folgenden Preisindizes zur Verfügung:

Berichts- jahr	Basisjahr 2010	2011	2012
2010	$P_{00} = 1$		
2011	$P_{01} = 0{,}9904$	$P_{11} = 1$	
2012	$P_{02} = 1{,}0256$	$P_{12} = 1{,}0350$	$P_{22} = 1$
2013	$P_{03} = ?$	$P_{13} = 1{,}0700$	$P_{23} = 1{,}0348$

Mit Hilfe der Verkettung ergeben sich folgende Näherungswerte für P_{03}:

- Mit den Indexwerten P_{01}, P_{12}, P_{23} ergibt sich:

  $$P_{03} \approx P_{01} \cdot P_{12} \cdot P_{23} = 0{,}9904 \cdot 1{,}0350 \cdot 1{,}0348 = 1{,}0607$$

  d.h. im Zeitraum 2010 bis 2013 sind die Preise näherungsweise um etwa 6,07 Prozent insgesamt gestiegen.

- Mit den Indexwerten P_{02}, P_{23} ergibt sich:

  $$P_{03} \approx P_{02} \cdot P_{23} = 1{,}0256 \cdot 1{,}0348 = 1{,}0613$$

  d.h. im Zeitraum 2010 bis 2013 sind die Preise näherungsweise um etwa 6,13 Prozent insgesamt gestiegen.

- Mit den Indexwerten P_{01}, P_{13} ergibt sich:

  $$P_{03} \approx P_{01} \cdot P_{13} = 0{,}9904 \cdot 1{,}0700 = 1{,}0597$$

  d.h. im Zeitraum 2010 bis 2013 sind die Preise näherungsweise um etwa 5,97 Prozent insgesamt gestiegen.

Lässt sich aufgrund der Datenlage ein Indexwert nicht exakt berechnen, so kann wie im Beispiel 9.27 ggf. mit Hilfe einer Verkettung ein Indexwert bestimmt werden. Der durch eine Verkettung erhaltene Wert ist jedoch aufgrund wechselnder Warenkörbe lediglich ein Näherungswert.

9.9   Verknüpfung von Indizes

Durch die Verwendung von unterschiedlichen Basisjahren oder durch den Übergang zu anderen Modalitäten (z.B. das Gut „Handy" kommt neu in einen Warenkorb) entstehen zwei Zeitreihen von Indexwerten:

Reihe 1: $P_{01}, P_{02}, P_{03}, \ldots, P_{0t}$
Reihe 2: $\qquad\qquad \ldots, P'_{\tau t}, P'_{\tau,t+1}, P'_{\tau,t+2}, \ldots$

Diese beiden Zeitreihen sollen zu einer durchgängigen Zeitreihe „verknüpft" werden.

Definition 9.28
Überlappen sich zwei Indexreihen in der Zeitperiode t, so gibt es zwei Möglichkeiten für die **Verknüpfung**:

[1] Die zweite Reihe wird an die erste Reihe angepasst:

$$\underbrace{P_{01}, P_{02}, P_{03}, \ldots, P_{0t}}_{\substack{\text{die Werte der} \\ \text{Reihe 1 bleiben} \\ \text{unverändert}}}, \underbrace{\frac{P_{0t}}{P'_{\tau t}} P'_{\tau,t+1}, \frac{P_{0t}}{P'_{\tau t}} P'_{\tau,t+2}, \cdots}_{\substack{\text{die Werte der Reihe 2 werden mit} \\ \text{einem Faktor multipliziert}}}$$

[2] Die erste Reihe wird an die zweite Reihe angepasst:

$$\underbrace{\frac{P'_{\tau t}}{P_{0t}} P_{01}, \frac{P'_{\tau t}}{P_{0t}} P_{02}, \ldots, \overbrace{\frac{P'_{\tau t}}{P_{0t}} P_{0t}}^{=P'_{\tau t}}}_{\substack{\text{die Werte der Reihe 1 werden} \\ \text{mit einem Faktor multipliziert}}}, \underbrace{P'_{\tau,t+1}, P'_{\tau,t+2}, \cdots}_{\substack{\text{die Werte der Reihe 2} \\ \text{bleiben unverändert}}}$$

Der verknüpfte Wert wird mit einem Dreisatz berechnet.

Beispiel 9.29
In der nachfolgenden Tabelle sind zwei Indexreihen für den Preisindex für die Lebenshaltung aller privaten Haushalte in einem Land angegeben:

	Preisindex	
Jahr	Basisjahr 2007	Basisjahr 2012
2003	87,2	
2007	100	
2012	106,9	100
2013		102,0

Um wie viel Prozent sind die Preise für die Lebenshaltung aller privaten Haushalte im Zeitraum 2007 bis 2013 gestiegen?

■ Für den ersten Lösungsweg wird anhand der Verknüpfung die Indexreihe mit dem Basisjahr 2007 fortgeführt:

Jahr	Index
2003	87,2
2007	100
2012	106,9
2013	$\dfrac{106,9}{100} \cdot 102,0 = 109,038$

d.h. die Preise für die Lebenshaltung aller privaten Haushalte sind im Zeitraum von 2007 bis 2013 um 9,04 Prozent insgesamt gestiegen.

■ Für den zweiten Lösungsweg wird anhand der Verknüpfung die Indexreihe mit dem Basisjahr 2012 zurückgerechnet:

Jahr	Index
2003	$\dfrac{100}{106,9} \cdot 87,2 = 81,572$
2007	$\dfrac{100}{106,9} \cdot 100 = 93,545$
2012	100
2013	102,0

$$\frac{\text{Wert}_{2013}}{\text{Wert}_{2007}} = \frac{102,0}{93,545} = 1,09038$$

d.h. die Preise für die Lebenshaltung aller privaten Haushalte sind im Zeitraum von 2007 bis 2013 um 9,04 Prozent insgesamt gestiegen.

■ Beim dritten Lösungsweg wird ohne Verknüpfung das Ergebnis über die Veränderungsfaktoren bestimmt:

Zeitraum	Veränderungs-rate	faktor
2007 bis 2012	+ 6,9%	1,069
2012 bis 2013	+ 2,0%	1,02

$1,069 \cdot 1,02 = 1,09038$

d.h. die Preise für die Lebenshaltung aller privaten Haushalte sind im Zeitraum von 2007 bis 2013 um 9,04 Prozent insgesamt gestiegen.

9.10 Zusammenfassung

■ Das nominale Wachstum wird mit dem Wertindex gemessen.

■ Das reale Wachstum wird mit einem Mengenindex gemessen.

■ Die Inflationsrate wird aus dem Preisindex bestimmt.

■ Mit einer Umbasierung werden zwei Indexreihen vergleichbar gemacht, indem sie mittels Dreisatz dasselbe Basisjahr erhalten.

■ Fehlt ein Indexwert, so lässt er sich ggf. über eine Verkettung näherungsweise bestimmen.

■ Mittels Dreisatz lässt sich eine Indexreihe fortführen oder zurückrechnen (Verknüpfung).

Prüfungstipps

Das Wichtigste für das Rechnen mit Indexzahlen ist, dass nur mit den Veränderungsfaktoren, nicht aber mit den Veränderungsraten gerechnet wird.

■ Das Gesamtwachstum (in Prozent) einer Indexzahl in dem Zeitraum 0 bis t wird berechnet aus dem Quotienten der beiden Indexwerte zu den Zeitpunkten t und 0.

■ Das Gesamtwachstum (in Prozent) einer Indexzahl in dem Zeitraum 0 bis t lässt sich auch über das Produkt der Veränderungsfaktoren gegenüber dem jeweiligen Vorjahr berechnen.

■ Das durchschnittliche jährliche Wachstum (in Prozent) einer Indexzahl in dem Zeitraum 0 bis t wird berechnet als t-te Wurzel aus dem Gesamtwachstums-Faktor.

10 Diskrete Verteilungsmodelle

Lernziele

In diesem Kapitel lernen Sie

■ die Binomialverteilung sowie

■ die hypergeometrische Verteilung kennen.

Eine Wahrscheinlichkeitsverteilung einer diskreten Zufallsvariablen wird auch als diskretes Verteilungsmodell bezeichnet.

10.1 Binomialverteilung

Die im Marketing und in der Qualitätskontrolle wichtigste diskrete Verteilung ist die Binomialverteilung.

Anmerkung: Bi-nomial (ohne „n" zwischen dem „i" und dem „a") bedeutet wörtlich aus dem Griechischen übersetzt: Das Zwei-Gesetz, wobei Griechisch nomos=Gesetz bedeutet. Der Wortzusatz „nomial" bei binomial hat also nichts mit der Skalierungsart nominal zu tun.

Anhand eines Beispiels werden wir die Binomialverteilung kennen lernen.

Beispiel 10.1
Wir betrachten einen Multiple-Choice-Test (vgl. auch Schlittgen [2008]). Pro Frage gibt es insgesamt drei Antwortalternativen, von denen nur genau <u>eine</u> richtig ist. Ein Kandidat versucht, durch zufälliges Ausfüllen die richtige Antwort zu geben. Somit haben wir folgende Wahrscheinlichkeiten dafür, dass eine Antwort auf eine Frage richtig bzw. falsch ist:

$$P(\text{„Antwort ist richtig"}) = \frac{1}{3}$$

$$P(\text{„Antwort ist nicht richtig"}) = \frac{2}{3}$$

Der Multiple-Choice-Test umfasst vier Fragen. Für die vier Fragen bezeichnen die folgenden Zufallsvariablen X_1, X_2, X_3, X_4:

$$X_i = \begin{cases} 0 & ; i\text{-te Antwort ist nicht richtig} \\ 1 & ; i\text{-te Antwort ist richtig} \end{cases}$$

Ist das Ergebnis eines Prüfling z.B. $(X_1, X_2, X_3, X_4) = (0,0,1,0)$, so hat der Prüfling lediglich die dritte Frage richtig beantwortet.

Da „nicht richtig" mit dem Wert „0" und „richtig" mit dem Wert „1" bezeichnet wurden, lässt sich die Anzahl der richtigen Antworten als Summe der Nullen und Einsen notieren:

$$Y = X_1 + X_2 + X_3 + X_4$$

d.h. die Zufallsvariable Y gibt die Gesamtanzahl der richtigen Antworten in dem Multiple-Choice-Test an. Insb. kann Y die Werte $0, 1, 2, 3$ und 4 annehmen.

Gesucht sind die Wahrscheinlichkeiten der Ereignisse „$Y = 0$" bzw. „$Y = 1$" …„$Y = 4$".

■ Wir bestimmen $P(Y = 0)$. Wurden alle Fragen falsch beantwortet, d.h. $Y = 0$, so haben die Zufallsvariablen X_1, X_2, X_3, X_4 alle den Wert null angenommen:

$$P(Y = 0) = P(X_1 = X_2 = X_3 = X_4 = 0)$$

Da das Ergebnis des zufälligen Ausfüllens einer Antwort stochastisch unabhängig ist vom Ergebnis des zufälligen Ausfüllens einer anderen Antwort, lässt sich gemäß der Definition 5.24 die gesuchte Wahrscheinlichkeit über das Produkt der Einzelwahrscheinlichkeiten berechnen:

$$P(X_1 = 0, X_2 = 0, X_3 = 0, X_4 = 0) =$$
$$P(X_1 = 0) \cdot P(X_2 = 0) \cdot P(X_3 = 0) \cdot P(X_4 = 0)$$

Für jede der vier Fragen beträgt die Wahrscheinlichkeit einer falschen Antwort $2/3$:

$$P(X_1 = 0) \cdot P(X_2 = 0) \cdot P(X_3 = 0) \cdot P(X_4 = 0) = \left(\frac{2}{3}\right)^4$$

d.h. die Wahrscheinlichkeit, dass keine Antwort richtig ist, beträgt $(\frac{2}{3})^4 \approx 0{,}1975$.

■ Wir bestimmen $P(Y = 1)$. Wurde genau eine Frage richtig beantwortet, d.h. $Y = 1$, so hat genau eine der vier Zufallsvariablen X_1, X_2, X_3, X_4 den Wert eins, alle übrigen haben den Wert null angenommen:

$$P(Y = 1) = P(X_1 = 0, X_2 = 0, X_3 = 0, X_4 = 1)$$
$$+P(X_1 = 0, X_2 = 0, X_3 = 1, X_4 = 0)$$
$$+P(X_1 = 0, X_2 = 1, X_3 = 0, X_4 = 0)$$
$$+P(X_1 = 1, X_2 = 0, X_3 = 0, X_4 = 0)$$
$$= 4 \cdot \tfrac{1}{3} \cdot (\tfrac{2}{3})^3$$
$$\approx 0{,}3951$$

d.h. die Wahrscheinlichkeit, genau eine Antwort richtig zu haben, beträgt 0,3951.

■ Wir bestimmen $P(Y = 2)$. Wurden genau zwei Fragen richtig beantwortet, d.h. $Y = 2$, so haben genau zwei der vier Zufallsvariablen X_1, X_2, X_3, X_4 den Wert eins, alle übrigen haben den Wert null angenommen:

$$P(Y = 2) = P(X_1 = 0, X_2 = 0, X_3 = 1, X_4 = 1)$$
$$+P(X_1 = 0, X_2 = 1, X_3 = 0, X_4 = 1)$$
$$+P(X_1 = 0, X_2 = 1, X_3 = 1, X_4 = 0)$$
$$+P(X_1 = 1, X_2 = 0, X_3 = 0, X_4 = 1)$$
$$+P(X_1 = 1, X_2 = 0, X_3 = 1, X_4 = 0)$$
$$+P(X_1 = 1, X_2 = 1, X_3 = 0, X_4 = 0)$$
$$= 6 \cdot (\tfrac{1}{3})^2 \cdot (\tfrac{2}{3})^2$$
$$\approx 0{,}2963$$

d.h. die Wahrscheinlichkeit, genau zwei Antworten richtig zu haben, beträgt 0,2963.

■ Wir bestimmen $P(Y = 3)$. Wurden genau drei Fragen richtig beantwortet, d.h. $Y = 3$, so haben genau drei der vier Zufallsvariablen X_1, X_2, X_3, X_4 den Wert eins, die übrige hat den Wert null angenommen:

$$P(Y = 3) = P(X_1 = 0, X_2 = 1, X_3 = 1, X_4 = 1)$$
$$+P(X_1 = 1, X_2 = 0, X_3 = 1, X_4 = 1)$$
$$+P(X_1 = 1, X_2 = 1, X_3 = 0, X_4 = 1)$$
$$+P(X_1 = 1, X_2 = 1, X_3 = 1, X_4 = 0)$$
$$= 4 \cdot (\tfrac{1}{3})^3 \cdot \tfrac{2}{3}$$
$$\approx 0{,}0988$$

d.h. die Wahrscheinlichkeit, genau drei Antworten richtig zu haben, beträgt 0,0988.

■ Wir bestimmen $P(Y = 4)$. Wurden alle Fragen richtig beantwortet, d.h. $Y = 4$, so haben alle vier Zufallsvariablen X_1, X_2, X_3, X_4 den Wert eins angenommen:

$$P(Y = 4) = P(X_1 = X_2 = X_3 = X_4 = 1) = (\tfrac{1}{3})^4 \approx 0{,}0123$$

d.h. die Wahrscheinlichkeit, alle Antworten richtig zu haben, beträgt 0,0123.

Somit hat Y folgende Wahrscheinlichkeitsfunktion:

y	0	1	2	3	4
$P(Y = y)$	0,1975	0,3951	0,2963	0,0988	0,0123

Bei der Suche nach einer allgemeinen Antwort, wie sich die Wahrscheinlichkeiten aus dem Beispiel 10.1 berechnen lassen, werden wir zunächst klären, wie sich die Anzahl der Kombinationen eines Tupels mit Nullen und Einsen bestimmen lässt.

Beispiel 10.2 (Fortsetzung von Beispiel 10.1)
Bezeichnet y die Anzahl der richtigen Antworten für das Beispiel 10.1, so gibt der Binomialkoeffizient $\binom{4}{y}$ (vgl. Definition 4.33) die Gesamtanzahl der möglichen Kombinationen an:

■ Für den Fall, dass alle Fragen falsch beantwortet wurden, haben alle vier Zufallsvariablen X_1, X_2, X_3, X_4 den Wert null angenommen, d.h. insb. es gibt nur eine Kombination des Vierer-Tupels $(0,0,0,0)$. Und der Binomialkoeffizient beträgt:

$$\binom{4}{0} = \frac{4!}{0! \cdot 4!} = 1$$

■ Für den Fall, dass genau eine Frage richtig beantwortet wurde, gibt es vier Kombinationen des Vierer-Tupels (X_1, X_2, X_3, X_4), nämlich $(1,0,0,0)$ und $(0,1,0,0)$ und $(0,0,1,0)$ und $(0,0,0,1)$. Und der Binomialkoeffizient beträgt:

$$\binom{4}{1} = \frac{4!}{1! \cdot 3!} = 4$$

■ Für den Fall, dass genau zwei Fragen richtig beantwortet wurden, gibt es sechs Kombinationen des Vierer-Tupels (X_1, X_2, X_3, X_4), nämlich $(1,1,0,0)$ und $(1,0,1,0)$ und $(1,0,0,1)$ und $(0,1,1,0)$ und $(0,1,0,1)$ und $(0,0,1,1)$. Und der Binomialkoeffizient beträgt:

$$\binom{4}{2} = \frac{4!}{2! \cdot 2!} = 6$$

■ Für den Fall, dass genau drei Fragen richtig beantwortet wurden, gibt es vier Kombinationen des Vierer-Tupels (X_1, X_2, X_3, X_4), nämlich $(1,1,1,0)$ und $(1,1,0,1)$ und $(1,0,1,1)$ und $(0,1,1,1)$. Und der Binomialkoeffizient beträgt:

$$\binom{4}{3} = \frac{4!}{3! \cdot 1!} = 4$$

■ Für den Fall, dass alle Fragen richtig beantwortet worden, haben alle vier Zufallsvariablen X_1, X_2, X_3, X_4 den Wert eins angenommen, d.h. insb. es gibt nur eine Kombination des Vierer-Tupels (1,1,1,1). Und der Binomialkoeffizient beträgt:

$$\binom{4}{4} = \frac{4!}{4! \cdot 0!} = 1$$

Allgemein gibt der Wert des Binomialkoeffizienten gemäß Satz 4.32 die Gesamtanzahl der Möglichkeiten an, aus einer Urne mit $n = 4$ nummerierten Plätzen y Plätze herauszuziehen (nämlich die Plätze, wo die Einsen im n-Tupel stehen), wenn aus der Urne ohne Zurücklegen und ohne Berücksichtigung der Reihenfolge gezogen wird.

Bei dem Beispiel 10.1 liegt ein Zufallsexperiment vor, das sich wie folgt charakterisieren lässt:

■ Bei jeder der $n = 4$ Fragen interessiert nur, ob die Antwort richtig ist. (Ja/Nein-Variable)

■ Ob eine Antwort richtig oder falsch ist, hängt nicht davon ab, wie die übrigen Fragen beantwortet wurden. (stochastische Unabhängigkeit)

■ Die Wahrscheinlichkeit, eine Frage richtig zu beantworten, ist für jede Frage gleich groß und beträgt $p = 1/3$. (p konstant)

Da die Zufallsvariablen X_1, X_2, X_3, X_4 aus dem Beispiel 10.1 diese drei Kriterien erfüllen, lässt sich die Wahrscheinlichkeitsfunktion der Zufallsvariablen $Y = X_1 + X_2 + X_3 + X_4$ auch über die Wahrscheinlichkeitsfunktion der sogenannten „Binomialverteilung" mit den Parametern $n = 4$ und $p = 1/3$ berechnen:

Definition 10.3
Die Zufallsvariable Y heißt **binomialverteilt** mit den Parametern n und p, kurz $Y \sim \mathsf{B}(n; p)$, wenn die Wahrscheinlichkeitsfunktion von Y gegeben ist durch:

$$P(Y = y) = \binom{n}{y} \cdot p^y (1-p)^{n-y}; \quad y = 0, 1, 2, \ldots, n$$

Beispiel 10.4 (Fortsetzung von Beispiel 10.1)
Die Zufallsvariable $Y =$ „Anzahl der richtigen Antworten" aus dem Beispiel 10.1 ist binomialverteilt mit den Parametern $n = 4$ und $p = \frac{1}{3}$. Somit ergibt sich die Wahrscheinlichkeitsfunktion von Y auch wie folgt:

■ $P(Y = 0) = \binom{4}{0} \cdot \left(\frac{1}{3}\right)^0 \left(\frac{2}{3}\right)^4 \approx 0{,}1975$

■ $P(Y = 1) = \binom{4}{1} \cdot \left(\frac{1}{3}\right)^1 \left(\frac{2}{3}\right)^3 \approx 0{,}3951$

■ $P(Y = 2) = \binom{4}{2} \cdot \left(\frac{1}{3}\right)^2 \left(\frac{2}{3}\right)^2 \approx 0{,}2963$

■ $P(Y = 3) = \binom{4}{3} \cdot \left(\frac{1}{3}\right)^3 \left(\frac{2}{3}\right)^1 \approx 0{,}0988$

■ $P(Y = 4) = \binom{4}{4} \cdot \left(\frac{1}{3}\right)^4 \left(\frac{2}{3}\right)^0 \approx 0{,}0123$

■ Ferner beträgt die erwartete Anzahl von richtigen Antworten:

$$E[Y] = 4 \cdot \frac{1}{3} \approx 1{,}333$$

d.h. im Mittel errät ein Kandidat 1,3 Antworten richtig.

Satz 10.5
Eine mit den Parametern n und p binomialverteilte Zufallsvariable Y hat

■ den Erwartungswert $E[Y] = n \cdot p$ und

■ die Varianz $V[Y] = np(1 - p)$

Beispiel 10.6
Bei einer Versicherung laufen vierzig Verträge über einen Ausbildungszuschuss von jeweils 20 000€. Die Versicherung geht davon aus, dass im kommenden Jahr drei Prozent der Verträge einen Ausbildungszuschuss in Anspruch nehmen werden. Das in Anspruch nehmen eines Ausbildungszuschusses geschieht stochastisch unabhängig davon, ob ein anderes Versi-

cherungsverhältnis ebenfalls einen Ausbildungszuschuss in Anspruch nimmt. Der Rückstellungsbetrag der Versicherung beträgt 38 000€.

■ Wie groß ist die erwartete Anzahl von gewährten Ausbildungszuschüssen im kommenden Jahr?

Die Zufallsvariable $X=$„tatsächliche Anzahl der Verträge, die im nächsten Jahr einen Ausbildungszuschuss in Anspruch nehmen" ist binomialverteilt mit den Parametern $n = 40$ und $p = 0{,}03$, kurz $X \sim \mathsf{B}(n = 40; p = 0{,}03)$. Der Erwartungswert beträgt:

$$E[X] = np = 40 \cdot 0{,}03 = 1{,}2$$

d.h. im kommenden Jahr ist damit zu rechnen, dass im Mittel 1,2 Verträge ihren Ausbildungszuschuss in Anspruch nehmen.

■ Wie groß ist die Wahrscheinlichkeit, dass im kommenden Jahr genau zwei Verträge einen Ausbildungszuschuss in Anspruch nehmen?

$$P(X = 2) = \binom{40}{2} \cdot 0{,}03^2 \cdot 0{,}97^{38} \approx 0{,}2206$$

d.h. die Wahrscheinlichkeit beträgt 0,2206.

■ Wie groß ist die Wahrscheinlichkeit, dass im kommenden Jahr weniger als zwei Verträge einen Ausbildungszuschuss in Anspruch nehmen?

$$P(X < 2) = P(X = 0) + P(X = 1)$$

$$P(X = 0) = \binom{40}{0} \cdot 0{,}03^0 \cdot 0{,}97^{40} \approx 0{,}2957$$

$$P(X = 1) = \binom{40}{1} \cdot 0{,}03^1 \cdot 0{,}97^{39} \approx 0{,}3658$$

$$P(X < 2) \approx 0{,}2957 + 0{,}3658 = 0{,}6615$$

d.h. die Wahrscheinlichkeit beträgt 0,6615.

■ Wie groß ist die Wahrscheinlichkeit, dass im kommenden Jahr höchstens zwei Verträge einen Ausbildungszuschuss in Anspruch nehmen?

$$P(X \le 2) = P(X = 0) + P(X = 1) + P(X = 2) \approx 0{,}2957 + 0{,}3658 + 0{,}2206 = 0{,}8821$$

d.h. die Wahrscheinlichkeit beträgt 0,8821.

■ Wie groß ist die Wahrscheinlichkeit, dass im kommenden Jahr mindestens zwei Verträge einen Ausbildungszuschuss in Anspruch nehmen?

$P(X \geq 2) = 1 - P(X < 2) \approx 1 - 0{,}6615 = 0{,}3385$

d.h. die Wahrscheinlichkeit beträgt 0,3385.

■ Wie groß ist die Wahrscheinlichkeit, dass im kommenden Jahr mehr als zwei Verträge einen Ausbildungszuschuss in Anspruch nehmen?

$P(X > 2) = 1 - P(X \leq 2) \approx 1 - 0{,}8822 = 0{,}1178$

d.h. die Wahrscheinlichkeit beträgt 0,1178.

■ Wie viele Ausbildungszuschüsse können bei sieben Prozent Jahreszinsen aus dem Rückstellungsbetrag finanziert werden, wenn die fälligen Ausbildungszuschüsse erst ein Jahr nach Anlage des Rückstellungsbetrags ausgezahlt werden?

$38\,000 \cdot 1{,}07 = 40\,660$

d.h. aus dem Rückstellungsbetrag können zwei Ausbildungsverhältnisse finanziert werden.

■ Wie groß ist die Wahrscheinlichkeit, dass die Rückstellung bei sieben Prozent Jahreszinsen im kommenden Jahr ausreicht, um die anfallenden Ausbildungszuschüsse zu finanzieren?

$P(X \leq 2) \approx 0{,}8822$

d.h. die Wahrscheinlichkeit beträgt 0,8822.

■ Wie groß ist die Wahrscheinlichkeit, dass höchstens achtunddreißig Ausbildungszuschüsse im kommenden Jahr in Anspruch genommen werden?

$P(X \leq 38) = 1 - P(X > 38) = 1 - P(X = 39) - P(X = 40) = 1 - 1{,}6 \cdot 10^{-58} - 1{,}2 \cdot 10^{-61} \approx 1 - 0 = 1$

d.h. fast sicher werden im kommenden Jahr höchstens achtunddreißig Verträge einen Ausbildungszuschuss in Anspruch nehmen.

10.2   Hypergeometrische Verteilung

Die Binomialverteilung wird auch als Modell herangezogen, wenn ihre Voraussetzungen leicht verletzt sind.

Beispiel 10.7
In einer Grundgesamtheit von $N = 1\,000$ Produktionsstücken befinden sich genau $M = 200$ Stücke mit der Eigenschaft

A=Ausschussstück. Aus dieser Grundgesamtheit werden fünf Produktionsstücke nacheinander zufällig ausgewählt und gekauft.

■ Wie hoch ist die Wahrscheinlichkeit, dass das erste gekaufte Stück ein Ausschussstück ist?

$$P(A) = \frac{M}{N} = \frac{200}{1000} = 0{,}2$$

d.h. die Wahrscheinlichkeit beträgt 20 Prozent.

■ Wie hoch ist die Wahrscheinlichkeit, dass das zweite gekaufte Stück ein Ausschussstück ist?

$$P(A) = \begin{cases} \frac{200}{999} & ; \text{ falls erstes Stück Qualitätsstück war} \\ \frac{199}{999} & ; \text{ falls erstes Stück Ausschussstück war} \end{cases}$$

d.h. je nachdem, ob das erste ein Qualitäts- oder Ausschussstück war, beträgt die Wahrscheinlichkeit 20,02 Prozent bzw. 19,92 Prozent.

Fazit: Die Ausschusswahrscheinlichkeit $p = P(A)$ ist bei jeder Wiederholung des Zufallsexperiments „zufälliges Herausnehmen eines Produktionsstücks aus der Grundgesamtheit" nicht konstant. Diese Konstanz war jedoch eines der drei Kriterien (vgl. Kapitel 10.1) dafür, dass Wahrscheinlichkeiten mit der Binomialverteilung berechnet werden dürfen.

Die exakte Verteilung, die hier vorliegt, ist die sogenannte „hypergeometrische Verteilung".

Definition 10.8
Die Zufallsvariable X heißt **hypergeometrisch verteilt** mit den Parametern N, M und n, kurz $X \sim \mathsf{H}(N, M, n)$, wenn die Wahrscheinlichkeitsfunktion von X gegeben ist durch:

$$f(x) = \frac{\binom{M}{x}\binom{N-M}{n-x}}{\binom{N}{n}}$$

für $\max\{0, n - (N - M)\} \leq x \leq \min\{n, M\}$.

Beispiel 10.9
Die Zufallsvariable X bezeichnet die Anzahl der richtig getippten Zahlen beim Lottospiel 6 aus 49. Dann liegt folgende Situation vor:

N = 49 Zahlen
M = 6 richtige Zahlen
n = 6 abgegebene Tippzahlen
$X \sim \mathsf{H}(N = 49; M = 6; n = 6)$

■ Wie groß ist die Wahrscheinlichkeit, genau sechs Richtige zu tippen?

$$P(X = 6) = \frac{\binom{6}{6} \cdot \binom{43}{0}}{\binom{49}{6}} = \frac{1}{\binom{49}{6}} = \frac{1}{13\,983\,816}$$

d.h. die Wahrscheinlichkeit, sechs Richtige im Lotto zu tippen, ist etwas geringer als die Wahrscheinlichkeit, beim Würfeln neunmal hintereinander eine Sechs zu würfeln.

■ Wie groß ist die Wahrscheinlichkeit, genau fünf Richtige zu tippen?

$$P(X = 5) = \frac{\binom{6}{5} \cdot \binom{43}{1}}{\binom{49}{6}} = \frac{6 \cdot 43}{\binom{49}{6}} = \frac{258}{13\,983\,816}$$

d.h. die Wahrscheinlichkeit ist etwas geringer als die Wahrscheinlichkeit, beim Würfeln sechsmal hintereinander eine Sechs zu würfeln.

■ Wie groß ist die Wahrscheinlichkeit, genau vier Richtige zu tippen?

$$P(X = 4) = \frac{\binom{6}{4} \cdot \binom{43}{2}}{\binom{49}{6}} = \frac{15 \cdot 903}{\binom{49}{6}} = \frac{13\,545}{13\,983\,816}$$

d.h. die Wahrscheinlichkeit ist etwas größer als die Wahrscheinlichkeit, beim Würfeln viermal hintereinander eine Sechs zu würfeln.

■ Wie groß ist die Wahrscheinlichkeit, keine Zahl richtig zu tippen?

$$P(X = 0) = \frac{\binom{6}{0} \cdot \binom{43}{6}}{\binom{49}{6}} = \frac{1 \cdot 6\,096\,454}{\binom{49}{6}} = \frac{6\,096\,454}{13\,983\,816} =$$
0,435965

d.h. die Wahrscheinlichkeit ist etwas kleiner als 50 Prozent.

■ Sie beobachten die Ziehung und haben schon fünf Zahlen richtig getippt. Wie groß ist dann die Wahrscheinlichkeit, auch die sechste Zahl richtig zu tippen?

Es sind noch 44 Zahlen übrig, von denen genau eine Zahl richtig ist. Also beträgt die Wahrscheinlichkeit $\frac{1}{44}$.

Ist in der Definition 10.8 jedoch n „sehr klein" im Verhältnis zu N, so kann mit der Binomialverteilung - anstatt der hypergeometrischen Verteilung - gerechnet werden:

Satz 10.10
Für einen Auswahlsatz $\frac{n}{N} \leq 0{,}05$ ist die Binomialverteilung $B(n; p = \frac{M}{N})$ eine gute Näherung der hypergeometrischen Verteilung:

$$P(X = x) = \frac{\binom{M}{x}\binom{N-M}{n-x}}{\binom{N}{n}} \approx \binom{n}{x} \cdot p^x (1-p)^{n-x}$$

Beispiel 10.11 (Fortsetzung von Beispiel 10.7)
In dem Beispiel 10.7 beträgt die Ausschussquote in der Grundgesamtheit $\frac{M}{N} = \frac{200}{1\,000} = 0{,}2$. Wie hoch ist die Wahrscheinlichkeit, dass sich höchstens ein Ausschussstück unter den fünf gekauften Stücken befindet?

- Da der Auswahlsatz $\frac{n}{N} = \frac{5}{1\,000} = 0{,}005$ deutlich unter fünf Prozent liegt, darf gemäß Satz 10.10 auch näherungsweise mit der Binomialverteilung $B(n = 5; p = 0{,}2)$ gerechnet werden:
$$P(X \leq 1) = P(X = 0) + P(X = 1)$$
$$\approx \binom{5}{0} \cdot 0{,}2^0 \cdot 0{,}8^5 + \binom{5}{1} \cdot 0{,}2^1 \cdot 0{,}8^4$$
$$= 0{,}3277 + 0{,}4096 = 0{,}7373$$

  d.h. die Wahrscheinlichkeit beträgt näherungsweise 73,73 Prozent.

- Die exakte Wahrscheinlichkeit ergibt sich mit der hypergeometrischen Verteilung:
$$P(X \leq 1) = P(X = 0) + P(X = 1)$$
$$= \frac{\binom{200}{0}\binom{800}{5}}{\binom{1\,000}{5}} + \frac{\binom{200}{1}\binom{800}{4}}{\binom{1\,000}{5}}$$
$$= 0{,}3269 + 0{,}4106 = 0{,}7375$$

  d.h. die Wahrscheinlichkeit beträgt exakt 73,75 Prozent.

⚠ Eine Überprüfung des Auswahlsatzes n/N ist insb. nur dann möglich, wenn eine <u>endliche</u> Grundgesamtheit vorliegt und die

Mächtigkeit N der Grundgesamtheit bekannt ist. Für den Fall $N = \infty$ entfällt die Überprüfung.

Satz 10.12

Eine mit den Parametern N, M, n hypergeometrisch verteilte Zufallsvariable X hat

■ den Erwartungswert $E[X] = n \cdot \dfrac{M}{N}$ und

■ die Varianz $V[X] = n \cdot \dfrac{M}{N} \cdot (1 - \dfrac{M}{N}) \cdot \dfrac{N - n}{N - 1}$

10.3   Zusammenfassung

Eine Binomialverteilung liegt vor, wenn die folgenden drei Kriterien erfüllt sind:

■ Bei der Durchführung eines Zufallsexperiments interessiert nur, ob ein Ereignis A eintritt oder nicht.

■ Die n Wiederholungen des Zufallsexperiments sind stochastisch unabhängig voneinander.

■ Die Wahrscheinlichkeit $p = P(A)$ ist bei jeder Wiederholung des Zufallsexperiments gleich groß.

Wahrscheinlichkeiten der binomialverteilten Zufallsvariablen $X =$ „Anzahl des Eintretens des Ereignisses A bei n Wiederholungen" werden berechnet mit $P(X = x) = \binom{n}{x} \cdot p^x \cdot (1 - p)^{n-x}$.

Wahrscheinlichkeiten einer hypergeometrisch verteilten Zufallsvariablen dürfen näherungsweise mit der Binomialverteilung berechnet werden, falls der Auswahlsatz höchstens fünf Prozent beträgt.

Prüfungstipps

Das Berechnen von Binomial-Wahrscheinlichkeiten ist - nach einigem Üben - nicht schwierig, jedoch das Erkennen, ob eine B$(n; p)$ vorliegt, bereitet in einer Prüfung häufig Probleme.

■ Für eine Binomialverteilung muss eine Ja/Nein-Variable vorliegen. Jede statistische Variable lässt sich zu einer Ja/Nein-Variablen, also zu einer Variablen mit genau zwei Realisationsmöglichkeiten transformieren.

■ Für eine Binomialverteilung müssen die Wiederholungen stochastisch unabhängig voneinander sein. Dies steht ggf. explizit in der Prüfungsaufgabe, anderenfalls muss dies vom Prüfling aufgrund inhaltlicher Überlegungen erkannt werden.

■ Wechseln Sie in einer Prüfungsaufgabe nicht die Variablenbezeichnung, wenn nach dem Gegenteil gefragt ist. Das Wechseln führt häufig in der Prüfung zu Fehlern. Eine gute Vorgehensweise ist, diejenigen Ereignisse A zu zählen, für die in der Prüfungsaufgabe die Eintrittswahrscheinlichkeit $p = P(A)$ gegeben ist.

■ Überlegen Sie vor der Berechnung einer Binomial-Wahrscheinlichkeit, welcher Lösungsweg der kürzere ist: $P(X \leq x)$ oder $1 - P(X > x)$.

11 Stetige Verteilungsmodelle

Lernziele

In diesem Kapitel lernen Sie

- die Normalverteilung und

- eine Approximation der Binomialverteilung sowie

- den Zentralen Grenzwertsatz kennen.

Eine Wahrscheinlichkeitsverteilung einer stetigen Zufallsvariablen wird auch als stetiges Verteilungsmodell bezeichnet.

11.1 Normalverteilung

Die Normalverteilung spielt in der Statistik eine zentrale Rolle. Zum einen ist sie ein nützliches Modell für empirische Verteilungen und zum anderen lassen sich viele Verteilungen bei genügend großem Stichprobenumfang näherungsweise durch eine Normalverteilung beschreiben.

Beispiel 11.1

Die Bestuhlung eines Hörsaals soll so entworfen werden, dass möglichst viele Studierende diese Sitze bequem finden. Für die Konstruktion der Bestuhlung wurde die Köpergröße (in cm) von hundert Studentinnen und hundert Studenten erfasst. Anschließend wurden bei einer Klassenbreite von fünf Zentimetern die Histogramme der beiden Datensätze gezeichnet:

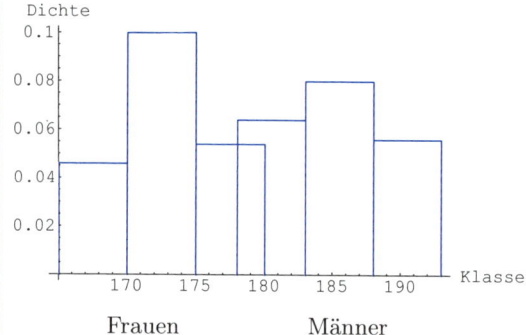

Frauen   Männer

Aus diesem Datenmaterial könnten z.B. die 95-Prozentpunkte der männlichen und der weiblichen Studierenden berechnet werden. Je nach Datensatz würden dann die Prozentpunkte variieren. Es wäre also besser, die zu Grunde liegende theoretische Verteilung der Zufallsvariablen X = „Körperlänge (in cm) einer Studentin" und Y = „Körperlänge (in cm) eines Studenten" zu ermitteln, um daraus die theoretischen Prozentpunkte (Quantile) zu berechnen.

Um die theoretische Verteilung der Körperlänge z.B. einer Studentin zu erhalten, wird die Anzahl der überprüften Personen von einhundert auf tausend erhöht. Jetzt liegen so viele Daten vor, dass die Klasseneinteilung im Histogramm wesentlich feiner vorgenommen werden kann. Dann lässt sich die Kontur-Linie des Histogramms der Variablen X gut annähern durch eine Kurve:

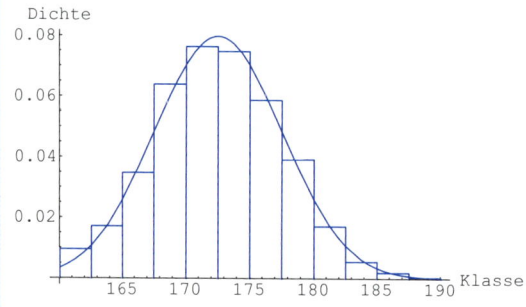

Diese Kurve ist die Dichte der sogenannten Normalverteilung.

Definition 11.2
Eine Zufallsvariable X heißt **normalverteilt** mit den Parametern μ (lies: mü) und σ^2 (lies: sigma-Quadrat), kurz $X \sim$

$N(\mu; \sigma^2)$, wenn ihre Dichte gegeben ist durch:

$$f(x) = \frac{1}{\sigma \cdot \sqrt{2\pi}} \, e^{-\dfrac{(x-\mu)^2}{2\sigma^2}} \;\; ; \;\; x \in \mathbb{R}$$

Insb. hängt die Normalverteilung ab von zwei Parametern, die folgende inhaltliche Bedeutung haben:

Satz 11.3
Eine mit den Parametern μ und σ^2 normalverteilte Zufallsvariable X hat

■ den Erwartungswert $E[X] = \mu$ und

■ die Varianz $V[X] = \sigma^2$

Insb. ist σ die Standardabweichung.

Beispiel 11.4
Die nachfolgende Grafik zeigt den Verlauf der Normalverteilungs-Dichte mit den Parametern

■ $\mu = -3$ und $\sigma^2 = 0{,}25$

■ $\mu = 0$ und $\sigma^2 = 1$

■ $\mu = 0$ und $\sigma^2 = 2{,}25$

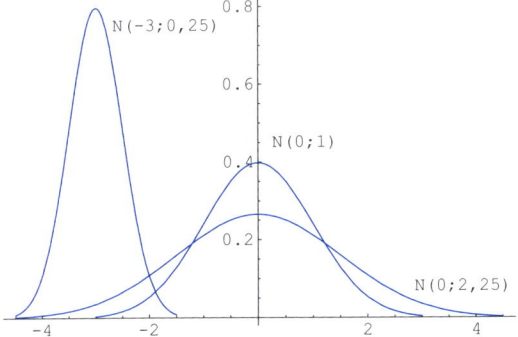

Die Dichte ist symmetrisch. Der größte Funktionswert liegt jeweils an der Stelle $x = \mu$. Ferner ist der Verlauf der Kurve mit

$\sigma^2 = 2{,}25$ flacher als der Verlauf der Kurve mit $\sigma^2 = 1$, weil der Wert von σ größer ist. Oder anders ausgedrückt: Je kleiner der Wert von σ ist, desto mehr konzentriert sich die Kurve um μ.

Satz 11.5
Die Dichte einer Normalverteilung hat die folgenden Eigenschaften:

- ◾ μ ist die globale Maximalstelle

- ◾ $\mu - \sigma$ und $\mu + \sigma$ sind Wendestellen

Wird die Messeinheit einer normalverteilten Zufallsvariablen verändert, z.B. von Gramm nach Kilogramm transformiert, so ändert sich der Typ der Verteilung nicht.

Die Erhaltung des Verteilungstyps bei Lineartransformationen hat die Konsequenz, dass für die Berechnung von Wahrscheinlichkeiten lediglich die Normalverteilung für die Parameter $\mu = 0$ und $\sigma^2 = 1$, die sogenannte „Standard-Normalverteilung" herangezogen wird.

Definition 11.6
Eine Normalverteilung mit dem Erwartungswert null und der Varianz eins wird als **Standard-Normalverteilung** bezeichnet.

Wahrscheinlichkeiten einer stetigen Zufallsvariable werden bekanntlich über Integrale berechnet. Leider hat für die Dichte einer Standard-Normalverteilung das Integral $\int e^{-0{,}5x^2}\,dx$ keine Stammfunktion, die Werte können lediglich numerisch bestimmt werden. Eine Tabelle für Wahrscheinlichkeiten einer Standard-Normalverteilung befindet sich im Anhang (vgl. B). Um Wahrscheinlichkeiten für beliebige Normalverteilungen zu erhalten, muss die jeweilige Zufallsvariable zunächst wie folgt transformiert werden:

Satz 11.7
Ist eine Zufallsvariable X normalverteilt mit dem Erwartungswert μ und der Varianz σ^2, so ist die transformierte Zufallsvariable U:

$$U = \frac{X - \mu}{\sigma}$$

standard-normalverteilt. Diese Transformation wird als **Standardisieren** der Zufallsvariablen X bezeichnet.

Mit der Verteilungsfunktion F_U einer standard-normalverteilten Zufallsvariablen U lassen sich Wahrscheinlichkeiten wie folgt berechnen:

Beispiel 11.8
Die Zufallsvariable X = „Körpergröße (in cm) einer Frau" sei normalverteilt mit dem Erwartungswert 175 cm und der Standardabweichung 5 cm.

■ Wie hoch ist der Anteil der Frauen, die höchstens 180 cm groß sind?

$$P(X \leq 180) = F_U\left(\frac{180 - 175}{5}\right) = F_U(1) =_{\text{Tabelle}} 0{,}841$$

d.h. 84 Prozent aller Frauen sind höchstens 180 cm groß.

Hinweis: Der Wert 1,0000 befindet sich nicht in der NV-Tabelle, sondern die beiden benachbarten Werte 0,9986 und 1,0027. Weil 0,9986 näher an 1,0000 liegt, nehmen wir als Stelle 0,9986. Nun lassen sich die beiden ersten Nachkommastellen der Wahrscheinlichkeit am linken Rand ablesen (hier: 0,84), die dritte Nachkommastelle steht oben in der Kopfzeile (hier: 0,001), das ergibt als Wahrscheinlichkeit 0,841.

■ Wie hoch ist der Anteil der Frauen, die kleiner als 180 cm groß sind?

$$P(X < 180) = P(X \leq 180) = 0{,}841$$

d.h. 84 Prozent aller Frauen sind kleiner als 180 cm.

■ Wie groß ist der Anteil der Frauen, die genau 180 cm groß sind?

$$P(X = 180) = P(X \leq 180) - P(X < 180) = P(X \leq 180) - P(X \leq 180) = 0$$

d.h. der Anteil der Frauen, die genau 180 cm groß sind, beträgt null Prozent.

■ Wie viel Prozent der Frauen sind größer als 177,5 cm?

$$P(X > 177{,}5) = 1 - P(X \leq 177{,}5) = 1 - F_U\left(\frac{177{,}5 - 175}{5}\right) = 1 - F_U(0{,}5) = 1 - 0{,}691 = 0{,}309$$

d.h. 31 Prozent aller Frauen sind größer als 177,5 cm.

■ Wie viel Prozent der Frauen sind mindestens 177,5 cm groß?

$$P(X \geq 177{,}5) = P(X > 177{,}5) = 0{,}309$$

d.h. 31 Prozent aller Frauen sind mindestens 177,5 cm groß.

■ Wie hoch ist der Anteil der Frauen, die höchstens 172 cm groß sind?

$$P(X \leq 172) = F_U\left(\frac{172 - 175}{5}\right) = F_U(-0{,}6) = 0{,}274$$

d.h. 27 Prozent aller Frauen sind höchstens 172 cm groß.

■ Wie hoch ist der Anteil der Frauen, die mindestens 178 cm groß sind?

$$P(X \geq 178) = 1 - P(X < 178) = 1 - P(X \leq 178) = 1 - F_U\left(\frac{178 - 175}{5}\right) = 1 - F_U(0{,}6) = 1 - 0{,}726 = 0{,}274$$

d.h. 27 Prozent aller Frauen sind mindestens 178 cm groß.

Im Vergleich zum vorherigen Ergebnis wird die Symmetrie der Normalverteilung deutlich, insb. gilt: $F_U(-0{,}6) = 1 - F_U(0{,}6)$. Dies gilt allgemein: $F_U(-u) = 1 - F_U(u)$.

■ Wie hoch ist der Anteil der Frauen, die größer als 171 cm sind?

$$P(X > 171) = 1 - P(X \leq 171) = 1 - F_U\left(\frac{171 - 175}{5}\right) = 1 - F_U(-0{,}8) = 1 - [1 - F_U(0{,}8)] = F_U(0{,}8) = 0{,}788$$

d.h. 79 Prozent aller Frauen sind größer als 171 cm.

■ Wie hoch ist der Anteil der Frauen, die größer als 165 cm sind, jedoch höchstens 179 cm groß sind?

$$P(165 < X \leq 179) = P(X \leq 179) - P(X \leq 165)$$

$$P(X \leq 179) = F_U\left(\frac{179 - 175}{5}\right) = F_U(0{,}8) = 0{,}788$$

$$P(X \leq 165) = F_U\left(\frac{165 - 175}{5}\right) = F_U(-2) = 1 - F_U(2) = 1 - 0{,}977 = 0{,}023$$

$\Rightarrow P(165 < X \leq 179) = 0{,}788 - 0{,}023 = 0{,}765$

d.h. 77 Prozent aller Frauen sind größer als 165 cm, jedoch höchstens 179 cm groß.

Für die **Schwankungsintervalle** $[\mu - \sigma; \mu + \sigma]$ bzw. $[\mu - 2 \cdot \sigma; \mu + 2 \cdot \sigma]$ bzw. $[\mu - 3 \cdot \sigma; \mu + 3 \cdot \sigma]$ lassen sich Überdeckungswahrscheinlichkeiten angeben:

Satz 11.9

Die zentralen Schwankungsintervalle einer normalverteilten Zufallsvariablen haben die folgenden Überdeckungswahrscheinlichkeiten:

- $0{,}6827 = P(\mu - \sigma \leq X \leq \mu + \sigma)$

- $0{,}9545 = P(\mu - 2 \cdot \sigma \leq X \leq \mu + 2 \cdot \sigma)$

- $0{,}9973 = P(\mu - 3 \cdot \sigma \leq X \leq \mu + 3 \cdot \sigma)$

Beispiel 11.10

Die tatsächliche Schadenssumme X (gemessen in Geldeinheiten), die im kommenden Jahr bei einer Versicherung anfällt, sei normalverteilt mit dem Erwartungswert 12 GE und der theoretischen Standardabweichung 2 GE. So ergeben sich gemäß Satz 11.9 die folgenden Überdeckungswahrscheinlichkeiten für

- das einfache zentrale Schwankungsintervall: Mit einer Wahrscheinlichkeit von etwa 68 Prozent liegt im kommenden Jahr die Schadenssumme zwischen 10 und 14 GE.

  Wir machen die Probe:

  $$P(X \leq 14) - P(X \leq 10) = F_U\left(\frac{14 - 12}{2}\right) - F_U\left(\frac{10 - 12}{2}\right) = F_U(1) - F_U(-1) = 0{,}841 - 0{,}159 = 0{,}682$$

- das zweifache zentrale Schwankungsintervall: Mit einer Wahrscheinlichkeit von etwa 95 Prozent liegt im kommenden Jahr die Schadenssumme zwischen 8 und 16 GE.

- das dreifache zentrale Schwankungsintervall: Mit einer Wahrscheinlichkeit von etwa 99 Prozent liegt im kommenden Jahr die Schadenssumme zwischen 6 und 18 GE.

Wenn Sie jetzt sagen, eine Normalverteilung habe ich bisher nie in meinem Leben benötigt und werde ich auch niemals brauchen, so ist dies nicht richtig. Schwankungsintervalle werden zum Beispiel im Mutterpass berechnet.

Beispiel 11.11

Es soll untersucht werden, ob das Ungeborene sich zufriedenstellend entwickelt. Dazu wird der Durchmesser (in cm) des Kopfes des Ungeborenen mittels Ultraschall gemessen. Die Ergebnisse des Messvorgangs werden in einem Diagramm eingetragen.

In diesem Diagramm (siehe Skizze) sind schon drei Linien eingezeichnet. Die obere Linie gibt die Intervallobergrenze des zweifachen zentralen Schwankungsintervalls und die untere Linie gibt die Intervalluntergrenze des zweifachen zentralen Schwankungsintervalls bis zur vierzigsten Schwangerschaftswoche an, die mittlere Linie ist der erwartete Kopfdurchmesser:

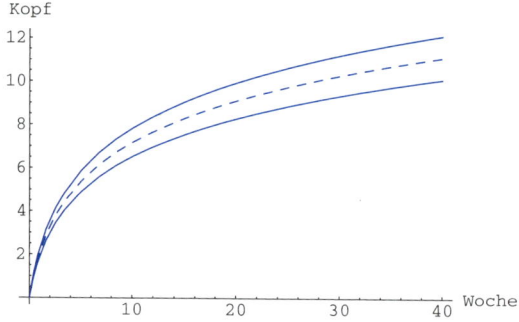

Liegen nun die eingetragenen Werte innerhalb der beiden Linien, so kann von einer zufriedenstellenden Entwicklung des Ungeborenen ausgegangen werden. Liegt der eingetragene Wert über der oberen Linie, so ist das Ungeborene zu dem Zeitpunkt zu groß. Das kann bedeuten, dass der Geburtstermin früher, als bisher errechnet, eintritt. Liegt der Wert unterhalb der unteren Linie, so ist das Ungeborene im Verhältnis zur Tragezeit zu klein. Das kann wiederum bedeuten, dass mit dem Geburtstermin erst wesentlich später, als bisher angenommen, zu rechnen ist.

Würde nur der ermittelte Durchmesser des Kopfes mit der Norm, also mit dem erwarteten Durchmesser μ des Kopfes eines Ungeborenen verglichen, so würden zwei Zahlen miteinander verglichen werden. Aber was bedeutet es, wenn die Zahlen nicht übereinstimmen? Muss die Mutter sich dann Sorgen machen oder nicht? Um hier Klarheit zu erhalten, werden Schwankungsintervalle $[\mu - 2 \cdot \sigma; \mu + 2 \cdot \sigma]$ berechnet, in denen 95 % aller Durchmesser von Köpfen eines Ungeborenen liegen. Liegt der gemessene Wert innerhalb des Schwankungsintervalls, so ist alles okay, liegt er außerhalb, so muss der errechnete Geburtstermin überprüft werden oder nach anderen Ursachen gesucht werden.

Beispiel 11.12
Schwankungsintervalle einer Normalverteilung sind auch die Bereiche, in denen Blutwerte liegen sollten. Dazu werden aufgrund der Daten gesunder Patienten die zweifachen zentralen Schwankungsintervalle $[\mu - 2 \cdot \sigma; \mu + 2 \cdot \sigma]$ berechnet.

Als wir die Binomialverteilung kennen gelernt haben (vgl. 10.1), wurde schon erwähnt, dass sich jede Variable zu einer Ja/Nein-Variable transformieren lässt.

Beispiel 11.13 (Fortsetzung von Beispiel 11.10)
Wir betrachten noch einmal die Zufallsvariable $X = $„Schadenssumme (in GE)", die im kommenden Jahr bei einer Versicherung anfallen wird. In dem Beispiel 11.10 wurde angenommen, dass eine Normalverteilung vorliegt: $X \sim \mathsf{N}(\mu = 12; \sigma^2 = 4)$. Ferner betrug die Wahrscheinlichkeit, dass die Schadenssumme im kommenden Jahr zwischen 10 und 14 GE liegt etwa 0,682.

Wie groß ist die Wahrscheinlichkeit, dass in den kommenden zehn Jahren genau dreimal die jährliche Schadenssumme zwischen 10 GE und 14 GE liegt?

Falls die jährlichen Schadenssummen $X_1, X_2, \ldots, X_{10}$ stochastisch unabhängig sind und wenn die erwartete Schadenssumme sowie die Standardabweichung in den kommenden zehn Jahren unverändert sind, so lautet die Verteilung der Zufallsvariablen $Y = $„Anzahl der Jahre, in denen die Schadenssume zwischen 10 GE und 14 GE liegt":

$$Y \sim \mathsf{B}(n = 10; p = 0{,}682)$$

Daraus ergibt sich die gesuchte Wahrscheinlichkeit wie folgt:

$$P(Y = 3) = \binom{10}{3} \cdot 0{,}682^3 \cdot 0{,}318^7 = 0{,}0125$$

d.h. die Wahrscheinlichkeit ist gering und beträgt 0,0125.

Ausblick: Für eine Simulation ist es häufig erforderlich, z.B. 1 000 Stichprobenwerte aus einer Normalverteilung zu haben. Kann der zur Verfügung stehende Zufallsgenerator jedoch lediglich Stichprobenwerte aus einer uniformen Verteilung auf dem Intervall [0;1] generieren, so ergibt sich aus zwölf uniform verteilten Stichprobenwerten $u_1, u_2, \ldots u_{12}$ wie folgt mit $x = \sum_{i=1}^{12} u_i - 6$ ein standardnormalverteilter Stichprobenwert x.

Große Bedeutung hat die Normalverteilung auch in der Finanzwirtschaft. Dazu werden im Kapitel 15 Anlagewahrscheinlichkeiten am Aktienmarkt mit Hilfe einer Normalverteilung berechnet.

11.1.1   Prozentpunkte

Liegt eine Normalverteilung vor, so interessiert häufig, welche Werte mit einer „hohen" Wahrscheinlichkeit nicht unter- oder überschritten werden. So ist z.B. der sogenannte **Value-at-risk** derjenige Wert einer Aktie, der mit einer Wahrscheinlichkeit von 95 Prozent nicht unterschritten wird. Formal ist der Value-at-risk der Fünf-Prozent-Punkt einer Verteilung.

Beispiel 11.14
In dem Beispiel 11.1 wurde die Zufallsvariable $X=$„Körpergröße (in cm) eines Mannes" erfasst, um eine Bestuhlung für einen Hörsaal zu entwerfen. Es wird angenommen, dass X normalverteilt ist mit dem Erwartungswert 178 cm und der Standardabweichung 5 cm.

■ Es sollen 95 Prozent aller Männer bequem sitzen können. Welche Körpergröße wird von 95 Prozent aller Männer nicht überschritten?

Für das 0,95-Quantil x gilt:

$$0{,}95 = P(X \leq x) = F_U\left(\frac{x - 178}{5}\right)$$

Aus der NV-Tabelle ergibt sich als 95 Prozentpunkt der Standardnormalverteilung:

$$1{,}6449 = \frac{x - 178}{5}$$

Daraus folgt: $x = 178 + 1{,}6449 \cdot 5 = 186{,}2245$

d.h. 95 Prozent aller Männer sind höchstens 186,2 cm groß.

■ In welchem symmetrischen Schwankungsintervall liegt die Körpergröße von 95% aller Männer?

Antwort: Im zweifachen symmetrischen Schwankungsintervall $[\mu - 2 \cdot \sigma; \mu + 2 \cdot \sigma] = [168; 188]$

d.h. 95 Prozent aller Männer haben eine Körpergröße zwischen 168 cm und 188 cm.

■ Welche Körpergröße wird von 95 Prozent aller Männer überschritten?

Wenn 95 Prozent aller Männer größer als der gesuchte Wert sind, dann sind zwangsläufig fünf Prozent aller Männer kleiner als der gesuchte Wert. Folglich ist der gesuchte Wert der Fünf-Prozentpunkt. Für das 0,05-Quantil x gilt:

$$0{,}05 = P(X \le x) = F_U \left(\frac{x - 178}{5} \right)$$

Aus der NV-Tabelle ergibt sich als Fünf-Prozentpunkt der Standardnormalverteilung:

$$-1{,}6449 = \frac{x - 178}{5}$$

Daraus ergibt sich: $x = 178 - 1{,}6449 \cdot 5 = 169{,}7755$

d.h. 95 Prozent aller Männer sind größer als 169,8 cm.

■ Welche Überdeckungswahrscheinlichkeit hat das zentrale Schwankungsintervall $[\mu - 1{,}6449 \cdot \sigma; \mu + 1{,}6449 \cdot \sigma]$?

Antwort: Das zentrale Schwankungsintervall $[\mu - 1{,}6449 \cdot \sigma; \mu + 1{,}6449 \cdot \sigma] = [169{,}8; 186{,}2]$ hat folgende Überdeckungswahrscheinlichkeit:

$P(\mu - 1{,}6449\sigma \le X \le \mu + 1{,}6449\sigma) =$

$P(X \le \mu + 1{,}6449 \cdot \sigma) - P(X \le \mu - 1{,}6449 \cdot \sigma) =$

$F_U(1{,}6449) - F_U(-1{,}6449) = 0{,}95 - 0{,}05 = 0{,}90$

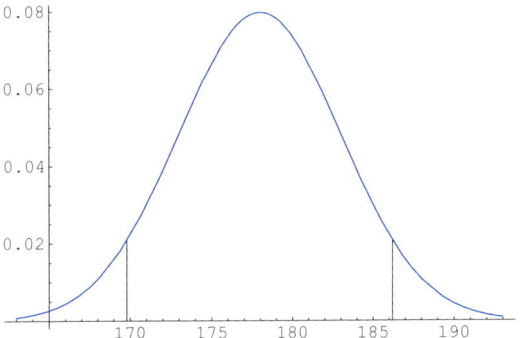

d.h. 90 Prozent aller Männer haben eine Körpergröße zwischen 169,8 cm und 186,2 cm.

11.2   Approximation von Verteilungen

Versuchen Sie einmal den Binomialkoeffizienten $\binom{500}{327}$ auszurechnen. Macht der Taschenrechner noch mit? Wie kann eine Binomial-Wahrscheinlichkeit berechnet werden, wenn der Parameter n „groß" ist?

Beim Vergleich der $B(n; p)$-Verteilungsfunktion mit der $N(\mu = np; \sigma^2 = np[1-p])$-Verteilungsfunktion stellt sich heraus, dass sich die Binomialverteilung sehr gut durch eine Normalverteilung annähern lässt:

Beispiel 11.15
Sei X eine binomialverteilte Zufallsvariable mit den Parametern $n = 10$ und $p = 0,4$. Dann gilt für die Wahrscheinlichkeiten $P(X \leq x)$:

x	0	1	2	3	4
$P(X \leq x)$	0,0060	0,0464	0,1673	0,3823	0,6331

5	6	7	8	9	10
0,8338	0,9452	0,9877	0,9983	0,9999	1,0

Wir wollen versuchen, diese Wahrscheinlichkeiten über Wahrscheinlichkeiten einer Normalverteilung anzunähern. Für die Normalverteilung müssen wir die beiden Parameter μ und σ^2 festlegen. Als Wert für μ setzen wir den Erwartungswert von X ein: $E[X] = np = 10 \cdot 0,4 = 4$. Und als Wert von σ^2 setzen wir die Varianz von X ein: $V[X] = np(1-p) = 4 \cdot 0,6 = 2,4$. Jetzt vergleichen wir die obigen Binomial-Wahrscheinlichkeiten $P(X \leq x)$ mit den Wahrscheinlichkeiten einer normalverteilten Zufallsvariablen Y mit den Parametern $\mu = 4$ und $\sigma^2 = 2,4$. Dann gilt für die Wahrscheinlichkeiten:

y	0,5	1,5	2,5	3,5	4,5
$P(Y \leq y)$	0,0119	0,0533	0,1665	0,3734	0,6266

5,5	6,5	7,5	8,5	9,5	10,5
0,8335	0,9467	0,9881	0,9982	0,9998	≈ 1

Wir tragen die Wahrscheinlichkeiten aus beiden Tabellen in eine Grafik ein:

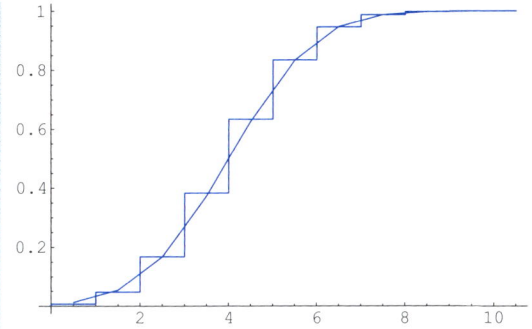

Wie in der Grafik zu erkennen ist, werden die Treppenstufen der diskreten Binomialverteilung ungefähr in der Mitte jeder Treppenstufe getroffen von der stetigen Verteilungsfunktion. D.h. wir können zum Beispiel für die Berechnung von $P(X \leq 3)$ auch näherungsweise die Wahrscheinlichkeit $P(Y \leq 3{,}5) = F_U\left(\frac{3{,}5-4}{\sqrt{2{,}4}}\right)$ heranziehen.

Im Beispiel 11.15 haben wir gesehen, dass die Approximation offenbar gut ist, wenn die Wahrscheinlichkeit $P(X \leq x)$ der binomialverteilten Zufallsvariable X durch die Verteilungsfunktion der Normalverteilung $\mathsf{N}\left(\mu = np; \sigma^2 = np(1-p)\right)$ an der Stelle $x+0{,}5$ angenähert wird:

Satz 11.16
Die $\mathsf{B}(n; p)$-Verteilung kann wie folgt durch eine Normalverteilung angenähert werden:

■ $P(X \leq x) \approx F_U\left(\dfrac{x + 0{,}5 - np}{\sqrt{np(1-p)}}\right)$

■ $P(X = x) \approx F_U\left(\dfrac{x + 0{,}5 - np}{\sqrt{np(1-p)}}\right) - F_U\left(\dfrac{x - 0{,}5 - np}{\sqrt{np(1-p)}}\right)$

Die Approximation ist hinreichend gut, wenn die folgende Faustregel erfüllt ist:

$np \geq 10$ und $n(1-p) \geq 10$

Die Faustregel entstammt der folgenden Überlegung: Die Binomialverteilung ist für „kleine" und für „große" Werte des Parameters

p eine schiefe Verteilung, hingegen ist die Normalverteilung eine symmetrische Verteilung. Deshalb ist die Approximation um so besser, je größer n ist und je näher p an 0,5 liegt.

Beispiel 11.17

Eine Versicherung geht davon aus, dass im kommenden Jahr fünfzehn Prozent ihrer achtzig Versicherungsverträge einen Schaden anzeigen werden. Ferner wird davon ausgegangen, dass das Anzeigen eines Schadens stochastisch unabhängig davon geschieht, ob ein anderer Versicherungsvertrag ebenfalls einen Schaden anzeigt. Somit ist die Zufallsvariable $X =$ „Anzahl der Versicherungsverträge, die im kommenden Jahr einen Schaden anzeigen werden" binomialverteilt mit den Parametern $n = 80$ und $p = 0,15$.

■ Wie groß ist die Wahrscheinlichkeit, dass im kommenden Jahr genau acht Verträge einen Schaden anzeigen werden?

1. Lösungsweg:

Da die Faustregel $np = 80 \cdot 0,15 = 12 \geq 10$ und $n(1 - p) = 80 \cdot 0,85 = 68 \geq 10$ erfüllt ist, ergibt sich gemäß Satz 11.16:

$$P(X = 8) = P(X \leq 8) - P(X \leq 7)$$
$$\approx F_U\left(\frac{8 + 0,5 - 12}{\sqrt{10,2}}\right) - F_U\left(\frac{7 + 0,5 - 12}{\sqrt{10,2}}\right)$$
$$= F_U\left(\frac{8 + 0,5 - 12}{\sqrt{10,2}}\right) - F_U\left(\frac{8 - 0,5 - 12}{\sqrt{10,2}}\right)$$
$$= F_U(-1,0959) - F_U(-1,4090)$$
$$= 0,137 - 0,079$$
$$= 0,058$$

2. Lösungsweg:

Die exakte Wahrscheinlichkeit lautet:

$$P(X = 8) = \binom{80}{8} \cdot 0,15^8 \cdot 0,85^{72} = 0,061$$

d.h. die Wahrscheinlichkeit beträgt etwa sechs Prozent.

■ Wie groß ist die Wahrscheinlichkeit, dass im kommenden Jahr weniger als elf Verträge einen Schaden anzeigen werden?

1. Lösungsweg:

Da die Faustregel für Satz 11.16 erfüllt ist, ergibt sich:

$$P(X < 11) = P(X \leq 10)$$
$$\approx F_U\left(\frac{10 + 0,5 - 12}{\sqrt{10,2}}\right) = F_U(-0,4697) = 0,319$$

2. Lösungsweg:

Für die exakte Wahrscheinlichkeit sind elf Einzelwahrscheinlichkeiten $P(X = 0)$, $P(X = 1)$, ..., $P(X = 10)$ zu berechnen und anschließend zu addieren. Das ergibt den Wert 0,330.

D.h. die Wahrscheinlichkeit beträgt etwa 33 Prozent.

■ Mit wie vielen Schadensmeldungen ist im kommenden Jahr mit der Wahrscheinlichkeit von 95 Prozent höchstens zu rechnen?

$$0,95 \quad = P(X \leq x) \approx F_U \left(\frac{x + 0,5 - 12}{\sqrt{10,2}} \right)$$

$$1,6449 \approx \frac{x + 0,5 - 12}{\sqrt{10,2}}$$

$$x \quad \approx 11,5 + 1,6449 \cdot \sqrt{10,2} = 16,6 \approx 17$$

d.h. mit der Wahrscheinlichkeit von 95 Prozent ist höchstens mit siebzehn Schadensmeldungen zu rechnen.

Nicht nur die Binomialverteilung lässt sich durch die Normalverteilung approximieren. Allgemein gilt folgender Satz:

Satz 11.18 (Zentraler Grenzwertsatz)
$X_1, X_2, \ldots, X_n$ seien identisch verteilte, unabhängige Zufallsvariablen mit $E[X_i] = \mu$ und $V[X_i] = \sigma^2 > 0$ für alle $i = 1, 2, \ldots, n$. Dann konvergiert die Verteilung der standardisierten Summe dieser Zufallsvariablen mit steigender Summandenanzahl n gegen die Standard-Normalverteilung:

$$P\left(\sum_{i=1}^{n} X_i \leq x \right) \approx F_U \left(\frac{x - n\mu}{\sqrt{n\sigma^2}} \right)$$

falls die Faustregel $n \geq 30$ erfüllt ist.

Anmerkung: Das arithmetische Mittel der Zufallsvariablen X_1, ..., X_n ist ebenfalls approximativ normalverteilt:

$$P(\overline{X} \leq x) \approx F_U \left(\frac{x - \mu}{\frac{\sigma}{\sqrt{n}}} \right)$$

Mit dem Zentralen Grenzwertsatz 11.18 sind wir jetzt in der Lage, mit Hilfe der Normalverteilung ungefähre Wahrscheinlichkeiten von Ereignissen auszurechnen, wenn die zu Grunde liegende

Wahrscheinlichkeitsverteilung unbekannt ist. Aufgrund des Zentralen Grenzwertsatzes ist die Normalverteilung in der Statistik die wichtigste Verteilung.

Beispiel 11.19

Bei einem Versandhandel entstehen sechs Euro Zusatzkosten, falls der Kunde seine Ware retourniert und mit der Retoure eine Neubestellung aufgibt. Die Zusatzkosten betragen vier Euro, falls der Kunde lediglich seine Ware retourniert und keine Neubestellung aufgibt. Aus Erfahrung weiß man, dass sechzig Prozent aller Bestellungen nicht retourniert werden, dreißig Prozent aller Bestellungen zwar retourniert werden, jedoch mit der Retoure keine Neubestellung aufgegeben wird und zehn Prozent aller Bestellungen retourniert werden und gleichzeitig eine Neubestellung aufgegeben wird.

■ Wie hoch ist die erwartete Höhe an Zusatzkosten pro Bestellung?

Die Zufallsvariable $X = $ „Zusatzkosten (in Euro) pro Bestellung" hat die folgende Verteilung:

x	0	4	6
$P(X = x)$	0,6	0,3	0,1

$E[X] = 0 \cdot 0{,}6 + 4 \cdot 0{,}3 + 6 \cdot 0{,}1 = 1{,}8$

d.h. pro Bestellung ist mit Zusatzkosten in Höhe von 1,80€ zu rechnen.

■ Welchen Wert hat die Varianz der Variablen „Zusatzkosten (in €) pro Bestellung"?

$V[X] = (0 - 1{,}8)^2 \cdot 0{,}6 + (4 - 1{,}8)^2 \cdot 0{,}3 + (6 - 1{,}8)^2 \cdot 0{,}1 = 5{,}16$

d.h. die Varianz beträgt 5,16€^{2}.

■ Die Unternehmensleitung interessiert sich für die Wahrscheinlichkeit, dass bei einhundert Bestellungen die Zusatzkosten insgesamt höchstens 200 Euro betragen.

Die Faustregel $n \geq 30$ für den Zentralen Grenzwertsatz 11.18 ist erfüllt. Es bezeichnen:

$X_1 = $ Zusatzkosten (in €) des ersten Bestellung

$\vdots$

$X_{100} = $ Zusatzkosten (in €) der 100. Bestellung

Dann interessieren wir uns für die Wahrscheinlichkeit, dass die Summe $X_1 + X_2 + \ldots + X_{100}$ der Zusatzkosten der 100 Bestellungen höchstens 200€ beträgt:

$$P(X_1 + \ldots + X_{100} \leq 200) \approx F_U\left(\frac{200 - 100 \cdot \mu}{\sqrt{100 \cdot \sigma^2}}\right) =$$

$$F_U\left(\frac{200 - 100 \cdot 1{,}8}{\sqrt{100 \cdot 5{,}16}}\right) = F_U\left(\frac{200 - 180}{\sqrt{516}}\right) = F_U(0{,}8805) = 0{,}811$$

d.h. die Wahrscheinlichkeit, dass die Summe der Zusatzkosten bei 100 Bestellungen insgesamt höchstens bei 200€ liegt, beträgt annähernd 0,811.

■ Mit welchen Zusatzkosten bei 100 Bestellungen muss das Unternehmen mit der Wahrscheinlichkeit von 95 Prozent höchstens rechnen?

$$0{,}95 = P(X_1 + X_2 + \ldots X_{100} \leq x) \approx F_U\left(\frac{x - 100 \cdot 1{,}8}{\sqrt{100 \cdot 5{,}16}}\right)$$

$$1{,}6449 = \frac{x - 180}{\sqrt{516}}$$

$$x = 180 + 1{,}6449 \cdot \sqrt{516} = 217{,}4$$

d.h. das Unternehmen muss mit der Wahrscheinlichkeit von 95 Prozent höchstens mit etwa 217€ Zusatzkosten bei 100 Bestellungen rechnen.

Das Vorliegen einer Binomialverteilung kann für viele Zufallsexperimente nachgewiesen werden. Im Gegensatz dazu ist die Normalverteilung immer ein Modell, das für die Verteilung eines Zufallsexperiments (z.B. aufgrund des Zentralen Grenzwertsatzes) unterstellt wird. Konkret bedeutet dies, dass die Normal-Wahrscheinlichkeiten nur Näherungswerte sind.

11.3 Gegenüberstellung von B$(\mathbf{n};\mathbf{p})$ und N$(\mu;\sigma^2)$

Eine Binomialverteilung ist eine diskretes Verteilungsmodell, hingen ist eine Normalverteilung ein stetiges Verteilungsmodell. In der nachfolgenden Tabelle werden die Unterschiede gegenübergestellt:

Binomialverteilung	Normalverteilung
$X \sim \mathrm{B}(n;p)$	$X \sim \mathrm{N}(\mu;\sigma^2)$
$X = $ Anzahl der Sechsen beim n-maligen Würfeln	$X = $ Länge eines Bauteils
$E[X] = np$ $V[X] = np(1-p)$	$E[X] = \mu$ $V[X] = \sigma^2$
$P(X=2) = \binom{n}{2} p^2(1-p)^{n-2}$	$P(X=2) = 0$
$P(X \leq 2) = P(X=0) + P(X=1) + P(X=2)$	$P(X \leq 2) = F_U\left(\dfrac{2-\mu}{\sigma}\right)$ tabelliert
$P(X < 2) = P(X \leq 1)$	$P(X < 2) = P(X \leq 2)$
Wie wird $\binom{n}{2}$ berechnet, wenn n „groß" ist? $\longrightarrow$	$P(X \leq 2) \approx F_U\left(\dfrac{2 + \boxed{0{,}5} - np}{\sqrt{np(1-p)}}\right)$
Beispiel: $X \sim \mathrm{B}(n=10; p=0{,}4)$ $E[X] = np = 4$ $V[X] = np \cdot 0{,}6 = 2{,}4$	
$P(X \leq 2) = 0{,}006 + 0{,}040 + 0{,}121 = 0{,}167$	$P(X \leq 2) \approx F_U\left(\dfrac{2 + 0{,}5 - 4}{\sqrt{2{,}4}}\right) = F_U(-0{,}9682) = 0{,}166$

11.4   Zusammenfasssung

Ist eine Zufallsvariable X normalverteilt mit dem Erwartungswert μ und der Varianz σ^2,

- ◼ so können Wahrscheinlichkeiten $P(X \leq x)$ mit Hilfe der NV-Tabelle an der Stelle $\frac{x-\mu}{\sigma}$ abgelesen werden.

- ◼ so wird für eine Prozentzahl $p = P(X \leq x)$ der Prozentpunkt u_p der Standard-Normalverteilung aus der NV-Tabelle abgelesen und der gesuchte x-Wert ergibt sich dann aus der Gleichung $x = \mu + u_p \cdot \sigma$.

- ◼ und liegen n stochastische unabhängige Wiederholungen vor, bei denen nur interessiert, ob ein Ereignis $A = \{X \leq x\}$ eintritt, so wird die Wahrscheinlichkeit dafür, wie oft das Ereignis A eintreten wird, über die Binomialverteilung mit den Parametern n und $p = P(A)$ berechnet.

Ist eine Zufallsvariable X binomialverteilt mit den Parametern n und p und gilt ferner $np \geq 10$ und $n(1-p) \geq 10$,

- ◼ so können Wahrscheinlichkeiten $P(X \leq x)$ näherungsweise mit Hilfe der NV-Tabelle an der Stelle $\frac{x+0{,}5-np}{\sqrt{np(1-p)}}$ abgelesen werden.

- ◼ so können Wahrscheinlichkeiten $P(X = x)$ näherungsweise mit Hilfe der NV-Tabelle bestimmt werden aus der Differenz $F_U\left(\frac{x+0{,}5-np}{\sqrt{np(1-p)}}\right) - F_U\left(\frac{x-0{,}5-np}{\sqrt{np(1-p)}}\right)$.

- ◼ so wird für eine Prozentzahl $p = P(X \leq x)$ der Prozentpunkt u_p der Standardnormalverteilung aus der NV-Tabelle abgelesen und der gesuchte x-Wert ergibt sich dann näherungsweise aus der Gleichung $x = np - 0{,}5 + u_p \cdot \sqrt{np(1-p)}$.

Sind $X_1, X_2, \ldots, X_n$ stochastisch unabhängige Zufallsvariablen mit einer identischen Verteilung mit dem Erwartungswert μ und der Standardabweichung σ und gilt ferner $n \geq 30$,

- ◼ so können Wahrscheinlichkeiten $P(\sum_{i=1}^n X_i \leq x)$ näherungsweise mit Hilfe der NV-Tabelle an der Stelle $\frac{x-n\mu}{\sqrt{n\sigma^2}}$ abgelesen werden.

- ◼ so wird für eine Prozentzahl $p = P(\sum_{i=1}^n X_i \leq x)$ der Prozentpunkt u_p der Standard-Normalverteilung aus der NV-Tabelle abgelesen und der gesuchte x-Wert ergibt sich dann näherungsweise aus der Gleichung $x = n\mu + u_p \cdot \sqrt{n\sigma^2}$.

Prüfungstipps

Insgesamt haben wir drei Situationen aufgezeigt, die zur Normalverteilung führen:

■ Im Aufgabentext steht, dass Normalverteilung vorausgesetzt wird.

■ Im Aufgabentext steht keine Normalverteilung, jedoch gibt es mindestens dreißig stochastisch unabhängige Wiederholungen. Dann ist die Summe dieser Wiederholungen gemäß dem Zentralen Grenzwertsatz näherungsweise normalverteilt.

■ Im Aufgabentext wird eine Binomialverteilung vorausgesetzt, jedoch ist n „sehr groß". Dann dürfen Wahrscheinlichkeiten näherungsweise über die Normalverteilung bestimmt werden. Lässt sich jedoch der Binomialkoeffizient noch mit dem Taschenrechner berechnen, so ergibt sich die Berechnung einer Wahrscheinlichkeit der Form $P(X = x)$ schneller über die Binomialverteilung als über die angenäherte Normalverteilung.

12 Schätzen von Parametern

Lernziele

In diesem Kapitel lernen Sie

- ▓ wie anhand einer Stichprobe ein Erwartungswert geschätzt wird und

- ▓ wie anhand einer Stichprobe eine theoretische Varianz geschätzt wird sowie

- ▓ das Schwache Gesetz der Großen Zahlen kennen.

Prognosen basieren häufig auf theoretischen Verteilungsmodellen. Der theoretische Verteilungstyp (Normalverteilung oder Binomialverteilung oder . . .) wird anhand der empirischen Verteilung einer zugrunde liegenden Stichprobe bestimmt. Ist der Verteilungstyp festgelegt, so werden noch Werte (sogenannte Schätzwerte) für die Parameter $\mu, \sigma, n, p \ldots$ benötigt. Die Schätzwerte sollten möglichst dicht bei den wahren Parametern liegen, weil anderenfalls die Prognose ungenau wird.

12.1 Spezielle Stichprobenfunktionen

Schätzwerte für Parameter werden anhand von Stichproben bestimmt. Um zutreffende Schätzwerte zu erhalten, sollten die Stichproben die Grundgesamtheit repräsentieren. Dies ist z.B. durch eine Zufallsstichprobe erfüllt. Außerdem sollte der Stichprobenumfang „groß" sein. Was dabei „groß" bedeutet, ist von Fall zu Fall unterschiedlich. So befragt zum Beispiel das Statistische Bundesamt eintausend Haushalte, um Aussagen über alle Haushalte der BRD machen zu können. Um andererseits eine medizinische Fragestellung zu beantworten, muss häufig schon ein Datensatz vom Umfang dreißig ausreichen.

Beispiel 12.1

Drei Gruppen von Studierenden mit zwölf bzw. acht bzw. zehn Personen wurden befragt, wie hoch ihre wöchentliche Nachbereitungszeit X (gemessen in Stunden) der Statistik-Vorlesung ist. Es ergaben sich folgende Daten:

1. Stichprobe	2. Stichprobe	3. Stichprobe
2	5	6
8	4	5
5	9	7
3	1	5
4	0	8
0	4	5
6	7	0
2	2	9
3		3
4		2
6		
5		

Um Aussagen über den unbekannten Erwartungswert und die unbekannte theoretische Varianz der Zufallsvariablen X machen zu können, interessieren wir uns für folgende Werte einer Stichprobe: arithmetisches Mittel, Varianz, Standardabweichung. Insb. sind diese drei Kennzahlen Funktionen einer Stichprobe:

Nr. der Stichprobe	$\overline{X}$	S_X^2	S_X
1	4	$4,\overline{3}$	2,08
2	4	8	2,83
3	5	6,8	2,61

Funktionen wie z.B. $\overline{X}$, S_X^2, S_X, dessen Werte $\overline{x}$ bzw. s_x^2 bzw. s_x sich anhand einer Stichprobe ergeben, werden auch als **Stichprobenfunktionen** bezeichnet. Werte einer Stichprobenfunktion sind aufgrund verschiedener Stichproben im Allgemeinen unterschiedlich.

12.2 Schwaches Gesetz der Großen Zahlen

Das Schwache Gesetz der Großen Zahlen besagt, dass mit wachsendem Stichprobenumfang n sich das arithmetische Mittel $\overline{x}$ aus einer Stichprobe $x_1, \ldots, x_n$ fast sicher kaum noch vom theoretischen Erwartungswert μ unterscheidet:

Satz 12.2 (Schwaches Gesetz der Großen Zahlen)
Sei $X_1, X_2, \ldots, X_n, \ldots$ eine Folge von stochastisch unabhängigen Zufallsvariablen mit gleichem Erwartungswert μ und gleicher Varianz σ^2. Dann gilt für das arithmetische Mittel der Zufallsvariablen $X_1, X_2, \ldots, X_n$ für alle $\varepsilon > 0$:

$$\lim_{n \to \infty} P(\,|\,\overline{X} - \mu\,| \leq \varepsilon) = 1$$

Beispiel 12.3
Der Anteil der Mädchengeburten in der BRD beträgt $p = 0{,}486$. In einer Stichprobe vom Umfang $n = 6$ gab es genau vier Neugeborene, die Mädchen sind, und zwei Neugeborene, die Jungen sind; d.h. der Anteil von Mädchengeburten in dieser Stichprobe beträgt $\hat{p} = \frac{4}{6} = 66{,}7$ Prozent. Das Schwache Gesetz der Großen Zahlen besagt nun, dass mit wachsendem Stichprobenumfang der Anteil von Mädchengeburten in einer Stichprobe ungefähr (fast sicher) 48,6 Prozent beträgt.

Beispiel 12.4
Eine Münze wurde zehnmal geworfen, wobei siebenmal „Kopf" oben lag; d.h. der Anteil von „Kopf" in der Stichprobe betrug 70 Prozent. Werfen wir die Münze noch viele weitere Male, so wird der Anteil von „Kopf" in einer Stichprobe etwa (fast sicher) 50 Prozent betragen.

12.3 Schätzer für μ und σ^2

Stichprobenfunktionen sind Zufallsvariablen und besitzen eine Wahrscheinlichkeitsverteilung mit einem Erwartungswert und einer theoretischen Varianz. Der Erwartungswert gibt an, was die Stichprobenfunktion im Mittel schätzt. Und die theoretische Varianz zeigt, mit welcher Präzision die Stichprobenfunktion schätzt.

Deshalb ist es wünschenswert, dass die theoretische Varianz der Stichprobenfunktion möglichst klein ist.

Ein Erwartungswert wird geschätzt aus dem arithmetischen Mittel einer Stichprobe:

Satz 12.5

Die Stichprobenfunktion $\overline{X}$ schätzt im Mittel den Parameter $E[X]$:

$$E[\overline{X}] = E\left[\frac{1}{n}(X_1 + \ldots + X_n)\right] = \frac{1}{n} \cdot n \cdot E[X] = E[X]$$

Außerdem werden die Abweichungen von dem zu schätzenden Parameter $E[X]$ mit wachsendem Stichprobenumfang immer kleiner:

$$V[\overline{X}] = V\left[\frac{1}{n}(X_1 + \ldots + X_n)\right] = \frac{1}{n^2} \cdot n \cdot V[X] = \frac{V[X]}{n}$$

Eine theoretische Varianz wird geschätzt aus einer Stichprobe mit dem Wert von $\frac{1}{n-1}\sum_{i=1}^{n}(X_i - \overline{X})^2$:

Satz 12.6

Die Stichprobenfunktion $\frac{1}{n-1}\sum_{i=1}^{n}(X_i - \overline{X})^2$ schätzt im Mittel die Varianz:

$$E\left[\frac{1}{n-1}\sum_{i=1}^{n}(X_i - \overline{X})^2\right] = V[X]$$

Außerdem werden die Abweichungen von dem zu schätzenden Parameter $V[X]$ mit wachsendem Stichprobenumfang immer kleiner:

$$V\left[\frac{1}{n-1}\sum_{i=1}^{n}(X_i - \overline{X})^2\right] =$$

$$\frac{1}{n}\left(E\left(X - E[X]\right)^4 - \frac{n-3}{n-1}V[X]\right)$$

Es lässt sich beweisen, dass die Schätzfunktion aus Satz 12.6 „genauer" schätzt als die Schätzfunktion S^2. Ist n „groß", so unterscheidet sich die Schätzfunktion $\frac{1}{n-1}\sum_{i=1}^{n}(X_i - \overline{X})^2$ kaum von der Schätzfunktion $S^2 = \frac{1}{n} \sum_{i=1}^{n} (X_i - \overline{X})^2$. Die meisten Taschen-rechner bieten mit den Tasten $\boxed{\sigma_{n-1}}$ und $\boxed{\sigma_n}$ beide Schätzwerte an.

> **Beispiel 12.7 (Fortsetzung von Beispiel 12.1)**
> Anhand der ersten Stichprobe aus dem Beispiel 12.1 kann
>
> ■ gemäß Satz 12.5 die mittlere Nachbereitungszeit (pro Woche in Stunden) eines Studierenden für die Vorlesung Statistik mit $\overline{x} = 4$ Stunden geschätzt werden.
>
> ■ gemäß Satz 12.6 die theoretische Standardabweichung der Zufallsvariablen „Nachbereitungszeit" mit $\sqrt{\frac{12}{11} \cdot 4{,}\overline{3}} \approx 2{,}17$ Stunden geschätzt werden.

Ausführungen zum Schätzen einer Varianz kann der interessierte Leser (w,m) in Arrenberg [1998] nachlesen.

12.4   Zusammenfassung

■ Werte von Stichprobenfunktionen sind im Allgemeinen für jede Stichprobe unterschiedlich.

■ Ist der Stichprobenumfang „groß", so sind das arithmetische Mittel und der Erwartungswert gemäß dem Schwachen Gesetz der Großen Zahlen fast sicher gleich.

■ Ein Erwartungswert wird geschätzt durch das arithmetische Mittel.

■ Eine theoretische Varianz wird geschätzt durch die mit dem Faktor $n/(n-1)$ multiplizierte empirische Varianz.

Prüfungstipps
Prüfungsaufgaben beschränken sich auf das Berechnen eines arithmetischen Mittels oder einer empirischen Varianz.

12 Schätzen
von Parametern

13 Konfidenzintervalle

Lernziele

In diesem Kapitel lernen Sie

- ein Konfidenzintervall für einen Erwartungswert anzugeben,

- ein Konfidenzintervall für einen Anteilswert anzugeben sowie

- den Mindeststichprobenumfang zu bestimmen für ein Konfidenzintervall mit einer gewünschten Breite.

Wird z.B. zu Prognosezwecken eine theoretische Verteilung gesucht, so sind insb. die Parameter dieser Verteilung zu bestimmen. Im Kapitel 12.3 haben wir erfahren, welche Stichprobenfunktionen gute Schätzer sind für unbekannte Erwartungswerte und für unbekannte theoretische Varianzen. Wurde ein Schätzwert berechnet, so stellt sich die Frage, mit welcher Präzision er den unbekannten Parameterwert getroffen hat.

Zur Beantwortung dieser Frage werden wir zwei Stichprobenfunktionen bestimmen. Die eine gibt die Intervalluntergrenze an, die andere die Intervallobergrenze. Dann kann die Wahrscheinlichkeit berechnet werden, dass dieses Intervall [Untergrenze ; Obergrenze] den unbekannten Parameter einschließt. Diese Überdeckungswahrscheinlichkeit des Intervalls heißt **Konfidenzniveau** und wird mit $1 - \alpha$ bezeichnet, das Intervall heißt **Konfidenzintervall**.

Die Interpretation des Konfidenzintervalls lautet: Mit der Wahrscheinlichkeit $1 - \alpha$ liegt der unbekannte Parameter in dem Intervall. (Mit der Wahrscheinlichkeit α liegt der Parameter nicht in dem Konfidenzintervall.)

Als Konfidenzniveau wird deshalb eine „hohe" Wahrscheinlichkeit angesetzt, übliche Werte in der Literatur sind: 90 Prozent oder 95 Prozent oder 99 Prozent.

Ist das Konfidenzintervall „schmal", so ist der geschätzte Wert ein

guter Schätzer für den unbekannten Parameter. Ist das Konfidenzintervall hingegen „breit", so ist die Berechnung des Intervalls nicht
hilfreich, um einen Parameter schätzen zu können.

13.1 Konfidenzintervall für einen Erwartungswert (σ bekannt)

Für eine normalverteilte Zufallsvariable sei der Wert der theoretischen Varianz bekannt. Für den unbekannten Erwartungswert
soll anhand einer Stichprobe $x_1, x_2, \ldots, x_n$ ein Konfidenzintervall
angegeben werden:

> **Satz 13.1 (Konfidenzintervall für μ)**
> X sei eine normalverteilte Zufallsvariable mit bekannter
> theoretischer Varianz σ^2. Dann ist ein $(1 - \alpha)$-Konfidenz-
> intervall für $\mu = E[X]$ gegeben durch:
>
> $$\left[\overline{X} - u_{1-\frac{\alpha}{2}} \frac{\sigma}{\sqrt{n}}; \overline{X} + u_{1-\frac{\alpha}{2}} \frac{\sigma}{\sqrt{n}} \right]$$
>
> Dabei ist $u_{1-\alpha/2}$ das $(1 - \alpha/2)$-Quantil der Standard-Nor-
> malverteilung.

⚠Die Intervallgrenzen eines Konfidenzintervalls aus Satz 13.1 lassen sich nicht exakt angeben. Wir wissen nicht, wie groß $\overline{X}$ ist.
Je nach Stichprobe sind die Werte von $\overline{X}$ unterschiedlich. Deshalb kann das Konfidenzintervall nicht exakt angegeben werden,
die Intervallgrenzen eines Konfidenzintervall können nur <u>geschätzt</u>
werden.

> **Beispiel 13.2 (Fortsetzung von Beispiel 12.1)**
> Die Zufallsvariable $X=$„Nachbereitungszeit" aus dem Beispiel
> 12.1 sei normalverteilt mit der Standardabweichung 2,5 Stun-
> den. Der Erwartungswert $\mu=$„mittlere Nachbereitungszeit eines
> Studierenden" sei unbekannt. Gesucht ist ein Konfidenzintervall
> zum Konfidenzniveau $1 - \alpha = 0,95$ für μ.
>
> Wenn $1 - \alpha=95$ Prozent beträgt, so beträgt $\alpha=5$ Prozent,
> $\alpha/2=2,5$ Prozent und somit $1 - \alpha/2=97,5$ Prozent. Der 97,5-
> Prozentpunkt der Standard-Normalverteilung beträgt gemäß
> der Tabelle $u_{1-\alpha/2} = 1,96$. Das gesuchte Konfidenzintervall lau-
> tet somit:

$$\left[\overline{X} - 1{,}96 \cdot \frac{2{,}5}{\sqrt{n}}; \overline{X} + 1{,}96 \cdot \frac{2{,}5}{\sqrt{n}}\right]$$

Der Parameter μ liegt in diesem Intervall mit der Wahrscheinlichkeit von 95 Prozent. Die Intervallgrenzen können nicht weiter berechnet werden, sie können lediglich anhand einer Stichprobe geschätzt werden:

■ Aufgrund der zweiten Stichprobe (5,4,9,1,0,4,7,2) ergibt sich das folgende Konfidenzintervall für μ:

$$\left[4 - 1{,}96 \cdot \frac{2{,}5}{\sqrt{8}}; 4 + 1{,}96 \cdot \frac{2{,}5}{\sqrt{8}}\right] = [2{,}27; 5{,}73]$$

d.h. $[2{,}27; 5{,}73]$ ist ein geschätzter Bereich für das Intervall, in dem die mittlere Nachbereitungszeit eines Studierenden mit der Wahrscheinlichkeit 0,95 liegt. Oder anders ausgedrückt: $\overline{x} = 4$ Stunden ist ein schlechter Schätzer für μ, weil das Konfidenzintervall mit einer Breite von $5{,}73 - 2{,}27 = 3{,}46$ Stunden nicht schmal ist.

■ Aufgrund der dritten Stichprobe (6,5,7,5,8,5,0,9,3,2) ergibt sich das folgende Konfidenzintervall für μ:

$$\left[5 - 1{,}96 \cdot \frac{2{,}5}{\sqrt{10}}; 5 + 1{,}96 \cdot \frac{2{,}5}{\sqrt{10}}\right] = [3{,}45; 6{,}55]$$

d.h. $[3{,}45; 6{,}55]$ ist ein geschätzter Bereich für das Intervall, in dem die mittlere Nachbereitungszeit eines Studierenden mit der Wahrscheinlichkeit 0,95 liegt. Oder anders ausgedrückt: $\overline{x} = 5$ Stunden ist ein schlechter Schätzer für μ, weil das Konfidenzintervall mit einer Breite von $6{,}55 - 3{,}45 = 3{,}1$ Stunden nicht schmal ist.

⚠Eine Aussage darüber, ob im Einzelfall der unbekannte Parameter in einem berechneten Konfidenzintervall liegt, lässt sich nicht machen. Es lässt sich sogar nicht einmal eine Wahrscheinlichkeit dafür angeben, da nach dem Einsetzen der Stichprobenwerte in das Konfidenzintervall nichts Zufälliges mehr vorhanden ist. Würden einhundert 0,95-Konfidenzintervalle berechnet werden, so ist damit zu rechnen, dass in 95 Konfidenzintervallen μ liegt.

An dieser Stelle wurde auf die exakte Herleitung des Konfidenzintervalls im Satz 13.1 verzichtet, der interessierte Leser (w,m) schaue bitte in das Buch von Schlittgen [2008]. Jedoch soll noch geklärt werden, wieso für ein $(1 - \alpha)$-Konfidenzintervall der $(1 - \alpha/2)$-Prozentpunkt benötigt wird.

Beispiel 13.3
Wird ein Konfidenzintervall zum Konfidenzniveau 94 Prozent
gesucht, so liegt mit der Wahrscheinlichkeit von 6 Prozent der
unbekannte Parameter außerhalb des Konfidenzintervalls. Außerhalb des Konfidenzintervalls kann bedeuten: Vor der Untergrenze oder über der Obergrenze. Für die beiden Ereignisse wird die Wahrscheinlichkeit von 6 Prozent gleich aufgeteilt,
d.h. mit der Wahrscheinlichkeit von 3 Prozent liegt der unbekannte Parameter vor der Untergrenze des Konfidenzintervalls.
Und mit der Wahrscheinlichkeit von 3 Prozent liegt der unbekannte Parameter über der Obergrenze des Konfidenzintervalls. Somit liegt links vor der Obergrenze die Wahrscheinlichkeit $3\% + 94\% = 97\%$. Also ist aufgrund der symmetrischen
Konstruktion $[\overline{X} - u \cdot \frac{\sigma}{\sqrt{n}}; \overline{X} - u \cdot \frac{\sigma}{\sqrt{n}}]$ des Konfidenzintervalls
u der 97 Prozentpunkt.

Satz 13.4
Für die Überdeckungswahrscheinlichkeit $1 - \alpha$ ergibt sich
der folgende Prozentpunkt $u_{1-\alpha/2}$ der Standard-Normalverteilung:

$1 - \alpha$	0,90	0,95	0,99
α	0,10	0,05	0,01
$\alpha/2$	0,05	0,025	0,005
$1 - \alpha/2$	0,95	0,975	0,995
$u_{1-\alpha/2}$	1,6449	1,96	2,5758

Aus dem Satz 13.4 geht unmittelbar hervor, dass eine Erhöhung
des Konfidenzniveaus zu einem breiteren Konfidenzintervall führt.

Satz 13.5
Das Konfidenzintervall aus Satz 13.1 hat folgende Eigenschaften:

■ Wird das Konfidenzniveau $1 - \alpha$ erhöht, so wird das Konfidenzintervall breiter.

■ Wird der Stichprobenumfang n erhöht, so wird das Konfidenzintervall schmaler.

Soll der unbekannte Parameter zu 100% in dem Konfidenzintervall liegen, so lautet das Konfidenzintervall $(-\infty; +\infty)$.

Je größer der Stichprobenumfang n ist, desto schmaler wird das berechnete Konfidenzintervall aus Satz 13.1, da n im Nenner steht.

13.1.1 Mindeststichprobenumfang

Gewünscht ist ein möglichst schmales Konfidenzintervall bei gleichzeitig hohem Konfidenzniveau. Dieses Ziel lässt sich erreichen, indem der Stichprobenumfang „genügend" groß gewählt wird.

Beispiel 13.6
Das 95%-Konfidenzintervall für μ aus Satz 13.1 hat die Breite:

$$\text{Obergrenze minus Untergrenze} = 2 \cdot 1{,}96 \frac{\sigma}{\sqrt{n}}$$

Wird die Breite des Konfidenzintervalls mit 2ε (lies: epsilon) bezeichnet, so haben wir:

$$2\varepsilon = 2 \cdot 1{,}96 \frac{\sigma}{\sqrt{n}}$$

Diese Formel lässt sich nach n auflösen, so dass wir den erforderlichen (Mindest-)Stichprobenumfang angeben können:

$$\sqrt{n} \geq 2 \cdot 1{,}96 \frac{\sigma}{2\varepsilon} \Leftrightarrow n \geq \frac{1{,}96^2 \cdot \sigma^2}{\varepsilon^2}$$

d.h. soll das 0,95-Konfidenzintervall für μ höchstens die Breite $2 \cdot \varepsilon$ haben, so muss der Stichprobenumfang mindestens $\frac{1{,}96^2 \cdot \sigma^2}{\varepsilon^2}$ betragen.

Satz 13.7 (Mindeststichprobenumfang)
Soll das $(1-\alpha)$-Konfidenzintervall für μ aus Satz 13.1 höchstens die Breite 2ε haben, so muss der Stichprobenumfang n mindestens

$$n \geq \frac{\left(u_{1-\frac{\alpha}{2}}\right)^2 \cdot \sigma^2}{\varepsilon^2}$$

betragen.

Beispiel 13.8 (Fortsetzung von Beispiel 13.2)
In dem Beispiel 13.2 wurde angenommen, dass die wöchentliche Nachbereitungszeit X (in Stunden) eines Studierenden normalverteilt ist mit der theoretischen Standardabweichung von 2,5 Stunden.

■ Wie groß muss der Stichprobenumfang n mindestens sein, damit die Breite des 0,95-Konfidenzintervalls für die mittlere Nachbereitungszeit eines Studierenden höchstens 110 Minuten beträgt?

Breite $= 2\varepsilon = 110$ Minuten

halbe Breite: $\varepsilon = 55$ Minuten $= 0,91\overline{6}$ Stunden

Gemäß Satz 13.7 ergibt sich somit:

$$n \geq \frac{1,96^2 \cdot \sigma^2}{\varepsilon^2} = \frac{1,96^2 \cdot 2,5^2}{0,91\overline{6}^2} = 28,57$$

d.h. der Stichprobenumfang muss mindestens $n = 29$ betragen.

■ Fassen wir die drei Stichproben aus dem Beispiel 12.1 als eine Stichprobe auf, so ergibt sich als arithmetisches Mittel $\overline{x} = \frac{130}{30} = 4,\overline{3}$. Das 0,95-Konfidenzintervall für μ ist dann:

$$4,\overline{3} \pm 1,96 \cdot \frac{2,5}{\sqrt{30}} = 4,\overline{3} \pm 0,894\,614 = [3,44; 5,23]$$

Probe: Das Intervall hat die Breite $5,23 - 3,44 = 1,79$ Stunden $= 107,4$ Minuten und liegt somit unter der gewünschten Breite von 110 Minuten.

13.2   Konfidenzintervall für einen Erwartungswert (σ unbekannt)

Bisher haben wir ein Konfidenzintervall für μ erhalten unter der Voraussetzung, dass Normalverteilung vorliegt und dass die theoretische Standardabweichung σ bekannt ist. Aus Sicht der Praxis ist die Voraussetzung, σ zu kennen, wirklichkeitsfremd. Wieso kann ferner unterstellt werden, dass eine Normalverteilung vorliegt? Die Normal-Verteilungsannahme wird jedoch benötigt für die Bestimmung der Prozentpunkte $u_{1-\alpha/2}$.

In dem Kapitel 12.3 wurde für große Stichprobenumfänge die theoretische Varianz geschätzt anhand einer Stichprobe durch die empirische Varianz S_X^2. Und der Zentrale Grenzwertsatz 11.18 sichert für große Stichprobenumfänge eine Normalverteilung für das arithmetische Mittel $\overline{X}$.

Somit lässt sich für den Fall einer unbekannten theoretischen Verteilung mit einer unbekannten theoretischen Varianz trotzdem ein Konfidenzintervall für den Erwartungswert näherungsweise angeben:

Satz 13.9 (Konfidenzintervall für μ)

X sei eine Zufallsvariable mit dem unbekannten Erwartungswert μ. Dann lautet das approximative $(1 - \alpha)$-Konfidenzintervall für μ:

$$\left[\overline{X} - u_{1-\frac{\alpha}{2}} \frac{S_X}{\sqrt{n}} \,;\, \overline{X} + u_{1-\frac{\alpha}{2}} \frac{S_X}{\sqrt{n}}\right]$$

falls der Stichprobenumfang mindestens dreißig beträgt.

Gilt für den Stichprobenumfang $30 \le n \le 100$, so wird der Prozentpunkt $u_{1-\frac{\alpha}{2}}$ des Konfidenzintervalls aus Satz 13.9 genauer mit der sogenannten t-Verteilung bestimmt und erst ab $n > 100$ mit der Normalverteilung. Da sich Konfidenzintervallgrenzen jedoch nicht berechnen, sondern nur schätzen lassen, und da es sich bei dem Konfidenzintervall aus Satz 13.9 um ein approximatives (und kein exaktes) Intervall handelt, werden wir im Folgenden den Prozentpunkt $u_{1-\frac{\alpha}{2}}$ auch schon für Stichprobenumfänge zwischen 30 und 100 mit der Normalverteilung bestimmen.

Beispiel 13.10 (Fortsetzung von Beispiel 12.1)

Fassen wir die drei Stichproben aus der Variablen „Nachbereitungszeit" des Beispiels 12.1 als eine Stichprobe auf, so ergibt sich als arithmetisches Mittel $\overline{x} = \frac{130}{30} = 4,\overline{3}$ und als empirische Standardabweichung $s = \sqrt{\frac{190,\overline{6}}{30}} = 2,52$. Gemäß Satz 13.9 lautet das $0,95$-Konfidenzintervall für die mittlere Nachbereitungszeit (in Stunden/Woche) eines Studierenden:

$$\overline{x} \pm 1,96 \cdot \frac{s_x}{\sqrt{n}} = 4,\overline{3} \pm 1,96 \cdot \frac{2,52}{\sqrt{30}} = [3,43; 5,24]$$

d.h. $[3,43; 5,24]$ ist ein geschätzter Bereich für das Intervall, in dem die mittlere Nachbereitungszeit (in Stunden/Woche) eines Studierenden mit der Wahrscheinlichkeit von $0,95$ liegt.

13.2.1 Mindeststichprobenumfang

Bei der Angabe eines Mindeststichprobenumfangs taucht das Problem auf, dass die Breite des Konfidenzintervalls aus Satz 13.9 eine Zufallsvariable ist, die von der empirischen Varianz S^2 abhängt. Die Idee der Berechnung eines Mindeststichprobenumfangs n ist aber gerade, dass n berechnet werden soll, bevor eine Stichprobe gezogen wird.

Als Lösung des Problems könnte eine frühere/ältere Stichprobe (falls sie vorliegt) herangezogen werden und daraus die empirische Varianz s_{alt}^2 berechnet werden:

Satz 13.11 (Mindeststichprobenumfang)
Soll das $(1-\alpha)$-Konfidenzintervall für μ aus Satz 13.9 höchstens die Breite 2ε haben und liegt eine frühere Varianz s_{alt}^2 vor, so muss der Stichprobenumfang n näherungsweise mindestens

$$n \geq \frac{\left(u_{1-\frac{\alpha}{2}}\right)^2 \cdot s_{\text{alt}}^2}{\varepsilon^2}$$

betragen, wobei die Faustregel $n \geq 30$ aus Satz 11.18 weiterhin erfüllt sein muss.

Trotz Ausnutzung der Mindeststichprobenumfang-Formel aus Satz 13.11 kann es dennoch passieren, dass ein berechnetes Konfidenzintervall breiter ist als die vorab gewünschte Breite:

Beispiel 13.12
Es soll ein 0,99-Konfidenzintervall für die mittlere Miethöhe μ (in Euro pro Monat) eines Studierenden berechnet werden.

■ In einer früheren Stichprobe betrugt die empirische Standardabweichung 70 Euro.

Wie viele Studierende sind mindestens zu befragen, damit ein 0,99-Konfidenzintervall für μ höchstens die Breite von 50 Euro hat?

$$n \geq \frac{2{,}5758^2 \cdot 70^2}{25^2} = 52{,}01641$$

d.h. es sind mindestens 53 Studierende zu befragen.

■ Eine Umfrage unter sechzig Studierenden ergab eine durchschnittliche Miete von 381 Euro pro Monat und eine empirische Standardabweichung von 99 Euro.

Wie lautet das gesuchte Konfidenzintervall?

$$381 \pm 2{,}5758 \cdot \frac{99}{\sqrt{60}} = 381 \pm 32{,}92 = [348{,}08; 413{,}92]$$

Die Breite des Konfidenzintervalls beträgt $413{,}92 - 348{,}08 = 65{,}84$ Euro und liegt somit über der gewünschten Breite von 50 Euro.

Das Überschreiten der gewünschten Konfidenzintervall-Breite liegt daran, dass die frühere Stichprobe mit 70 Euro eine kleinere Standardabweichung aufweist als die aktuelle Stichprobe mit 99 Euro.

13.3   Konfidenzintervall für einen Anteilswert

Gesucht ist ein Konfidenzintervall für einen Anteilswert p (z.B. den Bekanntheitsgrad eines Produkts oder den Nichtraucher-Anteil in einer Bevölkerung oder den Stimmenanteil einer politischen Partei bei der nächsten Wahl usw.) in einer Grundgesamtheit.

Wird ein Konfidenzintervall für p gesucht, so kann der Befragte (w,m) in der Stichprobe auf die Untersuchungsfrage mit Ja oder Nein antworten: „Kennen Sie das Produkt?" oder „Sind Sie Nichtraucher?" oder „Werden Sie bei der nächsten Wahl die Partei xy wählen?" usw. Im Gegensatz dazu muss der Befragte (w,m) eine Zahl nennen, wenn er/sie zu einer Stichprobe für ein Konfidenzintervall für μ gehört.

Ist die Zufallsvariable $Y = X_1 + X_2 + \ldots X_n$ binomialverteilt mit den Parametern n und p, so ist aufgrund des Zentralen Grenzwertsatzes 11.18 die Zufallsvariable $\overline{X}$ approximativ normalverteilt mit dem Erwartungswert p und der Standardabweichung $\sqrt{\dfrac{p(1-p)}{n}}$. Das angenäherte Konfidenzintervall für den Anteilswert p hat folgende Gestalt:

> **Satz 13.13 (Konfidenzintervall für einen Anteilswert)**
> Y sei eine binomialverteilte Zufallsvariable mit dem unbekannten Parameter p. Dann lautet das approximative Konfidenzintervall für p:

$$\left[\widehat{p} - u_{1-\frac{\alpha}{2}} \sqrt{\frac{\widehat{p}(1-\widehat{p})}{n}}; \widehat{p} + u_{1-\frac{\alpha}{2}} \sqrt{\frac{\widehat{p}(1-\widehat{p})}{n}}\right]$$

falls n mindestens einhundert beträgt.

Der Wert $\widehat{p}$ bezeichnet dabei den Anteilswert in der Stichprobe, während p den Anteilswert in der Grundgesamtheit bezeichnet.

Beispiel 13.14

Bei der Frage des Markenschutzes spielt der Bekanntheitsgrad eines Produkts eine wesentliche Rolle. Ein gesetzlicher Markenschutz für ein Produkt tritt gemäß §4 des Markengesetzes ein, sobald dieses Produkt mindestens 60 Prozent der Bevölkerung kennen. Dann liegt ein sogenannter notorischer Bekanntheitsgrad vor. Hierzu stellt sich die Frage, wie der Bekanntheitsgrad in der Bevölkerung zu messen ist. Jeden können wir nicht befragen. Um verlässliche Aussagen zu erhalten, werden Konfidenzintervalle berechnet.

Um Aufschluss über den Anteil p der Jugendlichen in der Bevölkerung zu bekommen, die das Produkt „Wakeboard" kennen, berechnet ein Markforschungsinstitut ein 0,95-Konfidenzintervall für p anhand einer Umfrage. Von 1 000 Befragten kannten 753 das Produkt. Wie sieht das Konfidenzintervall aus?

Zunächst einmal beträgt der Bekanntheitsgrad in der Stichprobe:

$$\widehat{p} = \frac{753}{1000} = 0{,}753$$

Gemäß Satz 13.13 ergibt sich das Konfidenzintervall mit:

$$0{,}753 \pm 1{,}96 \cdot \sqrt{\frac{0{,}753 \cdot 0{,}247}{1000}} = 0{,}753 \pm 0{,}027 = [0{,}726; 0{,}780]$$

d.h. $[73\%; 78\%]$ ist ein geschätzter Bereich für das Intervall, in dem der Bekanntheitsgrad in der jugendlichen Bevölkerung mit der Wahrscheinlichkeit 0,95 liegt.

Für das Konfidenzintervall 13.13 ist eine Stichprobe mit $n \geq 100$ notwendig. Ist n jedoch klein, so kann das folgende Konfidenzintervall für einen Anteilswert berechnet werden:

Satz 13.15 (Konfidenzintervall für einen Anteilswert)
Y sei eine binomialverteilte Zufallsvariable mit dem unbekannten Parameter p. Dann lautet das approximative $(1-\alpha)$-Konfidenzintervall für p:

untere Intervallgrenze:
$$\frac{\widehat{p} + \frac{u^2}{2n} - u \cdot \sqrt{\frac{\widehat{p}(1-\widehat{p})}{n} + \frac{u^2}{4n^2}}}{1 + \frac{u^2}{n}}$$

obere Intervallgrenze:
$$\frac{\widehat{p} + \frac{u^2}{2n} + u \cdot \sqrt{\frac{\widehat{p}(1-\widehat{p})}{n} + \frac{u^2}{4n^2}}}{1 + \frac{u^2}{n}}$$

falls n mindestens zehn beträgt. Und u ist der $\left(1 - \frac{\alpha}{2}\right)$-Prozentpunkt der Standard-Normalverteilung.

Als Untergrenze des Konfidenzintervalls für p ist der Wert null zu wählen, falls die untere Intervallgrenze aus Satz 13.13 bzw. Satz 13.15 negativ ist. Ebenso ist als Obergrenze des Konfidenzintervalls für p der Wert eins zu wählen, falls die obere Intervallgrenze aus Satz 13.13 bzw. Satz 13.15 größer als eins ist.

13.3.1 Mindeststichprobenumfang

Um einen Mindeststichprobenumfang angeben zu können für ein Konfidenzintervall mit einer gewünschten Breite, muss zunächst eine Formel für die Breite des Konfidenzintervalls ermittelt werden.

Beispiel 13.16
Die Breite des 0,95-Konfidenzintervalls für p aus Satz 13.13 beträgt:

$$\text{Obergrenze minus Untergrenze} = 2 \cdot 1{,}96\sqrt{\frac{\widehat{p}(1-\widehat{p})}{n}}$$

Bezeichnen wir die Breite des Konfidenzintervalls mit 2ε, so haben wir:

$$2\varepsilon = 2 \cdot 1{,}96\sqrt{\frac{\widehat{p}(1-\widehat{p})}{n}}$$

Diese Gleichung lässt sich wie folgt nach n auflösen:

$$\sqrt{n} = 2 \cdot 1{,}96\frac{\sqrt{\widehat{p}(1-\widehat{p})}}{2\varepsilon}$$

Werden beide Seiten der Gleichung quadriert, so ergibt sich der Mindeststichprobenumfang n mit:

$$n = \frac{1{,}96^2 \cdot \widehat{p}(1-\widehat{p})}{\varepsilon^2}$$

Umgangssprachlich wird die Breite 2ε eines Konfidenzintervalls für einen Anteilswert in Prozentpunkten angegeben. Soll die Breite z.B. 0,06 betragen, so bedeutet dies: Das Konfidenzintervall weicht (nach oben oder nach unten) um höchstens drei Prozentpunkte vom wahren Anteilswert ab.

⚠ Es besteht ein Unterschied zwischen beispielsweise einer Abweichung um zwei Prozent und einer Abweichung um zwei Prozentpunkte.

Beispiel 13.17
Bei einer Umfrage stellt sich heraus, dass 38 Prozent aller Befragten das Produkt A kennen; d.h. die Stichprobenschätzung beträgt 38 Prozent.

- ◼ Weicht diese Stichprobenschätzung um höchstens zwei Prozent ab von dem Bekanntheitsgrad in der Bevölkerung (Grundgesamtheit), so liegt der Bekanntheitsgrad in der Bevölkerung zwischen 37,24 und 38,76 Prozent; denn $38 \cdot 1{,}02 = 38{,}76$ und $38 \cdot 0{,}98 = 37{,}24$.

- ◼ Weicht diese Stichprobenschätzung um höchstens zwei Prozentpunkte ab von dem Bekanntheitsgrad in der Bevölkerung (Grundgesamtheit), so liegt der Bekanntheitsgrad in der Bevölkerung zwischen 36 und 40 Prozent; denn $38 + 2 = 40$ und $38 - 2 = 36$.

Problem: Aus dem Beispiel 13.16 ist ersichtlich, dass der Mindeststichprobenumfang abhängt von dem Bekanntheitsgrad in der Stichprobe. Jedoch soll der Mindeststichprobenumfang festgelegt werden vor der Stichprobenziehung.

Eine Lösung des Problems wäre, den Anteilswert $\widehat{p}_{\text{alt}}$ aus einer früheren/älteren Stichprobe heranzuziehen:

Satz 13.18 (Mindeststichprobenumfang)
Soll das $(1-\alpha)$-Konfidenzintervall für p aus Satz 13.13 höchstens die Breite 2ε haben und liegt ein früherer Anteilswert

$\widehat{p}_{\text{alt}}$ vor, so muss der Stichprobenumfang n näherungsweise mindestens

$$n \geq \frac{\left(u_{1-\frac{\alpha}{2}}\right)^2 \cdot \widehat{p}_{\text{alt}}(1 - \widehat{p}_{\text{alt}})}{\varepsilon^2}$$

betragen, wobei die Faustregel $n \geq 100$ aus Satz 13.13 weiterhin erfüllt sein muss.

Beispiel 13.19
Bei der letzten Wahl hat die politische Partei xy 38 Prozent aller Stimmen erhalten. Um eine Prognose für den Stimmenanteil p bei der nächsten Wahl abgeben zu können, soll ein 0,96-Konfidenzintervall berechnet werden. Wie viele Wahlberechtigte sind zu befragen, damit das gesuchte Konfidenzintervall um höchstens drei Prozentpunkte vom wahren Wert p abweicht?

Die halbe Breite des Konfidenzintervalls beträgt 0,03. Gemäß Satz 13.18 ergibt sich der folgende Mindeststichprobenumfang:

$$n \geq \frac{2{,}0537^2 \cdot 0{,}38 \cdot 0{,}62}{0{,}03^2} = 1\,104{,}096$$

d.h. es sind mindestens $1\,105$ Wahlberechtigte zu befragen.

Hat sich der Anteilswert über die Zeit wesentlich verändert, d.h. auf $\widehat{p}_{\text{alt}}$ ist kein Verlass, oder liegt keine frühere Stichprobe vor, so kann trotzdem ein Mindeststichprobenumfang berechnet werden, indem für den Term $\widehat{p}(1 - \widehat{p})$ aus Beispiel 13.16 der größt-mögliche Wert eingesetzt wird.

Mathematisch betrachtet ist dazu das globale Maximum der Funktion $f(x) = x(1 - x)$ zu bestimmen.

Notwendige Bedingung: $0 = f'(x) = 1 - 2x \Leftrightarrow x = 0{,}5$

Hinreichende Bedingung: $f''(x) = -2 <_{\text{immer}} 0$

d.h. $f(x)$ hat in $x = 0{,}5$ ein globales Maximum.

Wird für den Term $\widehat{p}(1 - \widehat{p})$ aus Beispiel 13.16 der ungünstigste, d.h. maximale Wert 0,25 gewählt, der bei $\widehat{p} = 0{,}5$ eintritt, so ergibt sich im Worst-Case:

Satz 13.20 (Mindeststichprobenumfang)
Soll das $(1-\alpha)$-Konfidenzintervall für p aus Satz 13.13 höchstens die Breite 2ε haben, so muss der Stichprobenumfang n näherungsweise mindestens

$$n \geq \frac{\left(u_{1-\frac{\alpha}{2}}\right)^2 \cdot 0{,}25}{\varepsilon^2}$$

betragen, wobei die Faustregel $n \geq 100$ aus Satz 13.13 weiterhin erfüllt sein muss.

Beispiel 13.21 (Fortsetzung von Beispiel 13.19)
Berechnen wir für das Konfidenzintervall aus Beispiel 13.19 den Mindeststichprobenumfang mit der Worst-Case-Formel aus Satz 13.20, so ergibt sich:

$$n \geq \frac{2{,}0537^2 \cdot 0{,}25}{0{,}03^2} = 1\,171{,}579$$

d.h. es sind mindestens etwa $1\,172$ Wahlberechtigte zu befragen.

In den Medien werden Konfidenzintervalle häufig verwechselt mit Schwankungsintervallen. Ein Konfidenzintervall ist ein Intervall für einen unbekannten Parameter und gibt z.B. den mit einer Wahrscheinlichkeit von 95 Prozent geschätzten Bereich an, in dem das mittlere Einkommen eines Bundesbürgers liegt. Ein Schwankungsintervall ist ein Intervall für eine Zufallsvariable und gibt z.B. die Einkommensunter- und Obergrenze von dem Intervall an, in dem das Einkommen von 95 Prozent aller Bündesbürger liegt.

13.4   Zusammenfassung

■ Das approximative 0,95-Konfidenzintervall für einen Erwartungswert wird wie folgt berechnet: $\overline{x} \pm 1{,}96 \cdot \dfrac{s}{\sqrt{n}}$, falls $n \geq 30$ ist.

■ Das approximative 0,95-Konfidenzintervall für einen Anteilswert wird wie folgt berechnet: $\widehat{p} \pm 1{,}96 \cdot \sqrt{\dfrac{\widehat{p}(1-\widehat{p})}{n}}$, falls $n \geq 100$ ist.

■ Der Mindeststichprobenumfang für ein 0,95-Konfidenzintervall für einen Erwartungswert mit der gewünschten Breite 2ε beträgt näherungsweise: $n \geq \dfrac{1{,}96^2 \cdot s^2_{\text{alt}}}{\varepsilon^2}$, falls eine frühere Stichprobe vorliegt.

- Der Mindeststichprobenumfang für ein 0,95-Konfidenzintervall für einen Anteilswert mit der gewünschten Breite 2ε beträgt näherungsweise: $n \geq \dfrac{1{,}96^2 \cdot \widehat{p}_{\text{alt}}(1 - \widehat{p}_{\text{alt}})}{\varepsilon^2}$, falls eine frühere Stichprobe vorliegt.

- Der Mindeststichprobenumfang für ein 0,95-Konfidenzintervall für einen Anteilswert mit der gewünschten Breite 2ε beträgt näherungsweise: $n \geq \dfrac{1{,}96^2 \cdot 0{,}25}{\varepsilon^2}$, falls keine frühere Stichprobe vorliegt.

Prüfungstipps

Die Schwierigkeit bei dem Thema Konfidenzintervalle ist das Erkennen, ob ein Konfidenzintervall für einen Anteilswert oder für einen Erwartungswert bestimmt werden soll.

- Kann der Befragte in der Stichprobe antworten mit Ja oder Nein, so ist ein Konfidenzintervall für einen Anteilswert gesucht.

- Kann der Befragte in der Stichprobe nicht antworten mit Ja oder Nein, sondern muss er eine Zahl angeben, so ist ein Konfidenzintervall für einen Erwartungswert gesucht.

- Der Wert u bei der Berechnung eines $(1 - \alpha)$-Konfidenzintervalls ist der $(1 - \alpha/2)$-Prozentpunkt der Standard-Normalverteilung.

14   Statistische Tests

Lernziele

In diesem Kapitel lernen Sie, mit statistischen Tests aufgrund von

- univariaten Stichproben die Höhe von Erwartungswerten einzuschätzen,

- bivariaten Stichproben die stochastische Unabhängigkeit zweier Zufallsvariablen zu beurteilen,

- univariaten Stichproben die Verteilung von Zufallsvariablen ausfindig zu machen.

Wir betrachten wieder die Ausgangssituation, dass ein Parameter, z.B. ein Erwartungswert, unbekannt ist. In dem Kapitel 12.3 haben wir den Erwartungswert anhand des arithmetischen Mittels einer Stichprobe geschätzt (vgl. Satz 12.5). Und im Kapitel 13 wurde aufgrund einer Stichprobe ein Konfidenzintervall für den unbekannten Erwartungswert angegeben (vgl. Satz 13.1 und Satz 13.9). Neben diesen beiden statistischen Verfahren (Punktschätzung und Intervallschätzung) gibt es eine weitere Möglichkeit, Auskunft über den unbekannten Erwartungswert zu erhalten, indem aufgrund einer Stichprobe ein statistisches Testverfahren durchgeführt wird.

Beispiel 14.1

Es interessiert die Frage, ob Werbekampagnen den mittleren Umsatz verändern oder nicht. Diese Frage soll mit Hilfe eines statistischen Tests beantwortet werden. Dazu werden zunächst zwei gegensinnige Behauptungen aufgestellt: „Die Werbekampagne verändert den mittleren Umsatz nicht" und „Die Werbekampagne verändert den mittleren Umsatz". Anhand einer Stichprobe entscheidet dann ein statistischer Test, welche der beiden Behauptungen zutrifft.

Ein statistischer Test wird herangezogen, wenn nicht offensichtlich ist, welche von zwei gegensinnigen Behauptungen zutrifft:

> **Definition 14.2**
> Ein **statistischer Test** ist eine Entscheidungsregel zwischen
> zwei gegensinnigen Behauptungen H_0 und H_1. Dabei werden
> die Behauptung H_0 als **Nullhypothese** und die Behauptung
> H_1 als Gegenhypothese bezeichnet. Anhand einer Stichprobe
> entscheidet der Test, ob H_0 abgelehnt wird oder nicht.

D.h. insb. ein statistischer Test trifft eine Entscheidung für oder
gegen H_0. Um sich gegen Fehlentscheidungen abzusichern, wird
die richtungsweisende Behauptung der beiden gegensinnigen Behauptungen als H_1 festgelegt. In dem Beispiel 14.1 lautet deshalb
die Gegenhypothese H_1: „Die Werbekampagne verändert den mittleren Umsatz", da diese Behauptung richtungsweisend ist bzgl. des
Werbeaufwands.

Sowohl aus Zeit- als auch aus Kostengründen kann in dem Beispiel 14.1 nicht in jedem Supermarkt der Umsatz des Produkts
vor sowie nach einer Werbekampagne erfasst werden. Das bedeutet einerseits, dass die Realität unbekannt ist und andererseits,
dass die Testentscheidung aufgrund einer Stichprobe zu fällen ist.
Dabei kann ein Test zwei Fehlentscheidungen treffen:

Test-Entschei-	Realität	
dung	H_0 ist wahr	H_1 ist wahr
für H_0	richtige Entscheidung	Fehler 2. Art
für H_1	Fehler 1. Art	richtige Entscheidung

Gerne würden wir die Wahrscheinlichkeiten für beide Fehler mög-
lichst klein halten, aber das ist leider nicht möglich: Wenn die
Wahrscheinlichkeit für den Fehler 1. Art kleiner wird, so wird die
Wahrscheinlichkeit für den Fehler 2. Art größer. Und umgekehrt.

Um sich gegen eine irrtümliche Entscheidung für H_1 abzusichern,
wird für statistische Testverfahren vereinbart, dass die Wahrscheinlichkeit für den Fehler 1. Art klein gehalten wird. Dazu wird eine
obere Grenze für die Fehlerwahrscheinlichkeit 1. Art angegeben,
sie beträgt α (lies: alpha): $P(\text{Fehler 1. Art}) \leq \alpha$. Übliche Werte
für α sind 0,01 bzw. 0,05 bzw. 0,10. Der Wert für α wird auch als
theoretisches **Signifikanzniveau** des Tests bezeichnet:

Signifikanzniveau α		
0,01	0,05	0,10

Je kleiner der Wert von α gewählt wird, desto seltener lehnt der Test die Nullhypothese ab.

Definition 14.3
Ein **Test zum Signifikanzniveau α** ist ein statistischer Test, bei dem die Wahrscheinlichkeit für den Fehler 1. Art (irrtümliche Ablehnung von H_0) höchstens α beträgt.

Die Wahrscheinlichkeit für den Fehler 2. Art (irrtümliche Annahme von H_0) wird mit β (lies: beta) bezeichnet. Diese Wahrscheinlichkeit ist nie größer als $1 - \alpha$: $P(\text{Fehler 2. Art}) \leq 1 - \alpha$.

Für die Testentscheidung wird anhand einer Stichprobe der sogenannte p-Wert berechnet:

Definition 14.4
Der **p-Wert** hängt ab von der Stichprobe und ist der kleinstmögliche Wert für α, für den die Nullhypothese eines Tests zum Signifikanzniveau α abgelehnt wird.

Der p-Wert wird auch als empirisches Signifikanzniveau bezeichnet. Die Testentscheidung wird wie folgt getroffen:

Satz 14.5
Die Nullhypothese H_0 eines Tests zum Signifikanzniveau α wird genau dann abgelehnt, wenn der p-Wert kleiner oder gleich α ist.

⚠ Im Folgenden verwenden wir für das theoretische Signifikanzniveau den Wert $\alpha = 0{,}05$.

Nacheinander werden wir vier verschiedene Tests kennen lernen: Gaußtest, t-Test, Chi-Quadrat-Unabhängigkeitstest, Chi-Quadrat-Anpassungstest. Die Skalierungen der statistischen Variablen müssen wie folgt sein: metrisch für Gaußtest, metrisch für t-Test, nominal/ordinal/metrisch für Chi-Quadrat-Unabhängigkeitstest, nominal/ordinal/metrisch für Chi-Quadrat-Anpassungstest.

14.1   Gaußtest

Mit dem Gaußtest lassen sich Aussagen machen über einen unbekannten Erwartungswert. Dabei trifft der zweiseitige Test eine Aussage über eine bestimmte Höhe des unbekannten Erwartungswertes, während der einseitige Test eine Aussage über einen bestimmten Bereich, in dem der unbekannte Erwartungswert liegt, trifft.

Die Verteilung des p-Wertes eines Gaußtests ist die Normalverteilung (vgl. Kapitel 11.1), die von dem deutschen Naturwissenschaftler *Carl Friedrich Gauß* entwickelt wurde. Die Bezeichnung des Tests ist angelehnt an den erstmaligen Erforscher der Normalverteilung.

14.1.1   Zweiseitiger Gaußtest

Unter bestimmten Voraussetzungen lässt sich durch einen Test verifizieren, ob ein Erwartungswert eine gewisse Höhe μ_0 hat:

Definition 14.6 (Zweiseitiger Gaußtest)
$H_0 : E[X] = \mu_0$ gegen $H_1 : E[X] \neq \mu_0$
Ablehnung von $H_0 \Leftrightarrow p$-Wert $\leq \alpha$,
falls X normalverteilt ist mit der bekannten theoretischen Varianz σ^2.

Der Test aus Definition 14.6 wird als **zweiseitiger** (im Englischen: two-sided) Test bezeichnet, weil die Alternative H_1 als Werte für $E[X]$ sowohl Werte auf der rechten Seite von μ_0, d.h. $E[X] > \mu_0$, als auch Werte auf der linken Seite von μ_0, d.h. $E[X] < \mu_0$, also auf beiden Seiten von μ_0 zulässt.

Beispiel 14.7 (Fortsetzung von Beispiel 14.1)
Für die Überprüfung der beiden Hypothesen/Behauptungen aus Beispiel 14.1 mit dem Gaußtest muss die Annahme gemacht werden, dass eine Normalverteilung vorliegt. Wir nehmen deshalb an, dass die Zufallsvariable $X=$„Umsatz nach der Kampagne minus Umsatz vor der Kampagne" normalverteilt ist. Dann entspricht die Hypothese „Keine Umsatzveränderung durch Werbekampagne" der Hypothese „$E[X] = 0$". Und die Hypothese „Umsatzveränderung durch Werbekampagne" entspricht der Hypothese „$E[X] \neq 0$". Somit lautet das Testproblem:

$H_0 : E[X] = 0$ gegen $H_1 : E[X] \neq 0$

Insb. ist hier $\mu_0 = 0$. Der Fehler 1. Art ist, dass H_0 irrtümlich abgelehnt wird, also der Test nicht erkennt, dass die Werbekampagne den mittleren Umsatz nicht verändert hat.

Um eine Testentscheidung treffen zu können, wird eine (repräsentative) Stichprobe gezogen und daraus der p-Wert berechnet.

Satz 14.8 (p-Wert des zweiseitigen Gaußtests)
Für den zweiseitigen Gaußtests gilt:

$$p\text{-Wert} = 2 \cdot F_U \left(- \mid \frac{\overline{x} - \mu_0}{\sigma/\sqrt{n}} \mid \right)$$

An dieser Stelle wurde auf die exakte Herleitung des p-Wertes im Satz 14.8 verzichtet, der interessierte Leser (w,m) schaue bitte in das Buch von Schlittgen [2008].

Die Nullhypothese des zweiseitigen Gaußtests aus Definition 14.6 wird gemäß Satz 14.5 genau dann abgelehnt, wenn der p-Wert aus Satz 14.8 kleiner oder gleich 0,05 ist.

Beispiel 14.9 (Fortsetzung von Beispiel 14.7)
Für die Stichprobe werden fünf Supermärkte zufällig ausgewählt und es wird der Umsatz (in GE) des Produkts vor und nach der Werbekampagne gemessen und die Differenz $X=$„Umsatz nach der Kampagne minus Umsatz vor der Kampagne" gebildet:

laufende Numerierung i	Umsatz nach	vor	Differenz x_i
1	103	99	4
2	101	102	-1
3	98	91	7
4	104	99	5
5	107	101	6
Σ			21

Das arithmetische Mittel dieser Stichprobe beträgt $\overline{x} = \frac{21}{5} = 4{,}2$.

Für den Gaußtest muss die Annahme gemacht werden, dass die theoretische Varianz bekannt ist. Wir nehmen deshalb an, dass die theoretische Varianz der Zufallsvariablen X genau $\sigma^2 = 16$ beträgt. Daraus ergibt sich über die Normalverteilungstabelle im Anhang B:

$$p\text{-Wert} = 2 \cdot F_U\left(-\,|\,\frac{\overline{x} - \mu_0}{\sigma/\sqrt{n}}\,|\right) = 2 \cdot F_U\left(-\,|\,\frac{4,2 - 0}{4/\sqrt{5}}\,|\right) =$$
$$2 \cdot F_U(-2{,}3479) = 2 \cdot 0{,}009 = 0{,}018$$

Hier haben wir $0{,}018 \leq 0{,}05$; d.h. die Nullhypothese wird abgelehnt, d.h. der mittlere Umsatz nach der Werbekampagne unterscheidet sich bedeutend (**signifikant**) von dem mittleren Umsatz vor der Werbekampagne.

Anmerkung: Der Stichprobenumfang n in Beispiel 14.9 wurde aus didaktischen Gründen klein gehalten, in der Praxis sollte n mindestens 30 betragen.

Beispiel 14.10
Anschaulich betrachtet wird H_0 aus Definition 14.6 genau dann abgelehnt, wenn das arithmetische Mittel „wesentlich" größer (d.h. $\overline{x} > \mu_0 + k$) oder „wesentlich" kleiner (d.h. $\overline{x} < \mu_0 - k$) als μ_0 ist. Die Grenzen $\mu_0 + k$ und $\mu_0 - k$ werden dabei so gewählt, dass die Fläche in den Verteilungsenden jeweils $\alpha/2$ beträgt, damit die Obergrenze α für die Fehlerwahrscheinlichkeit erster Art eingehalten wird:

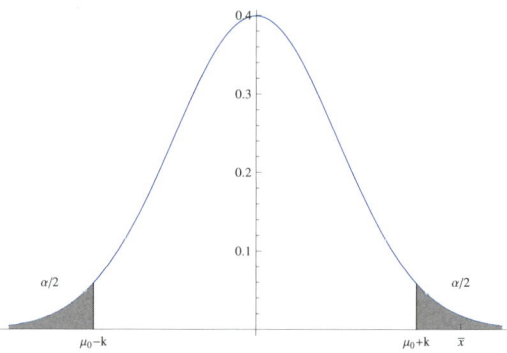

Die Fläche unter der Kurve rechts von $\overline{x}$ multipliziert mit zwei ist der p-Wert aus Beispiel 14.9.

14.1.2 Einseitiger Gaußtest

Wurde durch einen zweiseitigen Gaußtest festgestellt, dass sich $E[X]$ signifikant von einem unterstellten Wert μ_0 unterscheidet, so interessiert häufig, ob $E[X]$ signifikant größer oder signifikant kleiner als μ_0 ist.

> **Beispiel 14.11 (Fortsetzung von Beispiel 14.9)**
> In der Stichprobe von Beispiel 14.9 war das arithmetische Mittel mit $\overline{x} = 4{,}2$ größer als $\mu_0 = 0$. D.h. in der Stichprobe war der Umsatz nach der Werbekampagne im Durchschnitt gestiegen und nicht gefallen. Um zu wissen, ob diese Umsatz-Steigerung auch in der Grundgesamtheit aller belieferten Supermärkte vorliegt, wird der einseitige Gaußtest durchgeführt. Dabei spiegelt die Alternative H_1 vom einseitigen Test die Situation in der Stichprobe wider, hier also $H_1 : E[X] > 0$.
>
> Die gegensinnige Behauptung ist somit $H_0 : E[X] \leq 0$.

Die folgenden zwei Testprobleme werden als **einseitige** (im Englischen: one-sided) Tests bezeichnet, weil die Gegenhypothese jeweils nur eine Seite von μ_0 zulässt:

> **Definition 14.12 (Einseitiger Gaußtest)**
> ■ $H_0 : E[X] \leq \mu_0$ gegen $H_1 : E[X] > \mu_0$ oder
>
> ■ $H_0 : E[X] \geq \mu_0$ gegen $H_1 : E[X] < \mu_0$
>
> Ablehnung von $H_0 \Leftrightarrow p\text{-Wert} \leq \alpha$,
> falls X normalverteilt ist mit der bekannten theoretischen Varianz σ^2.

Der p-Wert des einseitigen Tests berechnet sich aus dem p-Wert des zweiseitigen Gaußtests aus Satz 14.8 wie folgt:

> **Satz 14.13 (p-Wert des einseitigen Gaußtests)**
> Der p-Wert des einseitigen Gaußtests aus Definition 14.12 ist die Wahrscheinlichkeit
>
> $0{,}5 \cdot (p\text{-Wert des zweiseitigen Gaußtests})$.

⚠ Insb. wird also immer die Nullhypothese des einseitigen Testproblems abgelehnt, wenn vorher die Nullhypothese des zweiseitigen Testproblems abgelehnt wurde.

Beispiel 14.14 (Fortsetzung von Beispiel 14.11)
Gemäß Beispiel 14.9 betrug der p-Wert des zweiseitigen Gaußtests 0,018. Aus Satz 14.13 ergibt sich somit für den p-Wert des einseitigen Gaußtests $0,018/2 = 0,009$.

Da gilt $0,009 \leq \alpha = 0,05$, wird die Nullhypothese des einseitigen Gaußtests aus Beispiel 14.11 abgelehnt. D.h. der mittlere Umsatz ist nach der Werbekampagne signifikant gestiegen.

Um ein Beispiel für den einseitigen Gaußtest mit $H_0 : E[X] \geq \mu_0$ gegen $H_1 : E[X] < \mu_0$ zu erhalten, wird die Differenzbildung aus Beispiel 14.9 vertauscht:

Beispiel 14.15 (Fortsetzung von Beispiel 14.9)
Wird in dem Beispiel 14.9 die Differenz $Y=$„Umsatz vor der Kampagne minus Umsatz nach der Kampagne" gebildet, so beträgt das arithmetische Mittel $\overline{y} = -4,2$. Daraus ergibt sich der p-Wert des zweiseitigen Gaußtests mit ebenfalls 0,018; d.h. die Nullhypothese des unveränderten Umsatzes wird abgelehnt.

Die Alternative des einseitigen Gaußtests lautet: $H_1 : E[Y] < 0$, weil $\overline{y} < \mu_0 = 0$ ist. Und der p-Wert des einseitigen Gaußtests beträgt $0,018/2{=}0,009$; d.h. $H_0 : E[Y] \geq 0$ wird abgelehnt; d.h. vor der Werbekampagne war der mittlere Umsatz signifikant kleiner als nach der Werbekampagne.

14.2 t-Test

Die beiden Voraussetzungen für den Gaußtest, Normalverteilung und bekannte theoretische Varianz, sind in der Praxis häufig nicht gegeben. Um dennoch einen Test über die Höhe eines Erwartungswertes durchführen zu können, gibt es den sogenannten t-Test.

14.2.1   Zweiseitiger t-Test

Wir betrachten wieder das Testproblem auf Höhe eines Erwartungswertes:

Definition 14.16 (Zweiseitiger t-Test)
$H_0 : E[X] = \mu_0$ gegen $H_1 : E[X] \neq \mu_0$
Ablehnung von $H_0 \Leftrightarrow p$-Wert $\leq \alpha$,
falls der Stichprobenumfang n mindestens 30 beträgt.

Liegt der Stichprobenumfang, aufgrund dessen die Testentscheidung gefällt wird, zwischen 30 und 100, so wird der p-Wert des t-Tests mit der t-Verteilung bestimmt. Der Name des Tests ist angelehnt an die Bezeichnung dieser Verteilung. Ist der Stichprobenumfang größer als 100, so wird der p-Wert gemäß dem Zentralen Grenzwertsatz (vgl. Satz 11.18) approximativ mit der Normalverteilung berechnet.

Wir werden jedoch im Folgenden schon für Stichprobenumfänge zwischen 30 und 100 den p-Wert näherungsweise mit der Normalverteilung berechnen, so wie wir dies auch bei dem Konfidenzintervall aus Satz 13.9 gemacht haben:

Satz 14.17 (p-Wert des zweiseitigen t-Tests)
Für den zweiseitigen t-Test gilt näherungsweise:

$$p\text{-Wert} \approx 2 \cdot F_U\left(-\left|\frac{\overline{x} - \mu_0}{s/\sqrt{n}}\right|\right)$$

falls der Stichprobenumfang n mindestens 30 beträgt.

Beispiel 14.18
Der Hersteller einer Maschine garantiert aus technischen Gründen eine Aufwärmphase X der Maschine von exakt 29 Minuten. Mit $\mu_0 = 29$ lautet das Testproblem: $H_0 : E[X] = 29$ gegen $H_1 : E[X] \neq 29$. Anhand einer Stichprobe vom Umfang $n = 30$ soll überprüft werden, ob die Angabe des Herstellers korrekt ist. Die Faustregel $n \geq 30$ zur Durchführung des t-Tests ist erfüllt. Es ergaben sich folgende Stichprobenwerte:

i	x_i	n_i
1	24	1
2	25	2
3	26	2
4	27	4
5	28	7
6	29	5
7	30	5
8	31	4

Das arithmetische Mittel der Stichprobe beträgt $\overline{x} = 849/30 = 28{,}3$. Die Standardabweichung ist $s = \sqrt{3{,}47\overline{6}} \approx 1{,}9$. Mit dem

Satz 14.17 ergibt sich der p-Wert des t-Tests näherungsweise wie folgt:

$$p\text{-Wert} \approx 2 \cdot F_U\left(-\mid \frac{\overline{x} - \mu_0}{s/\sqrt{n}} \mid\right) = 2 \cdot F_U\left(-\mid \frac{28{,}3 - 29}{1{,}9/\sqrt{30}} \mid\right) =$$
$$2 \cdot F_U(-2{,}0179) = 2 \cdot 0{,}022 = 0{,}044$$

Da $0{,}044 \leq 0{,}05$ gilt, wird die Nullhypothese abgelehnt, d.h. die mittlere Aufwärmzeit unterscheidet sich signifikant von der Herstellerangabe.

14.2.2   Einseitiger t-Test

Hat ein zweiseitiger t-Test signifikante Unterschiede zwischen dem Erwartungswert und einem Wert μ_0 aufgedeckt, so interessiert auch hier wieder, ob der Erwartungswert signifikant größer oder signifikant kleiner als μ_0 ist.

Beispiel 14.19 (Fortsetzung von Beispiel 14.18)
In dem Beispiel 14.18 betrug die durchschnittliche Aufwärmzeit 28,3 Minuten und lag somit unter der Herstellerangabe $\mu_0 = 29$ Minuten; d.h. in der Stichprobe wurde die Herstellerangabe unterschritten. Um zu wissen, ob diese Aufwärmzeit-Verkürzung generell für alle Maschinen dieser Art gilt, wird der einseitige t-Test durchgeführt. Dabei spiegelt die Alternative H_1 vom einseitigen Test die Situation in der Stichprobe wider, hier also $H_1 : E[X] < 29$.

Die gegensinnige Behauptung ist somit $H_0 : E[X] \geq 29$.

Die folgenden zwei Testprobleme werden als einseitige Tests bezeichnet:

Definition 14.20 (Einseitiger t-Test)
■ $H_0 : E[X] \leq \mu_0$ gegen $H_1 : E[X] > \mu_0$ oder

■ $H_0 : E[X] \geq \mu_0$ gegen $H_1 : E[X] < \mu_0$

Ablehnung von $H_0 \Leftrightarrow p\text{-Wert} \leq \alpha$,
falls der Stichprobenumfang n mindestens 30 beträgt.

Der p-Wert des einseitigen Tests berechnet sich aus dem p-Wert des zweiseitigen Tests aus Satz 14.17 näherungsweise wie folgt:

Satz 14.21 (p-Wert des einseitigen t-Tests)
Der p-Wert des einseitigen t-Tests aus Definition 14.20 ist näherungsweise die Wahrscheinlichkeit

$0{,}5 \cdot (p\text{-Wert des zweiseitigen } t\text{-Tests}).$

Beispiel 14.22 (Fortsetzung von Beispiel 14.19)
Der p-Wert des einseitigen Testproblems $H_0 : E[X] \geq 29$ gegen $H_1 : E[X] < 29$ aus Beispiel 14.19 beträgt gemäß den Sätzen 14.17 und 14.21 näherungsweise $0{,}5 \cdot 0{,}044 = 0{,}022$.

Da gilt $0{,}022 \leq 0{,}05$, wird H_0 abgelehnt; d.h. die mittlere Aufwärmzeit ist signifikant kleiner als 29 Minuten.

14.3 Chi-Quadrat-Unabhängigkeitstest

Der Chi-Quadrat-Unabhängigkeitstest (kurz: χ^2-Unabhängigkeitstest) wird in der Literatur auch als Pearson-Chi-Quadrat-Test bezeichnet, weil dieser Test erstmals im Jahr 1900 von dem britischen Mathematiker *Karl Pearson* vorgeschlagen wurde und der p-Wert dieses Tests näherungsweise gemäß der sogenannten Chi-Quadrat-Verteilung bestimmt wird. Der Test prüft anhand einer Stichprobe die stochastische Unabhängigkeit zweier Zufallsvariablen:

Definition 14.23 (χ^2-Unabhängigkeitstest)
$H_0 : X, Y$ sind stochastisch unabhängig gegen
$H_1 : X, Y$ sind stochastisch abhängig
Ablehnung von $H_0 \Leftrightarrow p$-Wert $\leq \alpha$

Der p-Wert wird wieder anhand einer Stichprobe berechnet.

⚠Die Stichprobe muss aus einem bivariaten Datensatz stammen und in Form einer Kontingenztabelle (vgl. Kapitel 3.2) vorliegen.

In die Berechnung des p-Wertes geht der sogenannte **Freiheitsgrad** (im Englischen: degree of freedom) der Kontingenztabelle ein. Er gibt an, wie viele Zellen im Inneren einer Tabelle frei wählbar sind:

Beispiel 14.24

Es liege eine Kontingenztabelle mit schon festgelegten Randhäufigkeiten vor.

- Für den Fall einer 2×2-Kontingenztabelle reicht ein Eintrag
  (hier in Blau die Zahl 5) im Inneren der Tabelle, damit alle
  Werte festgelegt sind:

Y	X 1	2	$\sum$
1			20
2			30
$\sum$	10	40	50

Y	X 1	2	$\sum$
1	5		20
2			30
$\sum$	10	40	50

Y	X 1	2	$\sum$
1	5	15	20
2	5	25	30
$\sum$	10	40	50

d.h. die Anzahl der frei wählbaren Werte im Inneren der
Tabelle beträgt eins. Somit ist eins auch der Freiheitsgrad
einer 2×2-Tabelle.

- Für den Fall einer 3×2-Kontingenztabelle reichen zwei Ein-
  träge (hier in Blau die Zahlen 5 und 10) im Inneren der
  Tabelle, damit alle Werte festgelegt sind:

Y	X 1	2	$\sum$
1			10
2			15
3			25
$\sum$	20	30	50

Y	X 1	2	$\sum$
1	5		10
2	10		15
3			25
$\sum$	20	30	50

Y	X 1	2	$\sum$
1	5	5	10
2	10	5	15
3	5	20	25
$\sum$	20	30	50

d.h. die Anzahl der frei wählbaren Werte im Inneren der
Tabelle beträgt zwei. Somit ist zwei auch der Freiheitsgrad
einer 3×2-Tabelle.

Allgemein gilt für die Anzahl der Freiheitsgrade:

Satz 14.25 (Freiheitsgrad)

Der Freiheitsgrad einer Kontingenztabelle mit I Zeilen und
J Spalten beträgt $(I-1)(J-1)$.

Um den p-Wert bestimmen zu können, wird zunächst der empirische Wert der sogenannten **Teststatistik** $\chi^2_{emp.}$ benötigt. Der
empirische Wert der Teststatistik wird aus der Stichprobe, die

in einer Kontingenztabelle festgehalten wurde, berechnet. Dabei wird unterschieden, ob es sich bei der Kontingenztabelle um eine 2×2-Tabelle (zwei Zeilen, zwei Spalten) oder um eine größere, d.h. höher dimensionierte Tabelle handelt.

14.3.1 Test für höher dimensionierte Tabellen

Wir betrachten den Fall, dass die Kontingenztabelle, in der die Stichprobe festgehalten wurde, den Freiheitsgrad zwei oder größer hat.

Beispiel 14.26
Wir möchten klären, ob die Dauer X (in Min) eines Telefonanrufs abhängt vom Geschlecht Y (w,m) des Anrufers. Somit lautet die Nullhypothese: H_0 : Telefondauer und Geschlecht sind stochastisch unabhängig. Die Gegenhypothese lautet: H_1 : Telefondauer und Geschlecht sind stochastisch abhängig. Um eine Testentscheidung treffen zu können, benötigen wir eine Stichprobe. Bei einer Umfrage wurden 100 Frauen und 80 Männer gefragt, wie lange sie gestern telefoniert haben. Die Telefondauer X wurde in drei Klassen zerlegt: 0 bis höchstens 10 Minuten bzw. über 10 Minuten, jedoch höchstens 30 Minuten bzw. über 30 Minuten:

| Geschlecht | Telefondauer (in Min) | | | |
	$0-10$	$10-30$	über 30	$\sum$
Frau	50	30	20	100
Mann	30	40	10	80
$\sum$	80	70	30	$n=180$

Der empirische Wert $\chi^2_{\text{emp.}}$ der Teststatistik beträgt:

$$
\begin{aligned}
\chi^2_{\text{emp.}} &= \sum_{i=1}^{I} \sum_{j=1}^{J} \frac{\left(n_{ij} - \frac{n_{i\bullet} \cdot n_{\bullet j}}{n}\right)^2}{\frac{n_{i\bullet} \cdot n_{\bullet j}}{n}} \\
&= \frac{(50 - \frac{100 \cdot 80}{180})^2}{\frac{100 \cdot 80}{180}} + \frac{(30 - \frac{100 \cdot 70}{180})^2}{\frac{100 \cdot 70}{180}} + \frac{(20 - \frac{100 \cdot 30}{180})^2}{\frac{100 \cdot 30}{180}} \\
&\quad + \frac{(30 - \frac{80 \cdot 80}{180})^2}{\frac{80 \cdot 80}{180}} + \frac{(40 - \frac{80 \cdot 70}{180})^2}{\frac{80 \cdot 70}{180}} + \frac{(10 - \frac{80 \cdot 30}{180})^2}{\frac{80 \cdot 30}{180}} \\
&\approx 7{,}634
\end{aligned}
$$

d.h. der empirische Wert der Teststatistik beträgt 7,634.

Die Berechnung des p-Wertes über die Chi-Quadrat-Verteilung ist nur dann hinreichend genau, wenn die folgende Faustregel erfüllt ist:

Satz 14.27 (Faustregel)

■ In der Kontingenztabelle dürfen höchstens 20% aller Zellen eine erwartete Häufigkeit kleiner als fünf haben.

■ Die minimale erwartete Häufigkeit muss mindestens eins betragen.

Beispiel 14.28 (Fortsetzung von Beispiel 14.26)

Wir überprüfen in Beispiel 14.26 die Faustregel aus Satz 14.27:

■ Die erwarteten Häufigkeiten der sechs Zellen betragen $\frac{100\cdot80}{180} = 44{,}44$, $\frac{100\cdot70}{180} = 38{,}89$, $\frac{100\cdot30}{180} = 16{,}67$, $\frac{80\cdot80}{180} = 35{,}56$, $\frac{80\cdot70}{180} = 31{,}11$, $\frac{80\cdot30}{180} = 13{,}33$. Somit hat keine der Zellen eine erwartete Häufigkeit unter fünf.

■ Die minimale erwartete Häufigkeit beträgt 13,33 und ist somit nicht kleiner als eins.

D.h. die Faustregel ist erfüllt.

Die Chi-Quadrat-Verteilung, mit der der p-Wert berechnet wird, hängt ab von der Anzahl der Freiheitsgrade. Näherungsweise berechnet sich der p-Wert wie folgt:

Satz 14.29 (p-Wert χ^2-Unabhängigkeitstest)

Ist die Faustregel aus Satz 14.27 erfüllt und beträgt der Freiheitsgrad der Kontingenztabelle df, so wird der p-Wert des Chi-Quadrat-Unabhängigkeitstest näherungsweise wie folgt über die Chi-Quadrat-Verteilung berechnet:

$$P_{df}(\chi^2 > \chi^2_{\text{emp.}})$$

Der p-Wert aus Beispiel 14.28 beträgt $P_{df=2}(\chi^2 > 7{,}634) = 0{,}022$, was sich leider nicht aus der Chi-Quadrat-Tabelle im Anhang C ablesen lässt. Somit ergibt sich die Testentscheidung durch den Vergleich mit dem oberen 5%-Punkt:

Beispiel 14.30 (Fortsetzung von Beispiel 14.28)
Gemäß der Tabelle im Anhang C beträgt der obere 5%-Punkt der Chi-Quadrat-Verteilung mit zwei Freiheitsgraden 5,991:

$$P_{df=2}(\chi^2 > 5{,}991) = 0{,}05$$

Da $\chi^2_{\text{emp.}} = 7{,}634$ größer als 5,991 ist, muss die Fläche rechts von 7,634 kleiner sein als $\alpha = 0{,}05$:

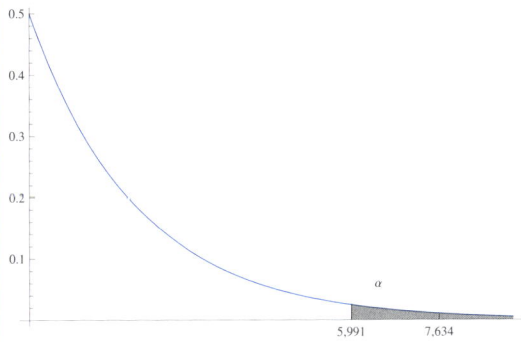

d.h. $P_{df=2}(\chi^2 > 7{,}634) < 0{,}05$

Da die Wahrscheinlichkeit $P_{df=2}(\chi^2 > 7{,}634)$ gemäß Satz 14.29 der p-Wert ist, gilt:

p-Wert $\leq 0{,}05$

d.h. die Nullhypothese der stochastischen Unabhängigkeit wird abgelehnt; d.h. die Telefondauer ist stochastisch abhängig vom Geschlecht.

Die Vorgehensweise aus Beispiel 14.30 halten wir fest:

Satz 14.31 (Vorgehensweise)
■ Falls der empirische Wert der Teststatistik kleiner ist als der obere 5%-Punkt, wird die Nullhypothese nicht abgelehnt.

■ Falls der empirische Wert der Teststatistik größer ist als der obere 5%-Punkt, wird die Nullhypothese abgelehnt.

■ Falls der empirische Wert der Teststatistik genau so groß ist wie der obere 5%-Punkt, wird die Nullhypothese abgelehnt.

D.h. beim Chi-Quadrat-Unabhängigkeitstest wird durch den Vergleich des empirischen Wertes der Teststatistik mit dem oberen 5%-Punkt aus der Tabelle im Anhang C die Testentscheidung getroffen.

14.3.2   Test für 2×2-Tabellen

Wir betrachten den Fall, dass die Kontingenztabelle, in der die Stichprobe festgehalten wurde, eine 2×2-Kontingenztabelle ist; d.h. insb. der Freiheitsgrad beträgt eins. Für den Fall $df = 1$ hat im Jahr 1934 der britische Statistiker *Frank Yates* eine Kontinuitätskorrektur der empirischen Teststatistik vorgeschlagen, um die Berechnung des p-Wertes genauer zu gestalten.

Beispiel 14.32
Zwei Hersteller A, B garantieren für ein bestimmtes Produkt eine Lebensdauer von mindestens sechs Jahren. Es soll untersucht werden, ob die Lebensdauer X (gemessen in Jahren) des Produkts und der Hersteller Y (Typ A oder Typ B) des Produkts stochastisch unabhängig voneinander sind. Somit lautet die Nullhypothese: H_0 : Hersteller und Lebensdauer sind stochastisch unabhängig. Die Gegenhypothese lautet: H_1 : Hersteller und Lebensdauer sind stochastisch abhängig. Für die Stichprobe wurde die Lebensdauer in zwei Klassen eingeteilt: Lebensdauer unter 6 Jahre bzw. Lebensdauer von 6 Jahren oder mehr. Eine Stichprobe von $n = 100$ Produkten ergab:

Lebensdauer	Hersteller		$\sum$
	A	B	
unter 6 Jahre	50	36	86
6 Jahre oder mehr	6	8	14
$\sum$	56	44	100

Daraus ergibt sich der empirische Wert $\chi^2_{\text{emp.}}$ der Teststatistik wie folgt:

$$
\begin{aligned}
\chi^2_{\text{emp.}} &= \sum_{i=1}^{I} \sum_{j=1}^{J} \frac{\left(\mid n_{ij} - \frac{n_{i\bullet} \cdot n_{\bullet j}}{n} \mid -0{,}5 \right)^2}{\frac{n_{i\bullet} \cdot n_{\bullet j}}{n}} \\
&= \frac{\left(\mid 50 - \frac{86 \cdot 56}{100} \mid -0{,}5 \right)^2}{\frac{86 \cdot 56}{100}} + \frac{\left(\mid 36 - \frac{86 \cdot 44}{100} \mid -0{,}5 \right)^2}{\frac{86 \cdot 44}{100}} \\
&\quad + \frac{\left(\mid 6 - \frac{14 \cdot 56}{100} \mid -0{,}5 \right)^2}{\frac{14 \cdot 56}{100}} + \frac{\left(\mid 8 - \frac{14 \cdot 44}{100} \mid -0{,}5 \right)^2}{\frac{14 \cdot 44}{100}}
\end{aligned}
$$

$$= 0{,}03728405 + 0{,}04745243 + 0{,}2290306 + 0{,}2914935$$
$$= 0{,}6052606$$
$$\approx 0{,}605$$

Die erwarteten Häufigkeiten betragen $\frac{86\cdot56}{100} = 48{,}16$ und $\frac{86\cdot44}{100} = 37{,}84$ und $\frac{14\cdot56}{100} = 7{,}84$ und $\frac{14\cdot44}{100} = 6{,}16$; d.h. keine erwartete Häufigkeit ist kleiner als fünf und die minimale erwartete Häufigkeit ist mit 6,16 größer als eins. Somit ist die Faustregel aus Satz 14.27 erfüllt.

Der p-Wert beträgt $P_{df=1}(\chi^2 > 0{,}605) = 0{,}437$, was sich leider nicht aus der Chi-Quadrat-Tabelle im Anhang C ablesen lässt. Somit ergibt sich die Testentscheidung gemäß Satz 14.31 durch den Vergleich mit dem oberen 5%-Punkt. Bei einem Freiheitsgrad beträgt der obere 5%-Punkt 3,841:

$$P_{df=1}(\chi^2 > 3{,}841) = 0{,}05$$

Also ist der empirische Wert der Teststatistik mit 0,605 kleiner als 3,841. Gemäß Satz 14.31 wird die Nullhypothese der stochastischen Unabhängigkeit nicht abgelehnt; d.h. Lebensdauer und Hersteller des Produkts sind stochastisch unabhängig.

Sollte einmal für eine Stichprobe die Faustregel aus Satz 14.27 nicht erfüllt sein, so kann versucht werden, durch Zusammenfassen von Kategorien/Klassen die Faustregel zu erfüllen, um den Chi-Quadrat-Unabhängigkeitstest durchführen zu dürfen.

14.4   Chi-Quadrat-Anpassungstest

Der Chi-Quadrat-Anpassungstest (kurz: χ^2-Anpassungstest) überprüft, ob die Verteilung einer Variablen einer bestimmten Verteilung ähnelt. Im Englischen wird der Begriff „Anpassungstest" übersetzt mit „Goodness-of-fit-test".

Definition 14.33 (Chi-Quadrat-Anpassungstest)
H_0 : Die Variable hat die Verteilung F gegen
H_1 : Die Variable hat nicht die Verteilung F
Ablehnung von $H_0 \Leftrightarrow p$-Wert $\leq \alpha$
wobei F eine spezifische theoretische Verteilungsfunktion ist.

Der Name des Tests korrespondiert mit der Chi-Quadrat-Verteilung, mit der der p-Wert berechnet wird. Der p-Wert wird wieder anhand einer Stichprobe berechnet. Ist die Verteilungsfunktion F aus Definition 14.33 stetig, so muss die Stichprobe in Form eines klassierten Datensatzes (vgl. Kapitel 2.4) vorliegen.

Beispiel 14.34
Im Jahr 1881 fiel dem Mathematiker *Simon Newcomb* auf, dass bei der Veröffentlichung von Zahlenmaterial die führenden Ziffern $i =1,2,3,\ldots,9$ der Daten nicht uniform verteilt sind mit den Wahrscheinlichkeiten von jeweils 1/9, sondern einer spezifischen Wahrscheinlichkeit p_i ähneln:

i	1	2	3	4	5	6	7	8	9
p_i	0,301	0,176	0,125	0,097	0,079	0,067	0,058	0,051	0,046

Diese Verteilung wird als **Benfordsche Verteilung** bezeichnet. Der Name der Verteilung ist zurückzuführen auf die Neuentdeckung dieses Gesetzes im Jahr 1938 durch den Physiker *Frank Benford.*

Ein Wirtschaftsprüfer (w,m) möchte wissen, ob Bilanzen von Unternehmen sich der Benfordschen Verteilung anpassen. Für die Variable $X=$„führende Ziffer" lautet die Nullhypothese: H_0: X hat die Benfordsche Verteilung. Die Gegenhypothese lautet: H_1: X hat nicht die Benfordsche Verteilung.

Der p-Wert wird bestimmt aus der Chi-Quadrat-Verteilung. Dabei ergibt sich der Freiheitsgrad, indem von der Anzahl der spezifischen Einzelwahrscheinlichkeiten p_i aus der Definition 14.33 der Wert eins subtrahiert wird:

Beispiel 14.35 (Fortsetzung von Beispiel 14.34)
Die Anzahl der spezifischen Einzelwahrscheinlichkeiten p_i beträgt in Beispiel 14.34 genau neun. Wurden acht dieser Wahrscheinlichkeiten durch freie Wahl festgelegt, so ergibt sich die neunte Wahrscheinlichkeit aus der Überlegung, dass die Summe aller neun Wahrscheinlichkeiten genau eins ergeben muss. Somit beträgt der Freiheitsgrad der Chi-Quadrat-Verteilung zur Berechnung des p-Wertes acht.

⚠Insb. muss also in Definition 14.33 die Anzahl der spezifischen Einzelwahrscheinlichkeiten endlich sein.

Beispiel 14.36 (Fortsetzung von Beispiel 14.35)
Zur Überprüfung der Nullhypothese aus Beispiel 14.34 werden für eine Stichprobe $n = 110$ führende Ziffern der Bilanz eines Unternehmens herausgesucht. Die führenden Ziffern in der Bilanz haben folgende Häufigkeiten n_i:

i	1	2	3	4	5	6	7	8	9	$\sum$
n_i	24	30	22	8	7	4	5	6	4	$n = 110$

Würde für diese Bilanz die Benfordsche Verteilung zutreffen, so hätten die führenden Ziffern die folgenden erwarteten Häufigkeiten $n \cdot p_i$:

i	1	2	3	4	5	6	7	8	9
$n \cdot p_i$	33,11	19,36	13,75	10,67	8,69	7,37	6,38	5,61	5,06

Die quadrierte Differenz der beobachteten minus den erwarteten Häufigkeiten ist der Zähler der empirischen Teststatistik $\chi^2_{\text{emp.}}$:

$$
\begin{aligned}
\chi^2_{\text{emp.}} &= \sum_{i=1}^{I} \frac{(n_i - n \cdot p_i)^2}{n \cdot p_i} \\
&= \frac{(24 - 33{,}11)^2}{33{,}11} + \frac{(30 - 19{,}36)^2}{19{,}36} + \frac{(22 - 13{,}75)^2}{13{,}75} \\
&\quad + \frac{(8 - 10{,}67)^2}{10{,}67} + \frac{(7 - 8{,}69)^2}{8{,}69} + \frac{(4 - 7{,}37)^2}{7{,}37} \\
&\quad + \frac{(5 - 6{,}38)^2}{6{,}38} + \frac{(6 - 5{,}61)^2}{5{,}61} + \frac{(4 - 5{,}06)^2}{5{,}06} \\
&\approx 16{,}390
\end{aligned}
$$

d.h. der empirische Wert der Teststatistik beträgt 16,390.

Die Berechnung des p-Wertes über die Chi-Quadrat-Verteilung ist nur dann hinreichend genau, wenn die folgende Faustregel erfüllt ist:

Satz 14.37 (Faustregel)
Die erwarteten Häufigkeiten müssen mindestens fünf betragen:

$$n \cdot p_i \geq 5$$

14 Statistische Tests

Beispiel 14.38 (Fortsetzung von Beispiel 14.36)
Wir überprüfen in Beispiel die Faustregel aus Satz 14.37. Die erwarteten Häufigkeiten betragen: 33,11; 19,36; 13,75; 10,67; 8,69 ;7,37; 6,38; 5,61; 5,06. D.h. alle $I = 9$ Werte sind größer als fünf; d.h. die Faustregel ist erfüllt.

Der p-Wert wird näherungsweise wie folgt berechnet:

Satz 14.39 (p-Wert Chi-Quadrat-Anpassungstest)
Ist die Faustregel aus Satz 14.37 erfüllt und beträgt die Anzahl der spezifischen Einzelwahrscheinlichkeiten in der Nullhypothese des Chi-Quadrat-Anpassungstests I, so wird der p-Wert des Chi-Quadrat-Anpassungstest näherungsweise wie folgt über die Chi-Quadrat-Verteilung mit $I - 1$ Freiheitsgraden berechnet:

$$P_{df=I-1}(\chi^2 > \chi^2_{\text{emp.}})$$

Der p-Wert aus Beispiel 14.38 beträgt $P_{df=8}(\chi^2 > 16{,}390) = 0{,}037$, was sich leider nicht aus der Chi-Quadrat-Tabelle im Anhang C ablesen lässt. Somit ergibt sich die Testentscheidung wie in Satz 14.31 durch den Vergleich mit dem oberen 5%-Punkt:

Beispiel 14.40 (Fortsetzung von Beispiel 14.38)
Gemäß der Tabelle im Anhang C beträgt der obere 5%-Punkt der Chi-Quadrat-Verteilung mit acht Freiheitsgraden 15,507:

$$P_{df=8}(\chi^2 > 15{,}507) = 0{,}05$$

In Beispiel 14.36 ist der empirische Wert der Teststatistik mit 16,390 größer als 15,507, also wird gemäß Satz 14.31 die Nullhypothese der Benfordschen Verteilung abgelehnt; d.h. die Verteilung von führenden Ziffern in Bilanzen ähnelt nicht der Benfordschen Verteilung. Es könnte aber auch sein, dass die Bilanz, aus der die Stichprobe gezogen wurde, manipuliert wurde.

14.5   Zusammenfassung

Ein statistischer Test zum Signifikanzniveau α ist eine Entscheidungsregel zwischen zwei gegensinnigen Behauptungen H_0 und H_1. Die Nullhypothese H_0 eines Tests wird genau dann abgelehnt, wenn der p-Wert kleiner oder gleich α ist. Der p-Wert wird anhand einer Stichprobe berechnet.

Zu einem statistischen Test gehören drei Angaben:

- der Name des Tests,

- die Formulierung der Nullhypothese H_0 des Tests und

- die Anleitung, wie der p-Wert berechnet wird.

Prüfungstipps

Welcher Test vorliegt, hängt von der Fragestellung ab:

- Soll bei Vorliegen einer Normalverteilung der Mittelwert einer metrisch skalierten Variablen überprüft werden, so ist ein Gaußtest zu durchlaufen, falls die theoretische Varianz bekannt ist.

- Soll ohne Kenntnis der Verteilung, aber anhand eines Stichprobenumfangs von mindestens dreißig, der Mittelwert einer metrisch skalierten Variablen überprüft werden, so ist ein t-Test anzuwenden.

- Soll mit Hilfe eines Tests geklärt werden, ob zwei Variablen (nominal, ordinal oder metrisch skaliert) stochastisch unabhängig sind, so ist ein Chi-Quadrat-Unabhängigkeitstest durchzuführen.

- Soll mit Hilfe eines Tests überprüft werden, ob die Verteilung einer Variablen (nominal, ordinal oder metrisch skaliert) einer spezifischen Verteilung ähnelt, so ist ein Chi-Quadrat-Anpassungstest einzusetzen.

14 Statistische Tests

Name	Vor./Faustregel	H_0	Ablehnung von H_0	df
Gaußtest	$X \sim N$, σ^2 bekannt	$E[X] = \mu_0$	$2 \cdot F_U\left(-\left\lvert\frac{\bar{x}-\mu_0}{\sigma/\sqrt{n}}\right\rvert\right) \leq 0{,}05$	—
t-Test	$n \geq 30$	$E[X] = \mu_0$	$2 \cdot F_U\left(-\left\lvert\frac{\bar{x}-\mu_0}{s/\sqrt{n}}\right\rvert\right) \leq 0{,}05$	—
χ^2-Unabhängigkeitstest	höchstens 20% aller Zellen haben erwartete Häufigkeit < 5; min. erwartete Häufigkeit ≥ 1	X, Y stoch. unabh.	$\chi^2_{\text{emp.}} \geq$ oberer 5%-Punkt $$\chi^2_{\text{emp.}} = \sum_{i=1}^{I}\sum_{j=1}^{J} \frac{\left(\left\lvert n_{ij} - \frac{n_{i\bullet}\cdot n_{\bullet j}}{n}\right\rvert - 0{,}5\right)^2}{\frac{n_{i\bullet}\cdot n_{\bullet j}}{n}} \quad \text{falls } df = 1$$ $$\chi^2_{\text{emp.}} = \sum_{i=1}^{I}\sum_{j=1}^{J} \frac{\left(n_{ij} - \frac{n_{i\bullet}\cdot n_{\bullet j}}{n}\right)^2}{\frac{n_{i\bullet}\cdot n_{\bullet j}}{n}} \quad \text{falls } df \geq 2$$	$(I-1)(J-1)$
χ^2-Anpassungstest	$n \cdot p_i \geq 5$	X hat Verlung F	$\sum_{i=1}^{I} \frac{(n_i - n \cdot p_i)^2}{n \cdot p_i} \geq$ oberer 5%-Punkt	$I - 1$

15 Schätzen von Verteilungen

Lernziele

In diesem Kapitel lernen Sie, wie anhand einer Stichprobe eine Verteilung geschätzt wird.

Als letztes Kapitel soll hier als Zusammenfassung und Ausblick gezeigt werden, wie sich eine theoretische Verteilung anhand einer Stichprobe schätzen lässt.

15.1 Ausgangsfrage

Der US-amerikanische Ökonom Robert Merton Solow sagte einmal in einem Interview: „Wie alle bin ich sehr gut darin, Dinge im Nachhinein zu verstehen. Ich weiß heute genau, was man damals hätte machen sollen!" (vgl. Süddeutsche Zeitung vom 28.02.2008)

Ein Ökonom (w,m) hat keine Prophetengabe. Die Statistik stellt lediglich die Möglichkeit bereit, u.a. Wahrscheinlichkeiten für Ereignisse zu berechnen. Ob das betrachtete Ereignis dann eintritt oder nicht, lässt sich nicht vorhersagen.

Um Verlust-Wahrscheinlichkeiten am Aktienmarkt berechnen zu können, muss vorher eine theoretische Verteilung ermittelt werden.

Beispiel 15.1 (Ausgangsbeispiel)
Angenommen heute werden 10 000 Euro für ein Jahr am Aktienmarkt investiert. Wie hoch ist dann die Wahrscheinlichkeit, höchstens 1 000 Euro zu verlieren, d.h. von dem angelegten Geld im nächsten Jahr mindestens 9 000 Euro wiederzusehen?

Ohne Kenntnis der Rechnung antworten die Studierenden in meinen Vorlesungen: Die Wahrscheinlichkeit aus Beispiel 15.1 ist hoch, also etwa 95 Prozent oder sogar noch größer.

15.2   Empirische Verteilung

Die Wahrscheinlichkeit aus Beispiel 15.1 soll aufgrund historischer Dax-Performanceindex-Werte berechnet werden. Die Jahresendwerte des Dax-Performanceindex (deutscher Aktienindex Dax 30) betrugen:

Jahr	Dax	Jahr	Dax
1987	1 000	2000	6 434
1988	1 328	2001	5 160
1989	1 790	2002	2 893
1990	1 398	2003	3 965
1991	1 578	2004	4 256
1992	1 545	2005	5 408
1993	2 267	2006	6 597
1994	2 107	2007	8 067
1995	2 254	2008	4 810
1996	2 889	2009	5 957
1997	4 250	2010	6 914
1998	5 002	2011	5 898
1999	6 958		

Um die gesuchte Wahrscheinlichkeit berechnen zu können, soll die Normalverteilung herangezogen werden. Als Variable X_t werden die Veränderungsfaktoren des Dax 30 gegenüber dem Vorjahr betrachtet: X_t = „Dax-Veränderungsfaktor im Jahr t gegenüber dem Vorjahr $t-1$" für die Jahre $t = 1988, 1989, 1090, \ldots 2011$.

⚠Ein Faktor, der eine prozentuale Veränderung misst, liegt immer im Intervall $[0; +\infty)$, weil ein prozentualer Rückgang maximal 100 Prozent betragen kann und eine prozentuale Steigerung hingegen beliebig groß sein kann. Im Normalverteilungsmodell müssen negative Faktoren ausgeschlossen werden. Ein negativer Faktor ist unsinnig.

Deshalb erfolgt der folgende Kunstgriff: Die Faktoren der Veränderungen der Dax-Werte gegenüber dem jeweiligen Vorjahr werden logarithmiert. Und es wird statt der Variable X_t jetzt die Variable Y_t betrachtet mit:

$$Y_t = \ln(X_t)$$

für die Jahre $t = 1988, 1989, 1090, \ldots 2011$. Die logarithmierten Faktoren können sowohl negativ als auch positiv sein und haben die folgende Verteilung:

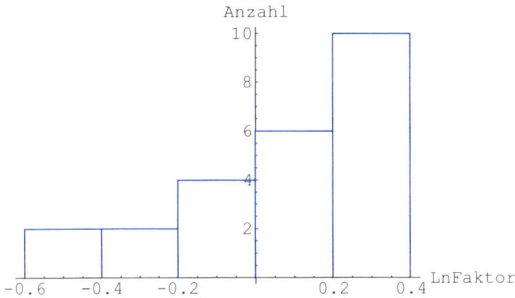

Histogramm der logarithmierten Dax-Faktoren

Die empirische Verteilung von Y_t ist rechtssteil bzw. linksschief; insb. hat Y_t mit $S = -1{,}041$ eine etwas stärkere empirische Schiefe als X_t mit der empirischen Schiefe $S = -0{,}587$, wobei die empirische Schiefe S einer Stichprobe $(x_1, x_2, \ldots, x_n)$ wie folgt erklärt ist:

$$S = \frac{\frac{1}{n} \sum_{i=1}^{n} (x_i - \overline{x})^3}{\left(\frac{1}{n} \sum_{i=1}^{n} (x_i - \overline{x})^2 \right)^{1,5}}$$

Aus der Tabelle mit den Dax 30 Jahresendwerten ist ersichtlich, dass in dem Zeitraum von 1987 bis 1999 der Dax 30 bis auf wenige leichte Rückgänge fast ausschließlich gestiegen ist. In den Jahren nach 1999 hingegen, fluktuierten die Dax-Werte stärker. Zu Prognosezwecken sollten „weit" zurück liegende Indexwerte nicht berücksichtigt werden, deshalb werden die zwölf jüngsten Faktoren der Veränderungen:

$$X_t = \text{Faktor im Jahr } t = \frac{\text{Dax}_t}{\text{Dax}_{t-1}}$$

für die Jahre $t = 2000, 2001, 2002, \ldots 2011$ betrachtet.

15.3   Schätzen des Erwartungswertes und der Varianz

Um Prognosen abgeben zu können, wird die Verteilung der Zufallsvariablen:

$$Y_{2012} = \ln \left(\frac{\text{Dax}_{2012}}{\text{Dax}_{2011}} \right)$$

benötigt.

Der Erwartungswert $\mu = E[Y_{2012}]$ wird gemäß Kapitel 12.3 unverzerrt geschätzt durch das arithmetische Mittel der zwölf jüngsten logarithmierten Dax-Faktoren:

$$\mu \approx \frac{1}{12} \sum_{t=2\,000}^{2\,011} \ln\left(\frac{\text{Dax}_t}{\text{Dax}_{t-1}}\right)$$

Mit dem ersten Logarithmusgesetz (vgl. Arrenberg et al. [2013], Seite 96) ergibt sich daraus:

$$\mu \approx \frac{1}{12} \ln\left(\prod_{t=2\,000}^{2\,011} \frac{\text{Dax}_t}{\text{Dax}_{t-1}}\right)$$

Mit dem dritten Logarithmusgesetz (vgl. Arrenberg et al. [2013], Seite 96) ergibt sich daraus:

$$\mu \approx \ln\left(\sqrt[12]{\prod_{t=2\,000}^{2\,011} \frac{\text{Dax}_t}{\text{Dax}_{t-1}}}\right) = \ln\left(\sqrt[12]{\frac{5\,898}{6\,958}}\right) = \ln 0{,}9863212 \approx$$
$$-0{,}01377$$

d.h. μ wird unverzerrt geschätzt durch den natürlichen Logarithmus des geometrischen Mittels der zwölf Faktoren.

Die theoretische Standardabweichung $\sigma = \sqrt{V[Y_{2012}]}$ wird gemäß Kapitel 12.3 geschätzt durch die empirische Standardabweichung der zwölf logarithmierten Faktoren mit $\sigma \approx 0{,}29995$.

15.4   Schätzen der theoretischen Verteilung

Mit dem Anpassungstest zum Niveau $\alpha = 0{,}05$ von Lilliefors (vgl. Gibbons et al. [2003], Seite 130), wird die Normalverteilung der Zufallsvariablen Y_{2012} überprüft:

H_0 : „Y_{2012} ist normalverteilt" gegen

H_1 : „Y_{2012} ist nicht normalverteilt"

Die Nullhypothese wird abgelehnt, falls die Abweichungen zwischen der empirischen Verteilungsfunktion und der Normalverteilung zu „groß" sind; genauer falls die Abweichungen größer sind als der zugehörige kritische Wert.

Die Testentscheidung soll anhand der Stichprobe der zwölf jüngsten logarithmierten Dax-Faktoren getroffen werden. Die der Größe nach geordneten Stichprobenwerte $y_{(t)}$ werden mit Hilfe von $\mu = -0{,}01377$ und $\sigma = 0{,}29995$ standardisiert:

$$z_{(t)} = \frac{y_{(t)} - (-0{,}01377)}{0{,}29995}$$

Dann wird zwischen den Werten $\frac{1}{12}, \frac{2}{12}, \ldots, \frac{12}{12}$ der empirischen Verteilungsfunktion und der Standard-Normalverteilungsfunktion F die größte Differenz gesucht:

i	$y_{(t)}$	$z_{(t)}$	$\frac{i}{12}$	$F(z_{(t)})$	$\frac{i}{12} - F(z_{(t)})$	$F(z_{(t)}) - \frac{i-1}{12}$
1	−,5786	−1,8832	,0833	,0298	,0535	,0298
2	−,5171	−1,6780	,1667	,0467	,1200	−,0367
3	−,2207	−,6897	,2500	,2452	,0048	,0785
4	−,1589	−,4840	,3333	,3142	,0191	,0642
5	−,0783	−,2151	,4167	,4148	,0018	,0815
6	,0708	,2820	,5000	,6110	−,1110	,1944
7	,1490	,5426	,5833	,7063	−,1230	,2063
8	,1987	,7085	,6667	,7607	−,0940	,1773
9	,2012	,7166	,7500	,7632	−,0132	,0965
10	,2139	,7589	,8333	,7761	,0573	,0261
11	,2395	,8446	,9167	,8008	,1158	−,0325
12	,3152	1,0968	1,0000	,8636	,1364	−,0530

Arbeitstabelle Lilliefors-Test

Die maximale Differenz zwischen empirischer Verteilungsfunktion und der Normalverteilung beträgt $\max\{0{,}1364; 0{,}2063\} = 0{,}2063$. Und 0,2063 ist auch der empirische Wert der Lilliefors-Teststatistik.

Da der empirische Wert der Teststatistik mit 0,2063 kleiner ist als der kritische Wert 0,242 (vgl. Lilliefors [1967]) für den Stichprobenumfang $n = 12$ des Lilliefors-Tests zum Niveau $\alpha = 0{,}05$, wird die Nullhypothese der Normalverteilung nicht abgelehnt.

Anmerkung: In der Ökonomie gibt es auch die Lehrmeinung, dass eine Normalverteilung nicht geeignet ist, Verlustwahrscheinlichkeiten am Aktienmarkt zu beschreiben, weil die Wahrscheinlichkeiten für sehr hohe Verluste, wie z.B. einen Ertrag, der mehr als das Fünffache der Standardabweichung unter dem Erwartungswert liegt, zu erhalten, sehr gering sind. Hingegen treten solche extremen Renditen am Kapitalmarkt sporadisch (Schwarzer Montag, Platzen der Internetblase, Finanzkrise) auf. In der Literatur ist dies nachzulesen unter dem Schlagwort „fat tails".

Neben dem Lilliefors-Test gibt es weitere Anpassungstests, die eine Normalverteilungsannahme überprüfen (vgl. Thadewald et al. (2007)). Der Shapiro-Wilk-Test zum Niveau $\alpha = 0{,}05$ lehnt mit einem p-Wert von 0,066 ebenfalls die Nullhypothese einer vorliegenden Normalverteilung nicht ab. Und der empirische Wert der Jarque-Bera-Teststatistik:

$$T = \frac{n}{6}\left(S^2 + \frac{(K-3)^2}{4}\right) = \frac{12}{6}\left((-0{,}816)^2 + \frac{(2{,}349-3)^2}{4}\right) \approx 1{,}544$$

ist kleiner als der für $n = 20$ gültige kritische Wert von 3,821 (vgl. Cho et al. (2002)); deshalb lehnt der Jarque-Bera-Test zum Niveau $\alpha = 0{,}05$ ebenfalls H_0 nicht ab.

K bezeichnet dabei die Kurtosis einer Stichprobe $(x_1, x_2, \ldots, x_n)$ mit:

$$K = \frac{\frac{1}{n}\sum_{i=1}^{n}(x_i - \overline{x})^4}{\left(\frac{1}{n}\sum_{i=1}^{n}(x_i - \overline{x})^2\right)^2}$$

Die Kurtosis ist eine Maßzahl für das Gewicht der Verteilungsenden. Die theoretische Kurtosis der Normalverteilung hat den Wert drei, die empirische Kurtosis der zwölf jüngsten logarithmierten Dax-Faktoren beträgt 2,349.

Keiner der drei Anpassungstests verwirft die Nullhypothese der Normalverteilung.

Fazit: Der Logarithmus des Dax-Faktors Y_{2012} ist normalverteilt mit dem Erwartungswert $-0{,}01377$ und der Standardabweichung 0,29995.

15.5   Verlustwahrscheinlichkeiten am Aktienmarkt

Nach dem bisherigen Ergebnis kann davon ausgegangen werden, dass die Zufallsvariable Y_{2012} normalverteilt ist mit dem Erwartungswert -0,01377 und der Standardabweichung 0,29995.

Beispiel 15.2 (Fortsetzung von Beispiel 15.1)
In dem Ausgangsbeispiel wird das Ereignis betrachtet, dass im nächsten Jahr mindestens 9 000 Euro der Anlage in Höhe von 10 000 Euro übrig sind. D.h. es interessiert, ob im Zeitraum 2011 bis 2012 der Faktor der Veränderung mindestens $9\,000/10\,000 = 0{,}9$ beträgt (vgl. Arrenberg (2011), Seite 121). D.h. es interessiert, ob der Logarithmus des Faktors mindestens $\ln 0{,}9 = -0{,}1053605$ beträgt:

$$P(Y_{2012} \geq -0{,}1053605) = ?$$

Mit der Verteilungsfunktion F der Standard-Normalverteilung (vgl. Definiton 11.6) ergibt sich:

$$P(Y_{2012} \geq -0{,}1053605) =$$

$$1 - F\left(\frac{-0{,}1053605 - (-0{,}01377)}{0{,}29995}\right) = 1 - F(-0{,}3053) = 1 - 0{,}380 = 0{,}620$$

d.h. die Wahrscheinlichkeit, höchstens 1 000 Euro zu verlieren, beträgt etwa 62 Prozent. Das bedeutet insb., die Wahrscheinlichkeit, mehr als 1 000 Euro zu verlieren, beträgt 38 Prozent.

Die Normalverteilung der logarithmierten Dax-Faktoren ist lediglich eine geschätzte Verteilung. Würden z.B. nicht die zwölf, sondern die zehn jüngsten Dax-Faktoren zur Schätzung herangezogen, so würde sich zwar wieder als geschätzter Verteilungstyp eine Normalverteilung ergeben, jedoch mit einem anderen Erwartungswert ($\mu = 0{,}09305$) und einer anderen Standardabweichung ($\sigma = 0{,}18354$).

Beispiel 15.3 (Fortsetzung von Beispiel 15.2)
Neben der berechneten Wahrscheinlichkeit interessiert in Beispiel 15.2, mit welchem Verlust mit einer Wahrscheinlichkeit von 95 Prozent höchstens zu rechnen ist.

$$0{,}95 = P(Y_{2012} \geq y) \Leftrightarrow 0{,}05 = P(Y_{2012} < y) = P(Y_{2012} \leq y)$$

Daraus ergibt sich:

$$-1{,}6449 = \frac{y - (-0{,}01377)}{0{,}29995}$$

Daraus ergibt sich:

$$y = -0{,}01377 - 1{,}6449 \cdot 0{,}29995 = -0{,}5072$$

d.h. ln(Faktor)$= -0{,}5072$. Daraus folgt (vgl. Arrenberg (2012), Seite 107):

$$\text{Faktor} = e^{-0{,}5072} = 0{,}6022$$

d.h. $\frac{\text{Wert im nächsten Jahr}}{10\,000} = 0{,}6022$. Daraus folgt:

Wert im nächsten Jahr $= 10\,000 \cdot 0{,}6022 = 6\,022$

d.h. von der Anlage in Höhe von 10 000 Euro erhält man im nächsten Jahr mit der Wahrscheinlichkeit von 95 Prozent mindestens 6 022 Euro zurück. Oder anders ausgedrückt: Mit der Wahrscheinlichkeit von 95 Prozent beträgt der Verlust im nächsten Jahr höchstens 3 978 Euro.

15.6   Zusammenfassung

Ein Anpassungstest sichert aufgrund einer Stichprobe eine hergeleitete theoretische Verteilung.

Da das Testen nicht Bestandteil dieses Buches ist, wird auf Prüfungstipps verzichtet.

16 Übungen

16.1 Aufgaben

Aufgaben zu Kapitel 1 (Grundbegriffe)

Aufgabe 1.1
Welches der nachfolgenden Merkmale ist nominal skaliert, ordinal skaliert oder metrisch skaliert?

■ X = Grad der Zufriedenheit mit dem Studium (in Schulnoten)

■ Y = Haarfarbe

■ Z = Body-Mass-Index (BMI) $\dfrac{\text{Körpergewicht (in kg)}}{\left[\text{Körpergröße (in m)}\right]^2}$

Aufgaben zu Kapitel 2 (Darstellung univariater Datensätze)

Aufagbe 2.1
In einer Umfrage wurde festgehalten, wie viel Zeit (gemessen in Stunden) Frauen und Männern täglich im Internet verbringen:

Internet von ... bis unter ... Stunden	Frauen (in Prozent)	Männer (Anzahl)
unter einer Stunde	50%	5
eine bis unter drei Stunden	30%	15
drei bis unter sieben Stunden	20%	20

[1] Stellen Sie die Verteilung der Internetzeit von Frauen grafisch dar.

[2] Welche Internetzeit wird von 90% aller befragten Männer überschritten?

[3] Welche Internetzeit wird von 90% aller befragten Frauen nicht überschritten?

[4] Etwa wie viel Prozent der befragten Männer sind länger als zwei Stunden pro Tag im Internet?

2.2
Bei dem Untergang der Titanic am 14. April 1912 überlebten folgende Personen:

Geschlecht	überlebt	Klasse 1	Klasse 2	Klasse 3	Besatzung
m	ja	62	25	88	192
m	nein	118	154	422	670
w	ja	141	93	90	20
w	nein	4	13	106	3

Beim Untergang der Estonia am 28.09.1994 überlebten folgende Personen:

Geschlecht	überlebt	Passagiere	Besatzung
m	ja	80	31
m	nein	340	53
w	ja	14	12
w	nein	417	42

Wie viel Prozent

[1] der Frauen überlebten Untergang der Titanic?

[2] der Frauen überlebten den Untergang der Estonia?

[3] der Überlebenden des Titanic-Untergangs waren Männer?

[4] aller mitfahrenden Personen (Besatzung oder Passagier) der Estonia waren Frauen, die überlebt haben?

Aufgaben zu Kapitel 3 (Darstellung bivariater Datensätze)

Aufgabe 3.1
Für die Auto-Reparatur-Betriebe einer Stadt wurden für einen bestimmten Tag die Werte der beiden Variablen X = „Anzahl der im Betrieb Beschäftigten" und Y = „Anzahl der fertig gestellten Autos" ermittelt:

	Y							
X	3	5	6	8	10	11	12	15
2	3	2	0	0	0	0	0	0
3	1	2	2	0	0	0	0	0
5	1	0	4	4	1	0	0	0
8	0	1	4	5	3	5	2	0
10	0	0	0	1	1	0	3	5

[1] Wie viele Betriebe wurden befragt?

[2] Geben Sie die Randverteilungen von X und von Y an.

[3] Geben Sie den Anteil der Betriebe an, die genau acht Beschäftigte haben und höchstens zehn Autos fertig gestellt haben.

[4] Geben Sie den Anteil der Betriebe an, die höchstens acht Beschäftigte haben und höchstens zehn Autos fertig gestellt haben.

Aufgaben zu Kapitel 4 (Rechnen mit Wahrscheinlichkeiten)

Aufgabe 4.1
Bei einer Marktforschungsumfrage kannten von den befragten Jugendlichen 10% ein Grass-Board, 40% ein Long-Board und 42% kannten mindestens eines der beiden Produkte. Wie viel Prozent der befragten Jugendlichen kannten beide Produkte?

Aufgabe 4.2
Betrachten Sie ein Würfelspiel mit zwei unterscheidbaren Würfeln.

[1] Wie groß ist die Wahrscheinlichkeit, bei einem Wurf mit beiden Würfeln mindestens eine Sechs zu würfeln?

[2] Berechnen Sie für die Ereignisse
E_i = „Summe der beiden Augenzahlen beträgt i"
die Wahrscheinlichkeiten $P(E_i)$ für alle $i \in \mathbb{N}$.

[3] Wie groß ist die Wahrscheinlichkeit, dass bei einem Wurf mit beiden Würfeln die Augensumme

  ■ größer als vier ist?

  ■ zwischen drei und acht liegt (drei und acht ausgeschlossen)?

■ gerade ist?

[4] Betrachten Sie die Ereignisse
M_i = „das Maximum der beiden Augenzahlen beträgt i"
Das Maximum des Wurfs (1;4) beträgt 4, das Maximum des
Wurfs (4;4) beträgt ebenfalls 4.
Berechnen Sie für alle $i \in \mathbb{N}$ die Wahrscheinlichkeiten $P(M_i)$.

Aufgabe 4.3
Es fand eine Umfrage über die Beseitigung von Sperrpfosten statt.
Die Sperrpfosten sollen verhindern, dass auf dem Fußweg geparkt
wird.

$A=$ befragte Person gab an, Auto zu fahren

$R=$ befragte Person gab an, Rad zu fahren

$B=$ befragte Person sprach sich für eine Beseitigung von Sperrpfosten aus

Welche der nachfolgenden Ereignisse sind bedingte Ereignisse?

[1] 30% aller Befragten gaben an, sowohl Auto als auch Rad zu
fahren.

[2] 53% aller Autofahrer sprachen sich für eine Beseitigung von
Sperrpfosten aus.

[3] 50% aller Befragten sprachen sich für eine Beseitigung von
Sperrpfosten aus.

[4] 90% aller Befürworter der Beseitigung von Sperrpfosten waren
Autofahrer.

[5] 45% aller Befragten waren Autofahrer, die eine Beseitigung
von Sperrpfosten befürworteten.

[6] 83% aller Radfahrer sprachen sich gegen eine Beseitigung von
Sperrpfosten aus.

[7] 58% aller Gegner der Beseitigung von Sperrpfosten waren Radfahrer.

[8] 29% aller Befragten waren Radfahrer, die sich gegen eine Beseitigung von Sperrpfosten aussprachen.

Aufgabe 4.4
Jeder, der ein E-Mail-Konto besitzt, hat sich sicherlich schon einmal über Werbemüll geärgert, sogenannte Spam-E-Mails. Auf dem

Markt wird der SpamKiller K 9 angeboten, der E-Mails als Spam identifiziert und löscht. Der SpamKiller arbeitet nicht fehlerfrei. Der Hersteller des SpamKillers garantiert folgende Trefferquoten:

- 99,2% der nicht Spam-E-Mails werden vom SpamKiller auch als nicht Spam-E-Mails erkannt

- 75% der Spam-E-Mails werden vom SpamKiller als Spam-E-Mails identifiziert

Wie groß ist die Wahrscheinlichkeit, dass eine vom SpamKiller als Werbemüll eingestufte E-Mail auch wirklich Werbemüll ist, wenn insgesamt 2/3 aller eingehenden E-Mails Werbemüll sind?

Aufgabe 4.5
Weltweit werden 30% aller Koffer von Fluggesellschaft A transportiert, 20% aller Koffer von Fluggesellschaft B, 10% aller Koffer von Fluggesellschaft C, der Rest der Koffer wird von den übrigen Fluggesellschaften transportiert. Im Schnitt gehen bei Fluggesellschaft A jeder 40. Koffer verloren, bei Fluggesellschaft B jeder 50. Koffer, bei Fluggesellschaft C jeder 100. Koffer, und bei den übrigen Fluggesellschaften geht im Schnitt jeder 200. Koffer verloren.

Wie hoch ist unter den verloren gegangenen Koffern der Anteil der Koffer, die aufgegeben wurden bei

- Fluggesellschaft A?

- Fluggesellschaft B?

- Fluggesellschaft C?

Aufgaben zu Kapitel 5 (Zufallsvariable)

Aufgabe 5.1
Von den beiden Zufallsvariablen X und Y ist die folgende gemeinsame Wahrscheinlichkeitsverteilung $P(X = x \cap Y = y)$ gegeben:

Y	$X = 1$	$X = 2$	$X = 3$
1	0,2	0,1	0,1
2	0,3	0,2	0,1

Sind die beiden Zufallsvariablen X und Y stochastisch unabhängig?

Aufgaben zu Kapitel 6 (Lageparameter)

Aufgabe 6.1
In den ersten vier Monaten dieses Jahres hat eine Studentin folgende monatlichen Ausgaben (in €) für Geschenke an Freundinnen und Freunde getätigt:

Monat	Ausgaben
1	20
2	30
3	15
4	22,5

[1] Wie hoch waren in den ersten vier Monaten dieses Jahres die durchschnittlichen monatlichen Ausgaben für Geschenke?

[2] Um wie viel Prozent sind im Zeitraum der vier Monate die monatlichen Ausgaben für Geschenke insgesamt gestiegen?

[3] Um wie viel Prozent sind im Zeitraum der vier Monate die Ausgaben für Geschenke durchschnittlich pro Monat gestiegen?

[4] An BAFöG erhält die Studentin 585 € monatlich. Im letzten Jahr hat sie im Durchschnitt 3,4% ihres monatlichen BAFöGs für Geschenke ausgegeben. Wie hoch war im Zeitraum der sechzehn Monate der durchschnittliche monatliche Ausgabenanteil für Geschenke?

Aufgabe 6.2
Der tägliche TV-Konsum eines Erwachsenen im Land A beträgt:

TV-Konsum	Prozent
null bis eine Stunde	16
über eine bis zwei Stunden	29
über zwei bis drei Stunden	28
über drei bis vier Stunden	14
über vier bis 24 Stunden	13

Wie viele Stunden verbringt ein Erwachsener im Durchschnitt pro Tag vor dem Fernseher?

Aufgabe 6.3

Ein Kioskbesitzer bezieht wöchentlich <u>drei</u> Exemplare einer selten gekauften Wochenzeitung. Nach seiner Erfahrung besteht folgende Nachfrage nach diesem Blatt:

Anzahl der Nachfragen pro Woche	0	1	2	3	4 oder mehr
Wahrscheinlichkeit	0,1	0,4	0,2	0,2	0,1

Der Kioskbesitzer kauft die Wochenzeitung für 2,- Euro ein und verkauft sie für 3,90 Euro (jeweils pro Exemplar). Unverkaufte Exemplare kann er nicht zurückgeben.

Lohnt sich auf lange Sicht der Verkauf dieser Zeitung für den Kioskbesitzer?

Aufgaben zu Kapitel 7 (Streuungsparameter)

Aufgabe 7.1

Im Land A wurden die Jahresbruttogehälter (in Euro) von Ingenieuren mit und ohne Personalverantwortung miteinander verglichen. Es ergab sich (Angaben in Prozent):

Jahresbruttogehalt	mit	ohne
	Personalverantwortung	
unter 30 000 €	1	5
30 000 bis unter 40 000 €	7	12
40 000 bis unter 50 000 €	9	21
50 000 bis unter 70 000 €	26	42
70 000 bis unter 100 000 €	35	17
100 000 bis unter 150 000 €	15	3
150 000 € oder mehr	7	0

[1] Welche der beiden Gruppen hat das höhere Jahresgehalt? Beantworten Sie diese Frage durch Berechnung einer geeigneten statistischen Maßzahl.

[2] In welchem der beiden Datensätze gibt es stärkere Gehaltsunterschiede?

Aufgabe 7.2
Zwei Wertpapiere I und II erzielen Renditen (in Prozent) mit den folgenden Wahrscheinlichkeiten:

Rendite von I (in %)	5	6	9
Wahrscheinlichkeit	0,3	0,5	0,2

Rendite von II (in %)	5	6	9
Wahrscheinlichkeit	0,4	0,4	0,2

Welches der beiden Wertpapiere ist risikoärmer?

Aufgaben zu Kapitel 8 (Parameter bivariater Verteilungen)

Aufgabe 8.1
Bei der Produktion von Mountainbikes ergaben sich in vier Zeitperioden folgende Produktionsmengen und Gesamtkosten:

Periode	Produktionsmenge (in 1 000 Stück)	Gesamtkosten (in Mio. GE)
1	10	21
2	20	39
3	17	35
4	13	25

[1] Wie stark ist der lineare Zusammenhang zwischen Produktionsmenge und Gesamtkosten?

[2] Mit welchen Gesamtkosten muss das Unternehmen rechnen, wenn es in der Periode 5 beabsichtigt, 15 000 Mountainbikes herzustellen?

[3] Wie hoch dürfte die Produktionsmenge in Periode 0 in der Vergangenheit gewesen ein, wenn die Gesamtkosten 35 Mio. GE betrugen?

[4] Für wie zuverlässig halten Sie Ihre Berechnungen unter [2] und [3]?

Aufgaben zu Kapitel 9 (Indizes)

Aufgabe 9.1
In den beiden Jahren 2009 und 2013 betrugen die Ausgaben (in GE) für eine Wochenendreise:

Jahr	Ausgaben in Preisen von 2009	in jeweiligen Preisen
2009	108,5	108,5
2013	111,3	112,7

[1] Um wie viel Prozent sind die Ausgaben im Zeitraum 2009 bis 2013 durchschnittlich pro Jahr nominal gestiegen?

[2] Um wie viel Prozent sind die Ausgaben im Zeitraum 2009 bis 2013 durchschnittlich pro Jahr real gestiegen?

[3] Wie hoch ist im Zeitraum von 2009 bis 2013 die durchschnittliche jährliche Inflationsrate?

Aufgaben zu Kapitel 10 (Diskrete Verteilungsmodelle)

Aufgabe 10.1
Ein Marketing-Unternehmen erwirbt zu Beginn des Jahres eine Adressenliste mit 10 000 Anschriften. Das Unternehmen geht davon aus, dass von diesen Anschriften mittlerweile 240 Anschriften ungültig sind. Für eine Umfrage werden 500 Adressaten angeschrieben.

[1] Mit welcher Anzahl nicht zugestellter Briefe muss das Unternehmen rechnen?

[2] Wie groß ist die Wahrscheinlichkeit, dass mehr als zwölf Briefe nicht zugestellt werden können?

Aufgaben zu Kapitel 11 (Stetige Verteilungsmodelle)

Aufgabe 11.1
Bei einer Flugreise wird Reisegepäck bis zu 20 kg kostenlos beför-
dert. Reisegepäck über 20 kg gilt als Übergepäck und kann nur
mit Zustimmung der Fluggesellschaft und gegen Bezahlung mit-
genommen werden.

Nehmen Sie an, das Reisegepäck (in kg) eines Fluggastes ist normalverteilt mit dem Erwartungswert von 18 kg und einer Standardabweichung von 2 kg.

[1] Wie hoch ist der Anteil der Fluggäste mit Übergepäck?

[2] Wie groß ist die Wahrscheinlichkeit, unter 20 Fluggästen genau
drei Fluggäste mit Übergepäck zu haben?

[3] Berechnen Sie den Anteil der Fluggäste mit Reisegepäck zwischen

- 21 und 22 kg
- 22 und 23 kg
- 23 und 24 kg
- 24 und 25 kg

Für jedes volle Kilogramm über 20 kg Reisegepäck sind jeweils
5 € zu bezahlen. Mit welchen zusätzlichen Einnahmen pro
Fluggast kann die Fluggesellschaft in etwa rechnen?

Aufgaben zu Kapitel 12 (Schätzen von Parametern)

Aufgabe 12.1
Bei einer Produktion entstehen zwanzig Prozent Ausschuss. Wir
beziehen aus dieser Produktion mehrmals eine Lieferung. Wie groß
ist die Wahrscheinlichkeit, dass in der Lieferung die durchschnittliche Anzahl der Ausschussstücke von der erwarteten Anzahl der
Ausschussstücke um höchstens zehn Prozent abweicht, wenn der
Lieferumfang

[1] zehn Produktionsstücke umfasst?

[2] zwanzig Produktionsstücke umfasst?

Aufgaben zu Kapitel 13 (Konfidenzintervalle)

Aufgabe 13.1

In einer Untersuchung wurden fünfzig Kinder befragt, wie lange sie täglich vor dem Fernseher sitzen. Es ergaben sich folgende Daten (Angaben in Minuten):

0	0	10	10	25	25	30	30	40	40
55	55	60	60	60	60	60	60	65	65
65	65	70	70	70	70	75	75	75	75
80	80	80	80	85	85	90	90	95	95
100	100	120	120	140	140	145	145	180	180

[1] Geben Sie ein approximatives 0,95-Konfidenzintervall und seinen Wert für den mittleren Fernsehkonsum (in Minuten) an.

[2] Geben Sie ein approximatives 0,95-Konfidenzintervall und seinen Wert für den Anteil der Kinder in der Grundgesamtheit an, die täglich mindestens 80 Minuten vor dem Fernseher verbringen.

Aufgabe 13.2

Ein Marktforschungsinstitut möchte den Bekanntheitsgrad in der Bevölkerung des Produkts „Wakeskate" schätzen.

[1] Wie viele Personen sind zu befragen, damit mit der Wahrscheinlichkeit von 95% davon ausgegangen werden kann, dass die Abweichung vom wahren Anteilswert höchstens zwei Prozentpunkte beträgt?

[2] Erfahrungsgemäß antworten bei Umfragen etwa 30% nicht. Wie groß ist dann der Stichprobenumfang unter [1] zu wählen?

Aufgaben zu Kapitel 14 (Statistische Tests)

Aufgabe 14.1

Bei der Zulassung zum Studium an der University of California in Berkeley soll überprüft werden, ob die Zulassung X (ja, nein) und das Geschlecht Y (w,m) des Bewerbers stochastisch unabhängig voneinander sind. Bei einer Stichprobe vom Umfang $n = 1\,518$

Bewerberinnen und Bewerbern ergaben sich die folgenden Daten
(vgl. Agresti [2002]):

Geschlecht	Zulassung ja	nein	$\sum$
w	104	29	133
m	865	520	1 385
$\sum$	969	549	1 518

16.2   Lösungen

Lösungen zu Kapitel 1 (Grundbegriffe)

1.1
Schulnoten sind ordinal skaliert, Haarfarbe ist nominal skaliert
und der BMI ist metrisch skaliert.

Lösungen zu Kapitel 2 (Darstellung univariater Datensätze)

2.1
$X = $ Internetzeit (in h pro Tag) einer Frau
$Y = $ Internetzeit (in h pro Tag) eines Mannes

$x^*_{j-1} \leq x < x^*_j$	n^x_j/n	F^x_j	$(n^x_j/n)/b_j$	n^y_j/n	F^y_j
$0-1$	0,5	0,5	0,5	0,125	0,125
$1-3$	0,3	0,8	0,15	0,375	0,5
$3-7$	0,2	1,0	0,05	0,5	1,0
$\sum$	1,0			1,0	

[1] Histogramm:

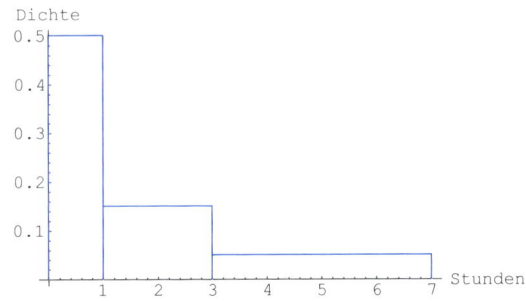

[2] $y_{0,10} \approx 0 + \dfrac{0,10 - 0}{0,125} \cdot 1 = 0,8 \text{ h} \,\widehat{=}\, 0,8 \cdot 60 = 48 \text{ Min}$

d.h. etwa 90% aller Männer sind länger als 48 Min pro Tag im
Internet.

[3] $x_{0,90} \approx 3 + \dfrac{0,9 - 0,8}{0,2} \cdot 4 = 5$

d.h. etwa 90% aller Frauen sind höchstens fünf Stunden pro
Tag im Internet.

[4] $F_Y(2) \approx 0{,}125 + \dfrac{0{,}375}{2}(2-1) = 0{,}3125$

$100\% - 31\% = 69\%$

d.h. etwa 69% aller Männer sind länger als zwei Stunden pro Tag im Internet.

2.2

Titanic	M	F	$\sum$
überlebt	367	344	711
nicht überlebt	1 364	126	1 490
$\sum$	1 731	470	2 201

Estonia	M	F	$\sum$
überlebt	111	26	137
nicht überlebt	393	459	852
$\sum$	504	485	989

[1] $\dfrac{344}{470} = 73{,}19\%$

d.h. 73% aller Frauen überlebten den Untergang der Titanic.

[2] $\dfrac{26}{485} = 5{,}36\%$

d.h. 5% aller Frauen überlebten den Untergang der Estonia.

[3] $\dfrac{367}{711} = 51{,}62\%$

d.h. 52% der Überlebenden der Titanic waren Männer.

[4] $\dfrac{26}{989} = 2{,}63\%$

d.h. 3% aller mitfahrenden Personen der Estonia waren Frauen, die überlebt haben.

Lösungen zu Kapitel 3 (Darstellung bivariater Datensätze)

3.1

[1] Es wurden fünfzig Betriebe befragt.

[2]

x_i	2	3	5	8	10
$\frac{n_i}{n}$	0,1	0,1	0,2	0,4	0,2

y_j	3	5	6	8	10	11	12	15
$\frac{n_j}{n}$	0,1	0,1	0,2	0,2	0,1	0,1	0,1	0,1

[3] Der Anteil beträgt 26 Prozent.

[4] Der Anteil beträgt 66 Prozent.

Lösungen zu Kapitel 4 (Rechnen mit Wahrscheinlichkeiten)

4.1

	L	$\overline{L}$	$\sum$
G	0,08	0,02	0,1
$\overline{G}$	0,32	0,58	0,9
$\sum$	0,4	0,6	1

d.h. die gesuchte Wahrscheinlichkeit beträgt 8%.

4.2

Die Menge der möglichen Ergebnisse für die Augenzahl beim ersten Wurf und für die Augenzahl beim zweiten Wurf lautet:

$S = \{\,(1,1),(1,2),(1,3),(1,4),(1,5),(1,6),$
$\qquad (2,1),(2,2),(2,3),(2,4),(2,5),(2,6),$
$\qquad \vdots$
$\qquad (6,1),(6,2),(6,3),(6,4),(6,5),(6,6)\}$

d.h. $\sharp S = 36$, also gibt es 36 mögliche Ergebnisse, die alle gleich möglich sind.

[1] $A = $ „mindestens eine Sechs"
$\quad = \{(1,6),(2,6),(3,6),(4,6),(5,6),(6,6),(6,1),(6,2),(6,3),$
$\qquad (6,4),(6,5)\}$
$P(A) = \frac{\sharp A}{\sharp S} = \frac{11}{36}$

[2]

i	2	3	4	5	6	7	8	9	10	11	12
$P(E_i)$	$\frac{1}{36}$	$\frac{2}{36}$	$\frac{3}{36}$	$\frac{4}{36}$	$\frac{5}{36}$	$\frac{6}{36}$	$\frac{5}{36}$	$\frac{4}{36}$	$\frac{3}{36}$	$\frac{2}{36}$	$\frac{1}{36}$

[3] $B = $ „Augensumme ist größer als vier" $= E_5 \cup E_6 \cup \ldots \cup E_{12}$
$P(B) = P(E_5 \cup E_6 \cup \ldots \cup E_{12}) = P(E_5)+P(E_6)+\ldots+P(E_{12}) = \frac{30}{36}$
$C = $ „Augensumme ist liegt zwischen drei und acht" $= E_4 \cup E_5 \cup E_6 \cup E_7$
$P(C) = P(E_4 \cup E_5 \cup E_6 \cup E_7) = P(E_4) + P(E_5) + P(E_6) + P(E_7) = \frac{18}{36} = 0{,}5$
$D = $ „Augensumme ist gerade"
$P(D) = 0{,}5$

[4]

i	1	2	3	4	5	6
$P(M_i)$	$\frac{1}{36}$	$\frac{3}{36}$	$\frac{5}{36}$	$\frac{7}{36}$	$\frac{9}{36}$	$\frac{11}{36}$

4.3

[1] $P(A \cap R) = 0{,}30$

[2] $P(B \mid A) = 0{,}53$

[3] $P(B) = 0{,}50$

[4] $P(A \mid B) = 0{,}90$

[5] $P(A \cap B) = 0{,}45$

[6] $P(\overline{B} \mid R) = 0{,}83$

[7] $P(R \mid \overline{B}) = 0{,}58$

[8] $P(R \cap \overline{B}) = 0{,}29$

4.4

Die Ereignisse bezeichnen: $S=$ „eingehende E-Mail ist Spam (Werbemüll)" und $A=$ „eingehende E-Mail wird vom SpamKiller als Werbemüll eingestuft". Dann sind laut Aufgabentext folgende Wahrscheinlichkeiten bekannt:

$P(\overline{A} \mid \overline{S}) = 0{,}992 \Leftrightarrow P(A \mid \overline{S}) = 1 - 0{,}992 = 0{,}008$

$P(A \mid S) = 0{,}75$

$P(S) = 2/3 = 0{,}6667 \Leftrightarrow P(\overline{S}) = 1 - 0{,}6667 = 0{,}3333$

Gesucht ist die Wahrscheinlichkeit: $P(S \mid A) = ?$

$P(A \cap S) = P(A \mid S) \cdot P(S) = 0{,}75 \cdot 0{,}6667 = 0{,}5$

$P(A \cap \overline{S}) = P(A \mid \overline{S}) \cdot P(\overline{S}) = 0{,}008 \cdot 0{,}3333 = 0{,}0027$

Wir stellen die Arbeitstabelle auf:

	A	$\overline{A}$	$\sum$
S	0,5	0,1667	0,6667
$\overline{S}$	0,0027	0,3306	0,3333
	0,5027	0,4973	1

Aus der Arbeitstabelle ergibt sich die gesuchte Wahrscheinlichkeit wie folgt:

$$P(S \mid A) = \frac{P(A \cap S)}{P(A)} = \frac{0{,}5}{0{,}5027} = 0{,}9947$$

d.h. die Wahrscheinlichkeit beträgt 0,995.

4.5

$A=$ ein Koffer wird bei Fluggesellschaft A aufgegeben
$B=$ ein Koffer wird bei Fluggesellschaft B aufgegeben
$C=$ ein Koffer wird bei Fluggesellschaft C aufgegeben
$D=$ ein Koffer wird bei den übrigen Fluggesellschaften aufgegeben
$V=$ ein Koffer geht verloren
Dann sind die folgenden Wahrscheinlichkeiten gegeben:

$$P(V \mid A) = 1/40 = 0{,}025 \qquad P(A) = 0{,}3$$
$$P(V \mid B) = 1/50 = 0{,}02 \qquad P(B) = 0{,}2$$
$$P(V \mid C) = 1/100 = 0{,}01 \qquad P(C) = 0{,}1$$
$$P(V \mid D) = 1/200 = 0{,}005 \qquad P(D) = 0{,}40$$

Daraus ergibt sich:

$$P(A \cap V) = P(V \mid A) \cdot P(A) = 0{,}0075$$
$$P(B \cap V) = P(V \mid B) \cdot P(B) = 0{,}004$$
$$P(C \cap V) = P(V \mid C) \cdot P(C) = 0{,}001$$
$$P(D \cap V) = P(V \mid D) \cdot P(D) = 0{,}002$$

Arbeitstabelle:

	A	B	C	D	
V	0,0075	0,0040	0,0010	0,0020	0,0145
$\overline{V}$					
	0,3	0,2	0,1	0,4	1

■ $P(A \mid V) = \dfrac{P(A \cap V)}{P(V)} = \dfrac{0{,}0075}{0{,}0145} = 0{,}517 = 52\%$

d.h. 52 Prozent aller verloren gegangenen Koffer wurden bei Fluggesellschaft A aufgegeben.

■ $P(B \mid V) = \dfrac{P(B \cap V)}{P(V)} = \dfrac{0{,}004}{0{,}0145} = 0{,}276 = 28\%$

d.h. 28 Prozent aller verloren gegangenen Koffer wurden bei Fluggesellschaft B aufgegeben.

■ $P(C \mid V) = \dfrac{P(C \cap V)}{P(V)} = \dfrac{0{,}001}{0{,}0145} = 0{,}069 = 7\%$

d.h. sieben Prozent aller verloren gegangenen Koffer wurden bei Fluggesellschaft C aufgegeben.

Lösungen zu Kapitel 5 (Zufallsvariable)

5.1

Y	$X = 1$	$X = 2$	$X = 3$	$\sum$
1	0,2	0,1	0,1	0,4
2	0,3	0,2	0,1	0,6
$\sum$	0,5	0,3	0,2	1

$P(X = 2) \cdot P(Y = 1) = 0{,}3 \cdot 0{,}4 = 0{,}12 \neq 0{,}1 = P(X = 2 \cap Y = 1)$
d.h. die beiden Zufallsvariablen X und Y sind stochastisch abhängig.

Lösungen zu Kapitel 6 (Lageparameter)

6.1

Monat	Ausgaben (in €)	Rate	Faktor
1	20	—	—
2	30	+50%	1,5
3	15	-50%	0,5
4	22,5	+50%	1,5

[1] arithmetisches Mittel
$$\frac{1}{4}[20 + 30 + 15 + 22{,}5] = 21{,}875$$
d.h. pro Monat wurden durchschnittlich etwa 21,88 € für Geschenke ausgegeben.

[2] Wertindex
$$\frac{22{,}5}{20} = 1{,}125$$
d.h. die monatlichen Ausgaben stiegen insgesamt um 12,5%.

[3] geometrisches Mittel
$$\sqrt[3]{1{,}125} = 1{,}04$$
d.h. die Ausgaben stiegen durchschnittlich um 4% pro Monat.

[4] arithmetisches Mittel
1. Lösungsweg:

$$\overline{x} = \frac{1}{16} \cdot \left[12 \cdot 0{,}034 + \frac{20}{585} + \frac{30}{585} + \frac{15}{585} + \frac{22{,}5}{585} \right] = 0{,}03484829$$

2. Lösungsweg:

$0{,}034 \cdot 585 = 19{,}89$

$$\frac{12 \cdot 19{,}89 + 20 + 30 + 15 + 22{,}5}{16 \cdot 585} = 0{,}03484829$$

d.h. für die sechzehn Monate betrug der durchschnittliche prozentuale monatliche Ausgabenanteil an Geschenken 3,48%.

6.2

X = TV-Konsum eines Erwachsenen

$\overline{x} \approx 0{,}5 \cdot 0{,}16 + 1{,}5 \cdot 0{,}29 + 2{,}5 \cdot 0{,}28 + 3{,}5 \cdot 0{,}14 + 14{,}0 \cdot 0{,}13 = 3{,}525$

$0{,}525$ Stunden $\cdot 60 = 31{,}5$ Minuten

d.h. ein Erwachsener verbringt im Durchschnitt täglich drei Stunden und 32 Minuten vor dem TV-Gerät.

6.3

X = Gewinn des Händlers (in Euro) in einer Woche

Absatz	0	1	2	3
Umsatz	0	3,90	7,80	11,70
Kosten	6	6	6	6
Gewinn	-6	-2,10	+1,80	+5,70
P(X=x)	1/10	4/10	2/10	1/10 + 2/10 = 3/10

$$E[X] = (-6) \cdot \frac{1}{10} + (-2{,}1) \cdot \frac{4}{10} + 1{,}8 \cdot \frac{2}{10} + 5{,}7 \cdot \frac{3}{10} = 0{,}63$$

d.h. auf lange Sicht verdient der Händler 0,63 Euro pro Woche, so dass er keinen Verlust macht.

Lösungen zu Kapitel 7 (Streuungsparameter)

7.1

X = Jahresbruttogehalt mit Personalverantwortung

Y = Jahresbruttogehalt ohne Personalverantwortung

$x_{j-1}^* \le x < x_j^*$	n_j/n	n_j/n	$F_X(x_j^*)$	$F_Y(x_j^*)$
$x <$ 30 000	0,01	0,05	0,01	0,05
30 000 $\le x <$ 40 000	0,07	0,12	0,08	0,17
40 000 $\le x <$ 50 000	0,09	0,21	0,17	0,38
50 000 $\le x <$ 70 000	0,26	0,42	0,43	0,80
70 000 $\le x <$ 100 000	0,35	0,17	0,78	0,97
100 000 $\le x <$ 150 000	0,15	0,03	0,93	1,00
$x \ge$ 150 000	0,07	0	1,00	1,00

[1] Da Flügelklassen vorliegen, lassen sich weder der Modus noch das arithmetische Mittel berechnen. Der Median lässt sich wie folgt berechnen:

$$x_{0,50} = 70\,000 + \frac{0,5 - 0,43}{0,35} \cdot 30\,000 = 76\,000$$

$$y_{0,50} = 50\,000 + \frac{0,5 - 0,38}{0,42} \cdot 20\,000 = 55\,714,29$$

$$\frac{76\,000}{55\,714,29} = 1,3641$$

d.h. gemessen am Median verdienen Ingenieure mit Personalverantwortung über ein Drittel mehr als Ingenieure ohne Personalverantwortung.

[2] $x_{0,25} \approx 50\,000 + \dfrac{0,25 - 0,17}{0,26} \cdot 20\,000 = 56\,153,85$

$x_{0,75} \approx 70\,000 + \dfrac{0,75 - 0,43}{0,35} \cdot 30\,000 = 97\,428,57$

$\dfrac{x_{0,75} - x_{0,25}}{x_{0,50}} \approx \dfrac{41\,274,72}{76\,000} = 0,54$

$y_{0,25} \approx 40\,000 + \dfrac{0,25 - 0,17}{0,21} \cdot 10\,000 = 43\,809,5$

$y_{0,75} \approx 50\,000 + \dfrac{0,75 - 0,38}{0,42} \cdot 20\,000 = 67\,619,0$

$\dfrac{y_{0,75} - y_{0,25}}{y_{0,50}} \approx \dfrac{23\,809,5}{55\,714,29} = 0,43$

d.h. die Gehaltsunterschiede gemessen mit dem relativen Quartilsabstand sind bei den Jobs mit Personalverantwortung höher.

7.2

X=Rendite von Wertpapier I

Y=Rendite von Wertpapier II

$E[X] = 6{,}3$ und $Var[X] = 2{,}01$
$E[Y] = 6{,}4$ und $Var[Y] = 5{,}04$
d.h. Wertpapier I ist risikoärmer.

Lösungen zu Kapitel 8 (Parameter bivariater Verteilungen)

8.1
X = Produktionsmenge (in 1 000 Stück)
Y = Kosten (in Mio. GE)

[1] Gesucht ist der Korrelationskoeffizient.

$b_1 = 1{,}89665$ und $b_2 = 0{,}51886$

Daraus ergibt sich:

$r = \sqrt{1{,}89665 \cdot 0{,}51886} = +\sqrt{0{,}9841} = 0{,}9920$

d.h. es liegt ein positiver starker linearer Zusammenhang zwischen Produktionsmenge und Produktionskosten vor.

[2] Gesucht ist $a_1 + b_1 \cdot 15 =$? Mit $a_1 = 1{,}55$ ergibt sich:

$f(15) = 1{,}55 + 15 \cdot 1{,}89665 = 29{,}9983 \approx 30$
d.h. das Unternehmen muss bei einer Produktion von 15 000 Bikes mit Kosten in Höhe von GE 30 Mio. rechnen.

[3] Gesucht ist $a_2 + b_2 \cdot 35 =$? Mit $a_2 = -0{,}566$ ergibt sich:

$g(35) = -0{,}566 + 0{,}51886 \cdot 35 = 17{,}59$
d.h. gemäß der Regressionsgeraden müsste bei Kosten von GE 35 Mio. die produzierte Stückzahl 17 590 betragen.

[4] Da es sich bei den Ergebnissen unter [2] und [3] um Interpolationen handelt und da die Korrelation stark ist, sind die beiden Prognosewerte verlässlich.

Lösungen zu Kapitel 9 (Indizes)

9.1

[1] $W = \sqrt[2013-2009]{\dfrac{112{,}7}{108{,}5}} = \sqrt[4]{1{,}0387} = 1{,}0095$

d.h. die durchschnittliche jährliche nominale Steigerung betrug 0,95%.

[2] $Q^{La} = \sqrt[2013-2009]{\dfrac{111,3}{108,5}} = \sqrt[4]{1,0258} = 1,0064$

d.h. die durchschnittliche jährliche reale Steigerung betrug 0,64%.

[3] $P^{Pa} = \dfrac{W}{Q^{La}} = \dfrac{1,0095}{1,0064} = 1,0031$ d.h. die durchschnittliche jährliche Inflationsrate betrug 0,31%.

2. Lösungsweg:

$$P^{Pa} = \sqrt[4]{\dfrac{112,7}{111,3}} = 1,0031$$

Lösungen zu Kapitel 10 (Diskrete Verteilungsmodelle)

10.1
$N = 10\,000$ Adressen
$M = 240$ ungültige Adressen
$n = 500$ Adressen werden angeschrieben
Bei der Auswahl der 500 Adressen handelt es sich um ein Ziehen von 500 aus 10 000 ohne Zurücklegen.
Sei A das Ereignis, die Adresse ist ungültig. Dann beträgt vor der ersten Auswahl einer Adresse $P(A) = \dfrac{M}{N} = \dfrac{240}{10\,000}$.
Falls die erste Adresse gültig ist, beträgt vor der zweiten Auswahl einer Adresse $P(A) = \dfrac{240}{9\,999}$, anderenfalls beträgt $P(A) = \dfrac{239}{9\,999}$.
D.h. $P(A)$ ist vor jeder Wiederholung des Zufallsexperiments nicht gleich groß. Die Wahrscheinlichkeit $P(A)$ wäre vor jeder Wiederholung gleich groß, wenn die gezogene Adresse wieder zurückgelegt werden würde und somit erneut gezogen werden könnte; wir also 500 aus 10 000 ziehen würden mit Zurücklegen.
Also liegt keine exakte Binomialverteilung vor. Die Binomialverteilung kann aber dennoch zur näherungsweisen Berechnung herangezogen werden, falls der Auswahlsatz $\dfrac{n}{N}$ höchstens 0,05 beträgt.
$X =$ Anzahl der ungültigen Adressen
$X \approx \mathsf{B}(n = 500; p = 0,024)$; da der Auswahlsatz $\dfrac{n}{N} = 0,05$ beträgt.

[1] $E[X] = n \cdot p = 500 \cdot 0,024 = 12$

d.h. es ist damit zu rechnen, dass zwölf der 240 Briefe nicht zugestellt werden.

[2]

x	0	1	2	3	4	5
$P(X = x) \approx$	0	0,0001	0,0004	0,0016	0,0050	0,0122

6	7	8	9	10	11	12
0,0247	0,0429	0,0650	0,0874	0,1051	0,1155	0,1158

$P(X > 12) = 1 - P(X \le 12) = 1 - 0,576 = 0,424$

d.h. die Wahrscheinlichkeit beträgt etwa 42 Prozent.

Lösungen zu Kapitel 11 (Stetige Verteilungsmodelle)

11.1
$X = $ „Reisegepäck (in kg) eines Fluggastes"
$X \sim \mathsf{N}(\mu = 18; \sigma^2 = 4)$

[1] $P(X > 20) = 1 - P(X \le 20) = 1 - F_U\left(\dfrac{20 - 18}{2}\right) = 1 -$

$F_U(1) = 1 - 0,841 = 0,159$
d.h. der Anteil der Fluggäste mit Übergepäck beträgt etwa 16%.

[2] $Y = $ Anzahl der Fluggäste mit Übergepäck
$Y \sim \mathsf{B}(n = 20; p = 0,159)$

$P(Y = 3) = \dbinom{20}{3} \cdot 0,159^3 \cdot 0,841^{17} = 0,2413$

d.h. die Wahrscheinlichkeit beträgt etwa 24%.

[3] ▪ $P(X \le 22) - P(X \le 21) = F_U\left(\dfrac{22 - 18}{2}\right) -$

$F_U\left(\dfrac{21 - 18}{2}\right) = F_U(2) - F_U(1,5) = 0,977 - 0,933 = 0,044$

▪ $P(X \le 23) - P(X \le 22) = F_U\left(\dfrac{23 - 18}{2}\right) - 0,977 =$

$F_U(2,5) - 0,977 = 0,994 - 0,977 = 0,017$

▪ $P(X \le 24) - P(X \le 23) = F_U\left(\dfrac{24 - 18}{2}\right) - 0,994 =$

$F_U(3) - 0,994 = 0,999 - 0,994 = 0,005$

▪ $P(X \le 25) - P(X \le 24) = F_U\left(\dfrac{25 - 18}{2}\right) - 0,999 =$

$F_U(3,5) - 0,999 \approx 1 - 0,999 = 0,001$

$Z = $ Anzahl der vollen kg über 20 kg Reisegepäck eines Fluggastes

z	0	1	2	3	4	5 oder mehr
$P(Z = z)$	0,933	0,044	0,017	0,005	0,001	≈ 0

$E[Z] = 0\cdot0,933+5\cdot0,044+10\cdot0,017+15\cdot0,005+20\cdot0,001 = 0,485$
d.h. pro Fluggast ist mit einer Abgabe von 48,5 Cent für Übergepäck zu rechnen.

Lösungen zu Kapitel 12 (Schätzen von Parametern)

12.1
$Y = $ Anzahl der Ausschussstücke in der Lieferung von n Stück
$Y \sim \mathsf{B}(n; p = 0,2)$
$X_i = \begin{cases} 0; \text{ falls } i\text{-tes Stück kein Ausschuss ist} \\ 1; \text{ falls } i\text{-tes Stück Ausschuss ist} \end{cases}; i = 1, 2, \ldots n.$

[1] $n = 10 \Rightarrow E[Y] = np = 10 \cdot 0,2 = 2$
$-0,1 \leq \overline{X} - 0,2 \leq 0,1$

Multiplikation mit $n = 10$ ergibt:

$-1 \leq Y - 2 \leq 1$

Addition von 2 ergibt:

$1 \leq Y \leq 3$

$P(1 \leq Y \leq 3) = P(Y \leq 3) - P(Y = 0) = 0,8791 - 0,1074 = 0,7717$

d.h. die Wahrscheinlichkeit beträgt bei einer Lieferung von zehn Stücken etwa 77 Prozent.

[2] $n = 20 \Rightarrow E[Y] = np = 20 \cdot 0,2 = 4$
$-0,1 \leq \overline{X} - 0,2 \leq 0,1$

Multiplikation mit $n = 20$ ergibt:

$-2 \leq Y - 4 \leq 2$

Addition von 4 ergibt:

$2 \leq Y \leq 6$

$P(2 \leq Y \leq 6) = P(Y \leq 6) - P(Y \leq 1) = 0,9133 - 0,0692 = 0,8441$

d.h. die Wahrscheinlichkeit beträgt bei einer Lieferung von zwanzig Stücken etwa 84 Prozent.

Gemäß dem Schwachen Gesetz der Großen Zahlen steigt die Wahrscheinlichkeit mit wachsendem Lieferumfang. Oder anders ausgedrückt: Mit wachsendem Stichprobenumfang ist der Ausschussanteil in einer Stichprobe fast genau so groß wie der gesamte Ausschussanteil p in der Produktion.

Lösungen zu Kapitel 13 (Konfidenzintervalle)

13.1

[1] $X=$ tatsächlicher täglicher Fernsehkonsum eines Kindes (in Min)

$X \approx \mathsf{N}(\mu; \sigma^2)$ Zentraler Grenzwertsatz, da Faustregel $n \geq 30$ erfüllt ist

$\overline{x} = 75$

$s_x^2 = \frac{1}{50}\left[(0-75)^2 + \ldots + (180-75)^2\right] = 1\,620$

$s_x = \sqrt{1\,620} \approx 40{,}25$

Gesucht: Aussage über den Wert von μ

approximatives 0,95-KI für μ:

$[\overline{x} - 1{,}96 \cdot \frac{s_x}{\sqrt{n}}; \overline{x} + 1{,}96 \cdot \frac{s_x}{\sqrt{n}}] =$

$[75 - 1{,}96 \cdot \frac{40{,}25}{\sqrt{50}}; 75 + 1{,}96 \cdot \frac{40{,}25}{\sqrt{50}}] =$

$[75 - 11{,}16; 75 + 11{,}16] = [63{,}84; 86{,}16]$

Das Intervall $[64; 86]$ ist ein geschätzter Bereich für das Intervall, in dem der mittlere Fernsehkonsum μ mit einer Wahrscheinlichkeit von 0,95 liegt.

[2] Vielseher (Intensiv-Konsument) = Jemand, der mindestens 80 Minuten pro Tag fernsieht

$X_i = \begin{cases} 0\,; i\text{-tes Kind ist kein Vielseher} \\ 1\,; i\text{-tes Kind ist ein Vielseher} \end{cases}$

Gesucht: $P(X_i = 1) = p = ?$

$Y = X_1 + X_2 + \ldots + X_{50} =$ Anzahl der Vielseher

$Y \sim \mathsf{B}(n=50; p)$

$\widehat{p} = \frac{20}{50} = 0{,}4$

approximatives 0,95−Konfidenzintervall für p:

$[\widehat{p} - 1{,}96 \cdot \sqrt{\frac{\widehat{p}(1-\widehat{p})}{n}}; \widehat{p} + 1{,}96 \cdot \sqrt{\frac{\widehat{p}(1-\widehat{p})}{n}}] =$

$$[0,4 - 1,96 \cdot \sqrt{\tfrac{0,4 \cdot 0,6}{50}} \, ; 0,4 + 1,96 \cdot \sqrt{\tfrac{0,4 \cdot 0,6}{50}}] =$$

$$[0,4 - 0,1358 \, ; 0,4 + 0,1358] = [0,2642 \, ; 0,5358]$$

d.h. die anhand der obigen Stichprobe berechnete Schätzung für den Bereich, in dem der wahre unbekannte Anteil p mit einer Wahrscheinlichkeit von 0,95 liegt, ist das Intervall $[26\% \, ; 54\%]$
Bemerkung: Laut Faustregel aus Satz 13.13 müsste der Stichprobenumfang mindestens 100 betragen. Diese Rechnerei wollte ich Ihnen jedoch nicht zumuten.

13.2

[1] $\varepsilon = \pm 0,02$

$$n \geq \frac{(1,96)^2 \cdot 0,25}{(0,02)^2} = 2\,401$$

d.h. es sind 2 401 Personen zu befragen.

[2] $70\% \mathrel{\widehat{=}} 2\,401 \Leftrightarrow 100\% \mathrel{\widehat{=}} \dfrac{2\,401}{0,7} = 3\,430$

d.h. es sind 3 430 Personen zu befragen

Lösungen zu Kapitel 14 (Statistische Tests)

14.1

Es ist ein Chi-Quadrat-Unabhängigkeitstest (vgl. Definition 14.23) durchzuführen. Die erwarteten Häufigkeiten betragen:

Geschlecht	Zulassung		$\sum$
	ja	nein	
w	84,90	48,10	133
m	884,10	500,90	1 385
$\sum$	969	549	1 518

Die minimale erwartete Häufigkeit beträgt 48,10, somit ist die Faustregel aus Satz 14.27 erfüllt. Der empirische Wert der Teststatistik beträgt:

$$\chi^2_{\text{emp.}} = \frac{\left(\mid 104 - \frac{133 \cdot 969}{1\,518} \mid -0{,}5\right)^2}{\frac{133 \cdot 969}{1\,518}} + \frac{\left(\mid 865 - \frac{1\,385 \cdot 969}{1\,518} \mid -0{,}5\right)^2}{\frac{1\,385 \cdot 969}{1\,518}}$$

$$+ \frac{\left(\mid 29 - \frac{133 \cdot 549}{1\,518} \mid -0{,}5\right)^2}{\frac{133 \cdot 549}{1\,518}} + \frac{\left(\mid 520 - \frac{1\,385 \cdot 549}{1\,518} \mid -0{,}5\right)^2}{\frac{1\,385 \cdot 549}{1\,518}}$$

$$= 4{,}0753 + 0{,}3914 + 7{,}1939 + 0{,}6907$$

$$= 12{,}3504$$

Der obere 5%-Punkt der Chi-Quadrat-Verteilung mit einem Freiheitsgrad ergibt sich aus der Tabelle im Anhang C mit 3,841. Da der empirische Wert der Teststatistik mit 12,3504 größer ist als der obere 5%-Punkt mit 3,841, wird somit gemäß Satz 14.31 die Nullhypothese der stochastischen Unabhängigkeit abgelehnt; d.h. Zulassung und Geschlecht sind stochastisch abhängig.

Ausblick: Würde jetzt noch als Assoziationsmaß der sogenannte Gamma-Koeffizient (vgl. z.B. Agresti [2002]) berechnet, so würde sich mit $\gamma = 0{,}366$ zeigen, dass es eine schwache Tendenz dafür gibt, dass in der Stichprobe Frauen bevorzugt zum Studium zugelassen werden.

A   Glossar

X	statistische Variable oder Zufallsvariable
x	Realisation von X
$x_1, x_2, \ldots, x_n$	Stichprobe aus X vom Umfang n bzw. Urliste bzw. Einzelwerte bzw. univariater Datensatz
$x_1, x_2, \ldots, x_m$	tabellierte Daten
i	Nummerierung der tabellierten Werte; $i = 1, 2, \ldots, m$
n_i	absolute Häufigkeit des tabellierten Wertes x_i
$\dfrac{n_i}{n} = f(x_i) = f_i$	relative Häufigkeit des tabellierten Wertes x_i
$F(x_i)$	kumulierte relative Häufigkeit des tabellierten Wertes x_i
$x_1^*, x_2^*, \ldots, x_k^*$	Klassenobergrenzen eines klassierten Datensatzes
j	Einfallsklasse bzw. Nummerierung der Klassen eines klassierten Datensatzes; $j = 1, 2, \ldots, k$
n_j	absolute Häufigkeit der Werte in der j-ten Klasse eines klassierten Datensatzes
$\dfrac{n_j}{n}$	relative Häufigkeit der Werte in der j-ten Klasse eines klassierten Datensatzes
$F(x_j^*)$	kumulierte relative Häufigkeit an der Klassenobergrenze x_j^* eines klassierten Datensatzes
b_j	Breite der j-ten Klasse eines klassierten Datensatzes
$x_j^{'}$	Klassenmitte der j-ten Klasse eines klassierten Datensatzes
x_p	$p \cdot 100$-Prozentpunkt
$\overline{x}$	arithmetisches Mittel

$s_x^2 = s^2$ empirische Varianz

$s_x = s$ empirische Standardabweichung

$v_x = v$ Variationskoeffizient

$x_{\min}$ kleinster Wert der Stichprobe $x_1, x_2, \ldots, x_n$

$x_{\max}$ größter Wert der Stichprobe $x_1, x_2, \ldots, x_n$

$(x_1, y_1), (x_2, y_2) \ldots, (x_n, y_n)$ bivariater Datensatz vom Umfang n

n_{ij} absolute Häufigkeit der Wertekombination ($X = x_i$ und $Y = y_j$)

s_{xy} empirische Kovarianz

$r_{xy} = r$ empirischer Korrelationskoeffizient von Bravais-Pearson

$a_1 + b_1 \cdot x$ Regressionsgerade der Regression von Y auf X

$a_2 + b_2 \cdot y$ Regressionsgerade der Regression von X auf Y

B empirisches Bestimmtheitsmaß

p_i^0 Preis für eine ME des Guts i im Basisjahr null

p_i^t Preis für eine ME des Guts i im Berichtsjahr t

q_i^0 Menge des Guts i im Basisjahr null

q_i^t Menge des Guts i im Berichtsjahr t

$P_{0t}^{Pa} = P^{Pa}$ Preisindex von Paasche mit dem Basisjahr null und dem Berichtsjahr t

$P_{0t}^{La} = P^{La}$ Preisindex von Laspeyres mit dem Basisjahr null und dem Berichtsjahr t

$Q_{0t}^{Pa} = Q^{Pa}$ Mengenindex von Paasche mit dem Basisjahr null und dem Berichtsjahr t

$Q_{0t}^{La} = Q^{La}$ Mengenindex von Laspeyres mit dem Basisjahr null und dem Berichtsjahr t

$W_{0t} = W$ Wertindex mit dem Basisjahr null und dem Berichtsjahr t

S Ergebnismenge eines Zufallsexperiments

A Ereignis

$\overline{A}$ Komplementärereignis

$A \cap B$ Durchschnitt der beiden Ereignisse A, B

$A \cup B$ Vereinigung der beiden Ereignisse A, B

$A \backslash B$ Differenz des Ereignisses A ohne das Ereignis B

$P(A)$ Wahrscheinlichkeit für das Eintreten des Ereignisses A

$P(A \mid B)$ bedingte Wahrscheinlichkeit für das Ereignis A, wenn das Ereignis B schon eingetreten ist

$\binom{n}{k}$ Binomialkoeffizient

F empirische oder theoretische Verteilungsfunktion

$E[X] = \mu$ Erwartungswert der Zufallsvariablen X

$V[X] = \sigma^2$ theoretische Varianz der Zufallsvariablen X

σ theoretische Standardabweichung

p Anteilswert in der Grundgesamtheit

$\mathsf{B}(n; p)$ Binomialverteilung mit den Parametern n und p

$\mathsf{H}(N; M; n)$ hypergeometrische Verteilung mit den Parametern N, M und n

$\mathsf{N}(\mu; \sigma^2)$ Normalverteilung mit den Parametern μ und σ^2

F_U Verteilungsfunktion der Standard-Normalverteilung

u_p $p \cdot 100$-Prozentpunkt der Standard-Normalverteilung

$1 - \alpha$ Konfidenzniveau

$\widehat{p}$ Anteilswert in einer Stichprobe

ε halbe Breite eines Konfidenzintervalls

H_0 Nullhypothese eines Tests

H_1 Gegenhypothese eines Tests

Fehler 1. Art   irrtümliche Ablehnung der Nullhypothese

α theoretisches Signifikanzniveau eines Tests, obere Grenze für die Wahrscheinlichkeit des Fehlers 1. Art

p-Wert   kleinst-möglicher Wert für α, damit der Test zum Niveau α die Nullhypothese noch ablehnt

B Tabellierte Normalverteilung

Ablesebeispiel: $P(U \leq u) = 0,164 \Rightarrow u = -0,9782$
$u = -0,9822 \qquad \Rightarrow P(U \leq u) = 0,163$

Wkt	,000	,001	,002	,003	,004	,005	,006	,007	,008	,009
0,00		-3,0902	-2,8782	-2,7478	-2,6521	-2,5758	-2,5121	-2,4573	-2,4089	-2,3656
0,01	-2,3263	-2,2904	-2,2571	-2,2262	-2,1973	-2,1701	-2,1444	-2,1201	-2,0969	-2,0749
0,02	-2,0537	-2,0335	-2,0141	-1,9954	-1,9774	-1,9600	-1,9431	-1,9268	-1,9110	-1,8957
0,03	-1,8808	-1,8663	-1,8522	-1,8384	-1,8250	-1,8119	-1,7991	-1,7866	-1,7744	-1,7624
0,04	-1,7507	-1,7392	-1,7279	-1,7169	-1,7060	-1,6954	-1,6849	-1,6747	-1,6646	-1,6546
0,05	-1,6449	-1,6352	-1,6258	-1,6164	-1,6072	-1,5982	-1,5893	-1,5805	-1,5718	-1,5632
0,06	-1,5548	-1,5464	-1,5382	-1,5301	-1,5220	-1,5141	-1,5063	-1,4985	-1,4909	-1,4833
0,07	-1,4758	-1,4684	-1,4611	-1,4538	-1,4466	-1,4395	-1,4325	-1,4255	-1,4187	-1,4118
0,08	-1,4051	-1,3984	-1,3917	-1,3852	-1,3787	-1,3722	-1,3658	-1,3595	-1,3532	-1,3469
0,09	-1,3408	-1,3346	-1,3285	-1,3225	-1,3165	-1,3106	-1,3047	-1,2988	-1,2930	-1,2873
0,10	-1,2816	-1,2759	-1,2702	-1,2646	-1,2591	-1,2536	-1,2481	-1,2426	-1,2372	-1,2319
0,11	-1,2265	-1,2212	-1,2160	-1,2107	-1,2055	-1,2004	-1,1952	-1,1901	-1,1850	-1,1800
0,12	-1,1750	-1,1700	-1,1650	-1,1601	-1,1552	-1,1503	-1,1455	-1,1407	-1,1359	-1,1311
0,13	-1,1264	-1,1217	-1,1170	-1,1123	-1,1077	-1,1031	-1,0985	-1,0939	-1,0893	-1,0848
0,14	-1,0803	-1,0758	-1,0714	-1,0669	-1,0625	-1,0581	-1,0537	-1,0494	-1,0450	-1,0407
0,15	-1,0364	-1,0322	-1,0279	-1,0237	-1,0194	-1,0152	-1,0110	-1,0069	-1,0027	-0,9986
0,16	-0,9945	-0,9904	-0,9863	-0,9822	-0,9782	-0,9741	-0,9701	-0,9661	-0,9621	-0,9581
0,17	-0,9542	-0,9502	-0,9463	-0,9424	-0,9385	-0,9346	-0,9307	-0,9269	-0,9230	-0,9192
0,18	-0,9154	-0,9116	-0,9078	-0,9040	-0,9002	-0,8965	-0,8927	-0,8890	-0,8853	-0,8816
0,19	-0,8779	-0,8742	-0,8705	-0,8669	-0,8633	-0,8596	-0,8560	-0,8524	-0,8488	-0,8452
0,20	-0,8416	-0,8381	-0,8345	-0,8310	-0,8274	-0,8239	-0,8204	-0,8169	-0,8134	-0,8099
0,21	-0,8064	-0,8030	-0,7995	-0,7961	-0,7926	-0,7892	-0,7858	-0,7824	-0,7790	-0,7756
0,22	-0,7722	-0,7688	-0,7655	-0,7621	-0,7588	-0,7554	-0,7521	-0,7488	-0,7454	-0,7421
0,23	-0,7388	-0,7356	-0,7323	-0,7290	-0,7257	-0,7225	-0,7192	-0,7160	-0,7128	-0,7095
0,24	-0,7063	-0,7031	-0,6999	-0,6967	-0,6935	-0,6903	-0,6871	-0,6840	-0,6808	-0,6776
0,25	-0,6745	-0,6713	-0,6682	-0,6651	-0,6620	-0,6588	-0,6557	-0,6526	-0,6495	-0,6464
0,26	-0,6433	-0,6403	-0,6372	-0,6341	-0,6311	-0,6280	-0,6250	-0,6219	-0,6189	-0,6158
0,27	-0,6128	-0,6098	-0,6068	-0,6038	-0,6008	-0,5978	-0,5948	-0,5918	-0,5888	-0,5858
0,28	-0,5828	-0,5799	-0,5769	-0,5740	-0,5710	-0,5681	-0,5651	-0,5622	-0,5592	-0,5563
0,29	-0,5534	-0,5505	-0,5476	-0,5446	-0,5417	-0,5388	-0,5359	-0,5330	-0,5302	-0,5273
0,30	-0,5244	-0,5215	-0,5187	-0,5158	-0,5129	-0,5101	-0,5072	-0,5044	-0,5015	-0,4987
0,31	-0,4959	-0,4930	-0,4902	-0,4874	-0,4845	-0,4817	-0,4789	-0,4761	-0,4733	-0,4705
0,32	-0,4677	-0,4649	-0,4621	-0,4593	-0,4565	-0,4538	-0,4510	-0,4482	-0,4454	-0,4427
0,33	-0,4399	-0,4372	-0,4344	-0,4316	-0,4289	-0,4261	-0,4234	-0,4207	-0,4179	-0,4152
0,34	-0,4125	-0,4097	-0,4070	-0,4043	-0,4016	-0,3989	-0,3961	-0,3934	-0,3907	-0,3880

Wkt	,000	,001	,002	,003	,004	,005	,006	,007	,008	,009
0,35	-0,3853	-0,3826	-0,3799	-0,3772	-0,3745	-0,3719	-0,3692	-0,3665	-0,3638	-0,3611
0,36	-0,3585	-0,3558	-0,3531	-0,3505	-0,3478	-0,3451	-0,3425	-0,3398	-0,3372	-0,3345
0,37	-0,3319	-0,3292	-0,3266	-0,3239	-0,3213	-0,3186	-0,3160	-0,3134	-0,3107	-0,3081
0,38	-0,3055	-0,3029	-0,3002	-0,2976	-0,2950	-0,2924	-0,2898	-0,2871	-0,2845	-0,2819
0,39	-0,2793	-0,2767	-0,2741	-0,2715	-0,2689	-0,2663	-0,2637	-0,2611	-0,2585	-0,2559
0,40	-0,2533	-0,2508	-0,2482	-0,2456	-0,2430	-0,2404	-0,2378	-0,2353	-0,2327	-0,2301
0,41	-0,2275	-0,2250	-0,2224	-0,2198	-0,2173	-0,2147	-0,2121	-0,2096	-0,2070	-0,2045
0,42	-0,2019	-0,1993	-0,1968	-0,1942	-0,1917	-0,1891	-0,1866	-0,1840	-0,1815	-0,1789
0,43	-0,1764	-0,1738	-0,1713	-0,1687	-0,1662	-0,1637	-0,1611	-0,1586	-0,1560	-0,1535
0,44	-0,1510	-0,1484	-0,1459	-0,1434	-0,1408	-0,1383	-0,1358	-0,1332	-0,1307	-0,1282
0,45	-0,1257	-0,1231	-0,1206	-0,1181	-0,1156	-0,1130	-0,1105	-0,1080	-0,1055	-0,1030
0,46	-0,1004	-0,0979	-0,0954	-0,0929	-0,0904	-0,0878	-0,0853	-0,0828	-0,0803	-0,0778
0,47	-0,0753	-0,0728	-0,0702	-0,0677	-0,0652	-0,0627	-0,0602	-0,0577	-0,0552	-0,0527
0,48	-0,0502	-0,0476	-0,0451	-0,0426	-0,0401	-0,0376	-0,0351	-0,0326	-0,0301	-0,0276
0,49	-0,0251	-0,0226	-0,0201	-0,0176	-0,0150	-0,0125	-0,0100	-0,0075	-0,0050	-0,0025
0,50	0,0000	0,0025	0,0050	0,0075	0,0100	0,0125	0,0150	0,0176	0,0201	0,0226
0,51	0,0251	0,0276	0,0301	0,0326	0,0351	0,0376	0,0401	0,0426	0,0451	0,0476
0,52	0,0502	0,0527	0,0552	0,0577	0,0602	0,0627	0,0652	0,0677	0,0702	0,0728
0,53	0,0753	0,0778	0,0803	0,0828	0,0853	0,0878	0,0904	0,0929	0,0954	0,0979
0,54	0,1004	0,1030	0,1055	0,1080	0,1105	0,1130	0,1156	0,1181	0,1206	0,1231
0,55	0,1257	0,1282	0,1307	0,1332	0,1358	0,1383	0,1408	0,1434	0,1459	0,1484
0,56	0,1510	0,1535	0,1560	0,1586	0,1611	0,1637	0,1662	0,1687	0,1713	0,1738
0,57	0,1764	0,1789	0,1815	0,1840	0,1866	0,1891	0,1917	0,1942	0,1968	0,1993
0,58	0,2019	0,2045	0,2070	0,2096	0,2121	0,2147	0,2173	0,2198	0,2224	0,2250
0,59	0,2275	0,2301	0,2327	0,2353	0,2378	0,2404	0,2430	0,2456	0,2482	0,2508
0,60	0,2533	0,2559	0,2585	0,2611	0,2637	0,2663	0,2689	0,2715	0,2741	0,2767
0,61	0,2793	0,2819	0,2845	0,2871	0,2898	0,2924	0,2950	0,2976	0,3002	0,3029
0,62	0,3055	0,3081	0,3107	0,3134	0,3160	0,3186	0,3213	0,3239	0,3266	0,3292
0,63	0,3319	0,3345	0,3372	0,3398	0,3425	0,3451	0,3478	0,3505	0,3531	0,3558
0,64	0,3585	0,3611	0,3638	0,3665	0,3692	0,3719	0,3745	0,3772	0,3799	0,3826
0,65	0,3853	0,3880	0,3907	0,3934	0,3961	0,3989	0,4016	0,4043	0,4070	0,4097
0,66	0,4125	0,4152	0,4179	0,4207	0,4234	0,4261	0,4289	0,4316	0,4344	0,4372
0,67	0,4399	0,4427	0,4454	0,4482	0,4510	0,4538	0,4565	0,4593	0,4621	0,4649
0,68	0,4677	0,4705	0,4733	0,4761	0,4789	0,4817	0,4845	0,4874	0,4902	0,4930
0,69	0,4959	0,4987	0,5015	0,5044	0,5072	0,5101	0,5129	0,5158	0,5187	0,5215
0,70	0,5244	0,5273	0,5302	0,5330	0,5359	0,5388	0,5417	0,5446	0,5476	0,5505
0,71	0,5534	0,5563	0,5592	0,5622	0,5651	0,5681	0,5710	0,5740	0,5769	0,5799
0,72	0,5828	0,5858	0,5888	0,5918	0,5948	0,5978	0,6008	0,6038	0,6068	0,6098
0,73	0,6128	0,6158	0,6189	0,6219	0,6250	0,6280	0,6311	0,6341	0,6372	0,6403
0,74	0,6433	0,6464	0,6495	0,6526	0,6557	0,6588	0,6620	0,6651	0,6682	0,6713
0,75	0,6745	0,6776	0,6808	0,6840	0,6871	0,6903	0,6935	0,6967	0,6999	0,7031
0,76	0,7063	0,7095	0,7128	0,7160	0,7192	0,7225	0,7257	0,7290	0,7323	0,7356
0,77	0,7388	0,7421	0,7454	0,7488	0,7521	0,7554	0,7588	0,7621	0,7655	0,7688
0,78	0,7722	0,7756	0,7790	0,7824	0,7858	0,7892	0,7926	0,7961	0,7995	0,8030
0,79	0,8064	0,8099	0,8134	0,8169	0,8204	0,8239	0,8274	0,8310	0,8345	0,8381
0,80	0,8416	0,8452	0,8488	0,8524	0,8560	0,8596	0,8633	0,8669	0,8705	0,8742
0,81	0,8779	0,8816	0,8853	0,8890	0,8927	0,8965	0,9002	0,9040	0,9078	0,9116
0,82	0,9154	0,9192	0,9230	0,9269	0,9307	0,9346	0,9385	0,9424	0,9463	0,9502
0,83	0,9542	0,9581	0,9621	0,9661	0,9701	0,9741	0,9782	0,9822	0,9863	0,9904
0,84	0,9945	0,9986	1,0027	1,0069	1,0110	1,0152	1,0194	1,0237	1,0279	1,0322

Wkt.	,000	,001	,002	,003	,004	,005	,006	,007	,008	,009
0,85	1,0364	1,0407	1,0450	1,0494	1,0537	1,0581	1,0625	1,0669	1,0714	1,0758
0,86	1,0803	1,0848	1,0893	1,0939	1,0985	1,1031	1,1077	1,1123	1,1170	1,1217
0,87	1,1264	1,1311	1,1359	1,1407	1,1455	1,1503	1,1552	1,1601	1,1650	1,1700
0,88	1,1750	1,1800	1,1850	1,1901	1,1952	1,2004	1,2055	1,2107	1,2160	1,2212
0,89	1,2265	1,2319	1,2372	1,2426	1,2481	1,2536	1,2591	1,2646	1,2702	1,2759
0,90	1,2816	1,2873	1,2930	1,2988	1,3047	1,3106	1,3165	1,3225	1,3285	1,3346
0,91	1,3408	1,3469	1,3532	1,3595	1,3658	1,3722	1,3787	1,3852	1,3917	1,3984
0,92	1,4051	1,4118	1,4187	1,4255	1,4325	1,4395	1,4466	1,4538	1,4611	1,4684
0,93	1,4758	1,4833	1,4909	1,4985	1,5063	1,5141	1,5220	1,5301	1,5382	1,5464
0,94	1,5548	1,5632	1,5718	1,5805	1,5893	1,5982	1,6072	1,6164	1,6258	1,6352
0,95	1,6449	1,6546	1,6646	1,6747	1,6849	1,6954	1,7060	1,7169	1,7279	1,7392
0,96	1,7507	1,7624	1,7744	1,7866	1,7991	1,8119	1,8250	1,8384	1,8522	1,8663
0,97	1,8808	1,8957	1,9110	1,9268	1,9431	1,9600	1,9774	1,9954	2,0141	2,0335
0,98	2,0537	2,0749	2,0969	2,1201	2,1444	2,1701	2,1973	2,2262	2,2571	2,2904
0,99	2,3263	2,3656	2,4089	2,4573	2,5121	2,5758	2,6521	2,7478	2,8782	3,0902

C   Oberer 5%-Punkt χ^2-Verteilung

Ablesebeispiel:

$$P_{df=8}(\chi^2 > z) = 0{,}05 \Rightarrow z = 15{,}507$$

df	z	df	z	df	z	df	z
1	3,841	11	19,675	21	32,671	31	44,985
2	5,991	12	21,026	22	33,924	32	46,194
3	7,815	13	22,362	23	35,172	33	47,400
4	9,488	14	23,685	24	36,415	34	48,602
5	11,071	15	24,996	25	37,652	35	49,802
6	12,592	16	26,296	26	38,885	36	50,998
7	14,067	17	27,587	27	40,113	37	52,192
8	15,507	18	28,869	28	41,337	38	53,384
9	16,919	19	30,144	29	42,557	39	54,572
10	18,307	20	31,410	30	43,773	40	55,758

df	z	df	z	df	z	df	z
41	56,942	51	68,669	61	80,232	71	91,670
42	58,124	52	69,832	62	81,381	72	92,808
43	59,304	53	70,993	63	82,529	73	93,945
44	60,481	54	72,153	64	83,675	74	95,081
45	61,656	55	73,311	65	84,821	75	96,217
46	62,830	56	74,468	66	85,965	76	97,351
47	64,001	57	75,624	67	87,108	77	98,484
48	65,171	58	76,778	68	88,250	78	99,617
49	66,339	59	77,931	69	89,391	79	100,749
50	67,505	60	79,082	70	90,531	80	101,879

Für $df \geq 80$ ergeben sich die oberen 5%-Punkte z der χ^2-Verteilung näherungsweise mit der Wilson-Hilferty-Approximation (vgl. Schlittgen [2008]) wie folgt:

$$z \approx df \cdot \left(1 - \frac{2}{9 \cdot df} + 1{,}6449 \cdot \sqrt{\frac{2}{9 \cdot df}} \right)^3$$

Literaturverzeichnis

Agresti, Alain: *Categorical Data Analysis*, Second Edition, John Wiley & Sons, New York (2002).

Arrenberg, Jutta: *Schätzung der Varianz von Mittelwertschätzern in endlichen Populationen*, Vandenhoeck&Ruprecht, Göttingen, (1998).

Arrenberg, Jutta: *Finanzmathematik*, 2. Auflage Oldenbourg-Verlag, München, (2013).

Arrenberg, Jutta: *Wirtschaftsmathematik für Bachelor*, 2. Auflage UTB UVK Lucius Verlag, München, (2013).

Arrenberg, Jutta / Kiy, Manfred / Knobloch, Ralf / Lange, Winfried: *Vorkurs in Wirtschaftsmathematik*, 4. Auflage Oldenbourg Verlag, München, (2013).

Cho, Dong W./Im, Kyung So: *A Test of Normality Using Geary's Skewness and Kurtosis Statistics*, (2002), www.bus.ucf.edu/documents/economics/workingpapers/2002-32.pdf.

Gibbons, J.D./Chakraborti, S.: *Nonparametric Statistical Inference*, 4. Ed., New York (2003).

Krengel, Ulrich: *Einführung in die Wahrscheinlichkeitstheorie und Statistik*, 3. Auflage Friedr. Vieweg & Sohn, Braunschweig/Wiesbaden, (1991).

Lilliefors, H. W.: *On the Kolmogorov-Smirnov test for normality with mean and variance unkown*, in: Journal of the American Statistical Association, Vol. 62 (1967), p. 399 - 402.

Mönch, Karl-Heinz: *Steuerkriminalität und Sanktionswahrscheinlichkeit*, Peter Lang Verlag, Bern, (1978).

Schlittgen, Rainer: *Einführung in die Statistik, Analyse und Modellierung von Daten*, 11. Auflage Oldenbourg Verlag, München, (2008).

Thadewald, T./Büning, H.: *Jarque-Bera Test and its Competitors for Testing Normality - A Power Comparison*, in: Journal of Applied Statistics, Vol. 34 (2007), issue 1, p. 87 - 105.

Index

Von Schmalenbach bis zur verhaltenstheoretischen BWL

Günther Schanz
Eine kurze Geschichte der Betriebswirtschaftslehre
1. Auflage
2014, 150 Seiten
ISBN 978-3-8252-4106-3

Bereits in der Antike, im Mittelalter und in der Renaissance beschäftigten sich Gelehrte mit ökonomischen Fragestellungen. Die akademische Betriebswirtschaftslehre ist dennoch eine junge Disziplin, die erst im 20. Jahrhundert aufblühte. Ihre Geschichte wird vom Verfasser anhand der Wissenschaftsprogramme von Eugen Schmalenbach, Wilhelm Rieger, Heinrich Nicklisch, Erich Gutenberg, Edmund Heinen und Hans Ulrich kritisch nachgezeichnet.

Dargestellt werden des Weiteren
- die arbeitsorientierte Einzelwirtschaftslehre,
- die ökologische Öffnung der Disziplin,
- der Neue Institutionalismus und
- die verhaltenstheoretische BWL.

Das Buch richtet sich an Studierende der Betriebswirtschaftslehre, die die Geschichte der BWL verstehen und deren Entwicklungslinien nachvollziehen möchten. Zudem ist es auch für Doktoranden, Habilitanden und Professoren ein unverzichtbarer Lesestoff.

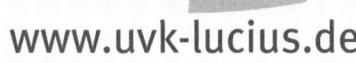
www.uvk-lucius.de

UVK
Lucius